13383.ter.
H.

RELATION

DE

LA CAPTIVITÉ

DE

LA Mre MADELEINE

DE SAINTE CHRISTINE,
RELIGIEUSE DE PORT-ROYAL;

Au 19. de Decembre de l'année 1664.

PREMIERE PARTIE.

M. DCC. XVIII.

RELATION
DE
LA CAPTIVITÉ
DE
LA MERE MADELEINE
DE SAINTE CHRISTINE &c.

LE 19. Decembre 1664. M. l'Archevêque étant venu à Port-Royal de Paris sur les 8. heures du matin, il me fit venir au Parloir, où il étoit avec la Mere Eugenie & ma sœur Flavie. Je n'entreprens pas de rapporter tout ce qu'il me dit en cet entretien, qui dura une heure & demie : il suffit de marquer qu'après qu'il m'eut fait un assez long discours composé des raisons ordinaires qu'il a coûtume de nous recommencer sur la Signature, & des reproches de desobéissance & de rebellion ; je le priai de me dire en quoi j'étois desobéissante, parce que je ne le sçavois pas & que j'ignorois ce qu'il desiroit de moi, depuis que mon oncle le Maître des Requêtes m'avoit assuré qu'il lui avoit protesté n'avoir jamais pensé à exiger la foi humaine, & ne demandoit la Signature que pour la Police exterieure. Il me répondit que

I. Partie.   A

j'étois desobéissante à l'Eglise, parce que je refusois de déferer & d'acquiescer à son jugement. Je le suppliai de me dire, s'il entendoit par ces mots d'*acquiescement* & de *déference*, obliger à croire le fait: il me dit qu'oui, que je le devois croire, parce que le Pape l'avoit défini; mais que pour lever une difficulté que je pourrois avoir à cette soûmission, il vouloit bien me déclarer qu'il ne demandoit point la condamnation de la Doctrine de saint Augustin, comme je me l'imaginois peut-être; que ce qu'il desiroit de moi, étoit que je condamnasse sincerement & de bonne foi toute la Doctrine de Jansenius contenue dans son Livre, qui a été examiné par neuf Evêques, à qui M. le Cardinal Mazarin en avoit donné la commission, & qui avoient reconnu qu'elle étoit heretique; que le Pape l'avoit aussi condamnée comme telle, & que tous les Fideles étoient obligez d'acquiescer à cette condamnation: & pour me prouver cette obligation, il me recommença mot à mot toutes les raisons qu'il m'avoit déja alleguées, & me dénia absolument tout ce qu'il avoit dit peu de jours auparavant à mon Oncle; m'assurant qu'il n'y avoit pas seulement pensé, & qu'il avoit toûjours estimé qu'on étoit obligé à croire les faits décidez par le Pape, & sur-tout par un tel Pape que celui d'apresent, qui est un homme qui dit tous les jours la Messe, qui parle fort bien Latin, & qui a toutes les qualitez de pieté, suffisance & probité que l'on peut souhaiter à un souverain Pontife. Je répondis que je ne pensois pas que tout cela lui eût acquis un plus grand pouvoir que celui de saint Pierre, qui avoit reconnu n'avoir point celui de dominer sur la Foi des Fideles; que je ne croiois point qu'on eût droit d'exiger de moi une autre soûmission pour le fait decidé, que celle du respect & du silence, que j'ai promis par ma Signature du 10. Juillet; & que lui-même témoignoit assez par sa conduite qu'il ne jugeoit pas qu'il y eût du mal à douter du fait, puisqu'il permettoit bien à quelques-unes de celles qui ont signé, de demeurer dans ce doute, qu'il punissoit en nous comme criminel, parce que nous ne le voulions pas dissimuler en mentant à l'Eglise. Il ne me permit pas de lui en dire davantage; mais il m'interrompit en disant que je me préferois à tout le monde, & ne me contentois pas de me croire seule innocente; mais que je voulois encore accuser les autres d'être coupables, parce qu'elles n'imitoient pas ma desobéissance. Qu'il voyoit bien qu'il n'y avoit rien à faire avec moi; mais qu'il vouloit pourtant esperer que Dieu me parleroit au cœur quand j'aurois été quelque temps dans la solitude, & que je serois délivrée du tumulte & de l'embaras où j'étois: & adoucissant sa voix, il me demanda si je ne voulois pas bien aller pour quelques jours au lieu où il me feroit conduire dans son propre carosse. Je lui répondis que je ne pouvois pas le vouloir; mais que j'étois prête, pour lui obéir, d'aller par-tout où il m'envoyeroit: cela le contenta. Je le suppliai ensuite de me permettre de lui representer quelques-unes des raisons qui fortifioient les doutes que j'ai sur le fait de Jansenius. Il me promit d'y satisfaire volontiers. Je lui dis donc de quelle maniere le P. Esprit nous avoit expliqué le Formulaire: & afin de ne pas faire tort à ce bon homme, & de pouvoir être écoutée de M. de Paris, j'ajoûtai que ce Pere nous avoit témoigné se reconnoître fort obligé à sa bonté, de ce qu'il avoit levé par son Ordonnance le joug de la foi divine, qui accabloit tout le monde, & n'avoit mis à la place que la foi humaine, qu'il assuroit n'obliger point à être interieurement persuadé que Jansenius eût enseigné les heresies des cinq Propositions; mais seulement à croire que le Pape les lui attribuoit, soit qu'il eût bien ou mal pris son sens. Je ne sçai si ces paroles donnerent sujet au Prélat d'esperer qu'il auroit encore quelque Partisan de sa foi humaine, & qu'elle pourroit être soûtenue en ce sens: quoiqu'il en soit, elles lui plurent

A 2

si fort, qu'il me demanda aussi-tôt pourquoi elles ne me satisfaisoient pas, & quelle difficulté je trouvois à signer comme le P. Esprit l'avoit fait? Je lui dis que la sincerité chrétienne me le défendoit, & je lui demandai s'il se contenteroit que je signasse dans cette disposition ; puisqu'il m'avoit dit un peu auparavant que c'étoit mentir que de signer sans croire le fait. Il se trouva embarassé là-dessus, & ne me put répondre. Mais moi je poursuivis & je tâchai de lui faire voir, qu'après nous avoir ôté nos Meres, & avoir toute renversé notre Maison pour une foi humaine, on commençoit à dire qu'on ne l'exigeoit plus ; & qu'on n'achevoit de nous détruire que parce que nous refusions de mentir à l'Eglise, & que nous préferions la loi de Dieu à tous nos interêts ; qu'il n'avoit donc plus d'autre crime à nous reprocher que celui-là, puisqu'il vouloit bien qu'on signât sans croire le fait, & qu'il ne jugeoit ce défaut de foi humaine punissable, que parce qu'on refusoit de le dissimuler. C'est ce que je tâchai de lui representer le plus respectueusement qu'il me fut possible : mais il ne laissa pas de s'en blesser fort, & de dire qu'il ne me falloit point écouter ; qu'il reconnoissoit assez ce que j'étois ; qu'il n'y avoit rien en moi qu'une profonde ignorance jointe à une haute estime de moi-même, qui me faisoit parler avec une insolence & une élevation d'esprit épouventable, quoique je ne sçusse rien du tout. Puis s'adressant à la Mere Eugenie, il lui dit avec assez de douceur, qu'elle n'avoit qu'à me conduire à notre cellule, où j'irois prendre notre Breviaire & nos hardes. Je lui demandai mon Obéissance par écrit. Il me la montra toute pliée, & me dit que l'Ecclesiastique qui me conduiroit, la mettroit entre les mains de ma Superieure.

Je n'avois point entendu la Messe, & comme on en venoit de sonner une, je lui demandai permission de l'aller entendre pour y offrir mon sacrifice ; il me dit que je l'entendrois au lieu où j'allois, &

que je me dépêchasse vîtement d'aller à la porte, parce qu'il attendroit que son Carosse fût revenu pour retourner chez lui. Je le suppliai de me donner au moins un quart d'heure de temps. Il me dit que cela n'étoit pas necessaire, parce que je n'avois rien à faire qu'à prendre notre Breviaire; qu'il ne me falloit qu'un instant pour cela; que je n'avois que faire de me mettre en peine de rien emporter, parce qu'on m'envoyeroit toutes les choses dont j'aurois besoin. Je lui demandai s'il me refuseroit la permission de dire adieu à mes sœurs. Il me dit que non, qu'il me permettoit d'embrasser celles que je rencontrerois; mais qu'il me prioit que ce fût sans bruit. Je l'asseurai que je n'en ferois point de ma part: & en disant cela, la voix me manqua, parce que j'étois extrêmement saisie. Il en fut touché: & ayant voulu me dire quelque chose pour me témoigner qu'il étoit satisfait de moi, il ne peut achever & il se mit à pleurer. La Mere Eugenie & ma sœur Flavie firent le même; pour moi je voulois encore retenir mes larmes, mais il ne me fut pas possible de m'empêcher d'en verser quelques-unes. M. de Paris ayant demeuré quelque temps sans parler, me dit en pleurant encore: Si vous pensiez, ma bonne Sœur, qu'on n'eût point de peine à faire ce que l'on fait? Si vous en aviez, Monseigneur, lui répondis-je, il est en votre pouvoir de vous en délivrer & nous aussi? Vous n'avez qu'à nous décharger de la foi humaine, & nous permettre de parler sincerement: après cela vous serez en repos, & nous esperons que vous n'aurez pas sujet de vous plaindre de nous. Que voulez-vous dire, me repartit-il, avec votre foi humaine? Où l'avez-vous été inventer? Vous n'avez autre chose que cela à m'alleguer. Pour moi je ne sçai que vous faire. Le Pape est un homme: je ne puis pas vous commander de croire de foi divine ce qu'il décide: croyez-le de telle foi qu'il vous plaira; mais n'en doutez point, & depêchez-vous d'aller à la porte:

A 3

je vous attendrai en-bas. Estant sortie du Parloir, je priai instamment la Mere Eugenie de me laisser un moment seule dans notre cellule, & je lui dis qu'elle en garderoit plûtôt la porte, si elle vouloit. Elle me le refusa, parce qu'elle avoit ordre exprès du contraire. Elle m'offrit de me faire retourner à M. de Paris, qui n'étoit pas encore descendu; mais je ne voulus pas lui faire cette demande, & j'attendis à la porte du Parloir que la Mere Eugenie la lui eût faite. Elle revint aussi-tôt & me dit que Monseigneur lui commandoit de ne me laisser rien emporter qu'elle n'eût vû: parce qu'il craignoit que je ne prisse des papiers. Je ne dirai point de quelle maniere nos Sœurs s'assemblerent en un moment, ni quelle fut la tendresse qu'elles me témoignerent en cette occasion: il faudroit ignorer ce que je suis, pour bien concevoir jusqu'à quel point alla leur bonté. L'on en peut juger quelque chose par l'Acte du Procès verbal qu'elles ont dressé sur ce sujet. Je les accuserois d'y avoir blessé la verité en la maniere dont elles parlent de moi, si je ne croyois que la charité, qui leur a fait taire ce qu'elles ne pouvoient ignorer, les a aussi aveuglées pour voir ce qui n'étoit point, ou pour supposer ce qui devoit être.

Aussi-tôt que je fus sortie, M. de Paris, qui étoit à la porte, me fit promptement monter dans son carosse. Pendant que je fus en chemin, je me trouvai dans un assez fort combat de la joye & de la tristesse, qui n'étant pas victorieuses l'une de l'autre, me surmontoient en quelque sorte moi-même. Car si d'une part j'avois le cœur déchiré en autant de parties qu'il y a de personnes qui composent la Communauté dont on me séparoit; de l'autre j'étois ravie d'admiration de la grace que Dieu me faisoit de souffrir pour la verité: & j'aurois témoigné ma joye aussi volontiers que ma douleur, si je n'avois crû devoir renfermer l'une & l'autre par le silence. J'arrivai au Monastere de sainte Marie de la rue saint Antoine, sans sçavoir où j'allois. On me fit entrer dans la Chambre où est le Tour, en attendant qu'on eût averti la Superieure, qui se nomme la même Cibour. J'apperçus d'abord dans cette Chambre une Image de la Passion de Notre-Seigneur, devant laquelle m'étant mise à genoux, je reconnoissois avec joye qu'il n'y avoit plus pour moi que Jesus, & Jesus crucifié. J'embrassois dans cette vûë toutes les circonstances de mon affliction, tant celles que j'attendois, que celles que je n'avois pû prévoir, lors que j'apperçus, par la maniere dont la Tourriere qui m'avoit amenée, parloit aux Religieuses, que j'étois à Sainte-Marie. L'apprehension que j'avois toûjours euë d'aller dans quelques-unes des Maisons de cet Ordre, à cause de l'accès que les Jesuites y ont, & de la maniere d'agir de ces bonnes Meres, me fit juger qu'il se passeroit beaucoup d'occasions qui contrediroient mes inclinations; c'est pourquoi je m'offris à Dieu pour les souffrir toutes sans jamais rien témoigner de tout ce qui me choqueroit, ou qui me feroit de la peine; puis qu'il n'appartenoit pas à une personne de mon âge de se mêler d'improuver la conduite des personnes étrangeres. Je me mis ensuite sous la protection de la Mere Angelique, la priant de me faire ressentir les effets de sa charité, en prenant un nouveau soin de moi & me délivrant des perils où je pourrois être engagée. Afin de ne m'y point exposer moi-même, je pris resolution d'observer ce que je sçai qu'elle avoit dessein de pratiquer, si elle se fût trouvée dans un état pareil à celui où j'allois entrer; sçavoir de garder le silence le plus exactement que je pourrois, & d'éviter de me familiariser avec qui que ce fût, & de ne donner aucune connoissance de ce qui se passeroit en moi, soit que je fusse dans l'amertume ou dans la consolation. Après avoir attendu quelque temps, la Mere Superieure vint à la porte. L'Aumônier de M. de

A 4

Paris qui m'avoit amenée, m'y conduisit & se recommanda à mes prieres. Je le priai de me donner part aux siennes, & de vouloir prendre la peine de dire à M. l'Archevêque que j'embrassois de tout mon cœur la necessité où il me mettoit de vivre dans la solitude, par l'esperance que j'avois, qu'étant separée de toutes choses, je m'attacherois davantage à Dieu & à la verité, dans laquelle j'esperois qu'il me feroit la grace de demeurer ferme jusqu'à la mort.

Il me promit de se charger de cette commission. La Mere ayant ensuite ouvert la porte, il la pria de la part de M. de Paris d'avoir grand soin de moi. Aussi-tôt que je fus entrée, je me mis à genoux devant la Mere & lui dis que je venois dans sa Maison par l'ordre de M. l'Archevêque; que je m'estimerois heureuse d'y vivre dans la solitude, de ne prendre part à rien du tout & de n'avoir autre chose à faire qu'à prier Dieu & à faire penitence. Je lui promis de lui rendre une entiere obéissance en tout ce qu'elle pourroit desirer de moi qui ne seroit point contraire à ce que je dois à Dieu & à la Communauté à laquelle j'appartiens. Elle me reçut assez froidement, & me dit que c'étoit un grand point de dire que je venois pour obéir, qu'elle prioit Dieu de me faire cette grace. M'ayant ensuite menée à la Chapelle de saint François de Sales, elle eut la bonté d'envoyer sçavoir s'il n'y avoit point de Prêtre à la Paroisse de saint Paul qui pût venir dire la Messe à cause de moi. Il ne s'en trouva point, quoique Midi ne fût pas encore sonné. Je pensois qu'on m'y laisseroit au moins un peu de temps pour prier Dieu; mais la Mere de Pontchartrain me vint querir pour me conduire en notre chambre, où elle commença par visiter le sac que j'avois apporté. Elle y trouva *les Confessions de saint Augustin*, *l'Imitation*, *la Vie de la Vierge*, & *le Cœur nouveau*. La Mere Eugenie, qui avoit regardé si exactement tout ce que j'avois emporté, n'avoit pas eu l'esprit de s'aviser qu'ils étoient au fond du sac avant que j'y eusse rien mis. La Mere de Pontchartrain me dit donc qu'on verroit ce qu'il faudroit faire de ces Livres : parce que M. l'Abbé de Blampignon, leur Superieur, avoit absolument défendu qu'elles en lussent aucuns traduits ou composez par les Jansenistes ; & qu'il ne vouloit pas même souffrir qu'il en entrât dans leur Maison. Je lui dis que pour ce qui étoit de nous, M. l'Archevêque, qui est notre Superieur, nous en permettoit l'usage ; & que je n'en apportois point qu'il n'eût témoigné à sa Visite approuver & vouloir bien que nous eussions. Cela la satisfit, & elle se contenta de m'apporter le lendemain les Livres du P. de saint Jure & du P. Hayneufve, que la Mere m'envoyoit, avec promesse de m'en donner les autres des mêmes Auteurs, quand j'aurois lû ceux-là. Après que la Mere de Pontchartrain eut ainsi visité tout ce que j'avois apporté, elle me fit raconter la maniere dont M. l'Archevêque m'avoit fait sortir, & aussi ce qui s'étoit passé au dernier enlevement. Son dessein étoit de me faire pleurer, parce qu'elle voyoit bien que j'étois saisie & qu'elle craignoit que j'en demeurasse malade : c'est pourquoi elle me prioit fort simplement de décharger mon cœur en toute liberté ; mais quand elle vit que je n'en voulois rien faire, elle se retira pour un peu de temps, & me fit apporter à dîner. L'après-dînée la Mere me vint voir, & me parla encore assez froidement, & d'une maniere qui me fit connoître qu'elle n'ignoroit pas quelle est la reputation que j'avois acquise pour avoir soûtenu le Procès verbal, au sujet duquel elle me dit que quelques Evêques estimoient M. de Paris trop doux, de ne nous point excommunier. Elle me dit qu'elle avoit refusé de me prendre, aussi-bien que pas une de mes sœurs ; mais que M. de Paris l'en avoit fort pressée en consideration de mes parens ; qu'elle pensoit qu'ayant eu à sortir de notre Maison, je n'étois pas fâchée d'être dans la sienne plûtôt qu'en une autre. Je lui dis fort simplement que non : parce qu'en y venant j'accomplissois la volonté de Dieu, & non pas la mienne; que je ne me regardois plus que comme une personne qui est en purgatoire, & qui n'a plus d'autre soin que celui de satisfaire à Dieu pour ses pechez; & que je serois aussi contente pour ce sujet d'aller en Canada, ou dans un cachot, si on m'y vouloit mettre. Le lendemain elle me vint voir, & me fit beaucoup de caresses & d'offres de son service; elle me témoigna compatir à toutes nos peines, & me dit qu'elle ne doutoit point que dans l'état où j'étois j'aurois souvent de mauvaises heures à passer. C'est pourquoi elle me pria de l'envoyer querir avec une entiere liberté toutes les fois que je souhaiterois de la voir pour me divertir. Je la remerciai tres-humblement de sa charité, & je lui témoignai que je n'apprehendois point d'avoir de mauvaises heures; puisque je ne pouvois regarder comme telles celles que Dieu me donnoit pour accomplir sa volonté, & que je ne cherchois point d'autres consolations que celle que je trouvois au pied du Crucifix. Sur quoi elle me dit qu'elle m'auroit estimé heureuse, si je n'avois point été separée des Sacremens. Trois jours après Mad. Bignon entra dans la Maison. On m'en avertit quand elle fut venuë, & on l'amena aussi-tôt à notre chambre, où on la laissa seule une heure entiere. Je lui témoignai que je ne me pouvois réjoüir d'avoir l'honneur de la voir, parce que je voyois que ce n'étoit que pour mieux opprimer nos Meres qu'on lui accordoit cette permission, seulement afin de l'empêcher de faire des plaintes qui auroient pû éclater dans le monde : ce que je lui prouvai en lui disant que la rigueur qu'on exerçoit sur les autres, étoit telle, qu'on avoit même refusé de dire à ma sœur Angelique que M. son Pere avoit envoyé sçavoir de ses nouvelles peu de jours après l'enlevement. Mad. Bignon m'ayant témoigné beaucoup d'affection, me pria instamment de lui dire avec une entiere liberté si je n'étois pas contente en cette Maison, & si je souhaitois d'aller dans une autre, comme aussi tout ce que je pourrois desirer. Je lui dis que je serois bien-aise d'avoir tous les jours une demie heure de temps pour faire l'assistance devant le saint Sacrement. Elle se promettoit d'obtenir cela facilement & toute autre chose qu'elle auroit pû demander : mais on fit difficulté de le lui accorder, à cause qu'elle desiroit que ce fût l'après-dinée, & qu'il y avoit, disoit-on, un trop long chemin depuis notre chambre jusqu'à la Chapelle. Car on avoit peur de mon ombre, sur-tout au commencement ; & lorsque les Religieuses m'appercevoient, elles s'en alloient vîtement, ou bien elles tournoient le dos pendant que je passois. La Mere consentit neanmoins, en consideration de Mad. Bignon, de me faire cette grace ; mais que ce seroit le matin, ensuite de la Messe. Elle accorda aussi qu'on me feroit entendre le Sermon quand il y en auroit, & Vêpres & Complies ces mêmes jours. Mad. Bignon la pria fort de ne me point tourmenter sur la Signature, l'assurant que tout ce qu'on me pourroit dire seroit fort inutile ; & que si j'avois à faire quelque chose, il falloit que ce fût le saint Esprit qui me l'inspirât ; & que les Messes & les prieres qu'elle faisoit dire pour moi, attireroient plûtôt cette inspiration que toutes les exhortations qu'on me pourroit faire. Cela fut cause que pendant les premieres semaines la Mere ne me parla point de Signature ; mais au lieu de cela elle me faisoit des caresses excessives, qui m'étoient incomparablement plus penibles que tout ce qu'elle m'auroit pû dire. La Sœur Marie Angelique Doublet faisoit aussi la même chose. C'est un jeune Religieuse qui n'étoit agée que de 27. ans, & n'en avoit que 3. de Profession ; elle couchoit en notre chambre, & avoit soin de moi aussi-bien que la Mere de

Pontchartrain. Pour ce qui est de la Mere de Pontchartrain, elle me témoignoit beaucoup d'amitié sans aucune affectation; mais cela ne me donnoit pas plus de liberté avec elle, au contraire j'étois obligée de me contraindre beaucoup davantage. Cette retenue lui faisant craindre que je n'eusse quelque mécontentement, il n'y avoit rien dont elle ne s'avisât pour me porter à me familiariser avec elle: & afin de m'ôter toutes les inquietudes que j'aurois pû avoir sur le sujet de la Mere Agnés, elle avoit soin de s'informer tres-souvent de ses nouvelles, aussi-bien que de celles de mes Sœurs, pour me mettre au moins en repos de ce côté-là. Car elle voyoit bien, disoit-elle, que je n'étois pas insensible, quelque resignation que j'eusse aux ordres de Dieu. Elle m'observoit de telle sorte, que si elle s'imaginoit quelquefois reconnoître un peu de tristesse sur mon visage, elle croyoit aussi-tôt que j'allois tomber malade, & elle disoit que nos afflictions étoient assez grandes pour nous faire toutes mourir.

Le 7. ou 8. Janvier le Bref arriva à Paris. La Mere Superieure le sçut aussi-tôt par M. d'Evreux qui lui écrivit de Rome en même temps, & par les Jesuites qui la voyoient fort souvent. Son affection ne lui permit pas de me dissimuler cette nouvelle, dont elle me pria de ne point parler, parce que c'étoit un grand secret. Cette occasion lui donna sujet de me presser fort de signer, & elle ne put pas s'en empêcher plus long-temps. Elle me disoit qu'il ne falloit pas m'imaginer que le Pape ignorât nos raisons quand il avoit donné ce Bref: parce qu'elles sont si connues qu'il n'y a personne qui ne sçache que nous prenons prétexte d'avoir peur de porter un faux témoignage, & de faire un jugement temeraire pour nous exempter de signer; que le Pape étoit tres-particulierement informé de tout cela par M. d'Evreux, à qui la Mere Eugenie le mandoit, & qui en faisoit le rapport à Sa Sainteté, & lui avoit même dit le nombre de celles qui avoient signé à Port-Royal, de quoi Sa Sainteté avoit été fort satisfaite, se réjouïssant beaucoup de ce qu'au moins il y en avoit quelqu'une en cette Maison qui lui étoit soûmise. Quant aux autres, il avoit assuré ce Prélat, que si elles ne signoient son Bref, on les excommunieroit comme heretiques.

Quand je vis que la Mere vouloit commencer à me prêcher la Signature, je la suppliai, avant que de s'y engager, de me dire sur quel principe elle se vouloit établir : parce que les consequences qu'elle en tireroit, ne feroient impression sur mon esprit qu'à proportion de la verité & de la solidité du fondement sur lequel elles seroient établies. Je lui dis que ceux qui avoient travaillé jusqu'alors à nous persuader de signer, n'étoient pas d'accord sur les dispositions qu'ils demandoient pour le faire ; les uns voulant obliger à croire le fait de foi divine, les autres demandant seulement la foi humaine, & d'autres se contentant qu'on crût que le Pape l'avoit decidé, sans se mettre en peine de sçavoir s'il avoit dit vrai ou non. Elle prit auffitôt le parti de la foi divine & de l'inseparabilité du fait & du droit. Je lui dis qu'elle auroit peine à défendre son opinion ; que le P. Annat même l'avoit abandonnée & qu'il n'y avoit qu'à voir de quelle maniere M. de Paris en parle dans son Ordonnance. Elle voulut au moins soûtenir l'infaillibilité ; mais je lui dis qu'elle ne m'en persuaderoit pas ; que je sçavois que c'est une heresie qui avoit été depuis peu condamnée par les Arrêts du Parlement & par les Conclusions de la Sorbonne, que M. de Paris avoit lui-même portées au Roi. Elle fit tout son possible pour me persuader de demander à consulter quelque personne habile qui fût neutre, & entierement desinteressée sur notre sujet ; que si je n'en jugeois pas en toute la Ville de propre pour cela, elle s'offroit d'en envoyer querir à cent lieues de Paris, & de les défrayer en chemin. Elle me donna le terme de deux jours pour y aviser. Quand elle se donna la peine de venir sçavoir la resolution que j'avois prise, je lui dis que son offre étoit trop obligeante & fort raisonnable : mais que je ne la pouvois accepter pour plusieurs raisons ; la premiere, parce que j'étois assurée que dans la captivité où l'on me tenoit, on ne me laisseroit voir personne de qui M. de Paris n'eût au moins tiré promesse qu'il feroit son possible pour me persuader de signer, après quoi il ne pouvoit plus être estimé neutre. La seconde, que le seul moyen qui me restoit donc, seroit d'entendre les deux partis, pour m'instruire d'une maniere raisonnable (ce qu'on m'accorderoit encore moins) & que je ne desirois pas même, croyant que je serois temeraire de vouloir juger lequel des deux seroit le plus juste & le plus veritable ; puisqu'il s'agit d'une matiere qui surpasse la portée de mon esprit. La troisiéme, que je n'avois besoin de consulter personne pour sçavoir si j'offenserois Dieu en signant sans croire le fait ; puisque j'en étois tres-assurée, non seulement par le témoignage de ma conscience, mais aussi par celui de M. de Paris & du P. Annat ; & que je sçavois de plus que Dieu ne m'obligeoit point à croire ce fait, ne pouvant en avoir aucune connoissance par moi-même, & n'ayant nulle necessité de m'en rapporter à autrui, pour sortir de la suspension de jugement, dans laquelle je demeurois sur ce sujet.

Depuis cela elle se renfermoit d'ordinaire dans des discours generaux sur l'obéissance tirez de divers passages de l'Ecriture & de saint François de Sales ; je les écoutois sans répondre. Quand elle disoit que je n'avois rien à repliquer lorsqu'on ne me parloit point de fait & de droit, & qu'on ne m'alleguoit que des raisons de conscience ; je lui disois que ce n'étoit pas faute de pouvoir répondre : mais seulement parce que cela étoit fort inutile, tant qu'elle ne m'allegueroit que des lieux communs sur l'obéissance, qui contenoient des veritez dont j'étois, graces à Dieu, aussi bien instruite & aussi persuadée qu'on le peut être ; mais qui ne prouvoient pas qu'il y eût du mal à douter d'un fait contesté, ni qu'on fût obligé d'obéir aux hommes plûtôt qu'à Dieu. Quelquefois elle vouloit un peu rentrer dans le fond de la question : & comme elle se faisoit apparemment instruire par les Jesuites, elle me rapportoit de belles Histoires de l'Antiquité parfaitement bien composées, entre autres celle de saint Cyprien, qui avoit, disoit-elle, voulu se soûlever contre le Pape, mais que Dieu avoit préservé de ce naufrage en envoyant promptement une persecution à l'Eglise, qui lui fit abandonner la poursuite de son dessein, & envoyer au Pape des preuves de son repentir & de sa soûmission. Quand je ne pouvois m'exempter de lui répondre & qu'elle me pressoit de lui dire mes raisons, je le faisois en lui representant les changemens de M. de Paris, & le refus qu'il fait de s'expliquer sur ce qu'il commande, comme aussi la difference de ses sentimens d'avec ceux du P. Annat, dont elle m'avoit fait lire *les Remedes aux Scrupules*. Je n'avois pû lui refuser de les voir, ni à Mad. Duplessis non plus, parce qu'elles m'en avoient priée avec beaucoup d'instance : mais je leur avois déclaré en les leur rendant, que c'étoit le premier & le dernier Libelle que je verrois jamais de cet Auteur, qui se fait plus de playes à lui-même par ses médisances & ses faussetez, qu'il ne veut procurer de remedes aux autres. Je lui alleguois aussi toutes les variations de la conduite de M. Chamillard, duquel je lui fis concevoir une assez mauvaise opinion ; & elle y est demeurée jusqu'au jour qu'il m'apporta la Constitution, qu'elle lui reprocha devant moi qu'il étoit en partie cause de notre desobéissance, & qu'il nous avoit perduës en s'amusant à nous instruire des differentes opinions de la Sorbonne, & de ce qui s'étoit passé autrefois dans les Conciles : mais il se lava de tout cela en m'imputant de corrompre toutes choses par ma malice, & de les supposer & interpreter à ma fantaisie, ou bien de me plaindre qu'on ne répond pas assez à mes objections : sur quoi il n'eut pas de peine à lui faire changer de sentiment, mais ce n'est pas à present le lieu de m'étendre sur ce sujet. Il vaut mieux poursuivre.

Environ la fin du mois de Janvier, on resolut d'envoyer la Mere de Pontchartrain aux Filles de la Madeleine, pour y être Superieure, à la place de la Mere Roslin, qui avoit été élevée à Chaliot. M. de Paris vint à Sainte-Marie pour ce sujet. La Mere supplia d'agréer qu'elle me fît venir pour avoir l'honneur de le voir. Il en fit beaucoup de difficultez : à cause, disoit-il, que mon opiniatreté étoit telle, que rien n'étoit capable de l'ébranler ; neanmoins il y consentit à la fin, parce qu'elle lui fit esperer que ses raisons me pourroient convaincre : car elle en étoit si ravie, qu'elle ne pensoit pas que j'y pusse resister. Il m'avoit promis de me venir voir toutes les semaines, & de m'envoyer des Docteurs habiles, me priant de les vouloir écouter & de lire tous les papiers qu'ils me donneroient ; mais il n'en a rien fait. Cet entretien fut long, j'y parlai fort peu, & seulement pour supplier M. de Paris de s'expliquer sur son acquiescement, qu'il me dit obliger à croire, Que le Pape, qui est un homme qui dit la Messe tous les jours & qui parle fort bien Latin, n'avoit pû se tromper dans le jugement qu'il avoit porté du fait de Jansenius. Il dit à la Mere que dans les trois dernieres années, nous étions fort ignorantes de toutes les matieres de Controverse : mais que depuis ce temps-là on nous en avoit fort instruites ; & que pour ce qui étoit de moi j'avois assez étudié pour avoir appris Jansenius par cœur, quoiqu'avec tout cèla je ne fusse qu'une demie sçavante : parce que j'ignorois tout ce qui s'est passé dans les Conciles œcumeniques, & de quelle sorte les Fideles ont toûjours rendu à l'Eglise l'acquiescement

tement qu'il me demandoit. Après m'avoir parlé assez long-temps sur ce sujet, il me renvoya & dit à la Mere qu'on ne faisoit que perdre le temps avec moi ; & faisant un grand soûpir, il ajoûta qu'on ne me pouvoit plus servir qu'en gemissant pour moi devant Dieu, & le priant de me faire miséricorde.

Peu de jours avant la Chandeleur, la Mere de Pontchartrain s'en alla à la Madeleine, & elle vint me dire adieu avant que de partir, & me témoigna beaucoup de tendresse & d'amitié, m'assurant qu'elle avoit autant de regret de me quitter, que de se séparer de ses propres sœurs. J'avoüe qu'encore que je n'eusse aucune confiance en elle, je ne laissois pas de l'aimer, ayant été fort édifiée de sa conversation, & ayant reconnu qu'elle avoit beaucoup de vertu & de simplicité. Je m'affligeai un peu en lui disant adieu, principalement à cause que je jugeai bien que je ne pourrois plus esperer d'apprendre des nouvelles de la Mere Agnés. Cette peine neanmoins ne dura pas long-temps ; & je m'étonnai même de ce que j'avois été capable de la ressentir, comme si j'avois déja oublié que je ne vivois plus que pour souffrir tous les jours & en toutes sortes de manieres. Je m'offris aussitôt à Dieu pour cela, esperant qu'il me feroit la grace de trouver de nouvelles croix, dont je pusse profiter davantage que je n'avois fait des premieres. Cependant la Mere Superieure continua de me venir voir presque tous les jours, & à m'exhorter à la Signature, accompagnant ses exhortations de caresses, ausquelles elle ne mettoit plus de bornes : car ne faisant nulle difficulté de me loüer de toutes les perfections qu'il lui plaisoit de m'attribuer ; elle disoit qu'elle n'en auroit pas fait non plus de me canoniser, si j'avois eu un peu plus de soûmission & de jugement. Elle me dit quelques jours après le départ de la Mere de Pontchartrain, qu'elle me donneroit une autre Gouvernante à sa place. Ce

B

fut la Mere le Chevalier, que l'on m'assura avoir beaucoup d'esprit, & ne valoir pas moins que celle qu'on m'avoit ôtée. Elle est sans doute fort capable, & a de la vertu & de la conduite: mais cela n'a pas empêché qu'elle ne m'ait dit des choses assez ridicules sur la Signature, qui à dire le vrai, est un sujet qui fait quasi extravaguer les sages qui la veulent persuader; comme il semble qu'il fait parler au contraire raisonnablement les plus simples & les plus ignorantes, à qui Dieu fait la grace de la refuser. Cette Mere me venoit donc voir deux fois le jour. La premiere étoit à l'heure de la lecture, pendant laquelle elle me faisoit lire dans le Livre de l'Amour de Dieu, qu'elle disoit avoir été inspiré à son Auteur pour prouver la nécessité de signer le Formulaire, & lui fournissoit des pensées en si grande abondance, qu'une heure entiere ne lui suffisoit pas pour m'en expliquer un feuillet. Les Chapitres qui traitoient de la foi, de la prédestination & de la providence de Dieu étoient, celui sembloit, les plus propres à faire voir qu'il ne falloit point vouloir penetrer dans les pensées du Pape, ni revoquer en doute que tout ce qu'il avoit dit & jugé, ne fût tres-équitable & veritable.

Le soir elle passoit encore une heure de temps avec moi. Ses entretiens étoient rarement de choses indifferentes: la Signature en étoit le sujet ordinaire; mais comme cette heure-là étoit celle de la recréation, elle vouloit souvent parler d'une maniere divertissante & en riant, à quoi je ne pouvois pas contribuer: car il m'étoit impossible de rire avec elle. Elle prit de-là occasion de dire que j'étois extrémement triste; mais elle se trompoit fort: car j'étois au contraire plus contente que je ne l'avois encore été, parce que la Mere commençoit un peu à diminuer ses flateries, depuis que je lui avois dit qu'elles étoient seules capables d'empêcher que ses reproches ne fissent impression sur mon esprit; puisque je voyois clairement que j'étois aussi éloignée d'avoir les perfections dont elle me loüoit, que je me reconnoissois par la grace de Dieu innocente des pechez dont elle me disoit que j'étois coupable. Ce changement de conduite me fit un peu commencer à goûter combien est grand le bonheur que j'avois de souffrir pour la verité ; au lieu que durant les six premieres semaines, la maniere dont on agissoit avec moi, m'avoit fait tomber dans quelque sorte de molesse & d'abattement, par la peine que j'avois de me voir tout ensemble privée des avantages de l'humiliation & de la solitude, dont j'avois esperé de jouir dans cet état, & de ceux que j'aurois pû recevoir, si j'avois été en liberté d'avoir communication, & d'être soûtenue & fortifiée par les saintes instructions des personnes que Dieu nous a données, pour nous tenir en quelque sorte sa place sur la terre, & nous faire connoître ses volontez. Quand la Mére le Chevalier n'avoit pas le loisir de m'entretenir le soir, la Sœur Marie Angelique Doublet lui suppléoit. Avant que d'en dire davantage, il est bon qu'on sçache que la Mere Chevalier a beaucoup changé de sentiment sur notre sujet, & qu'elle m'a témoigné depuis plus de bonté que je n'en aurois jamais esperé. Cette Sœur Marie-Angelique est une fille extrémement fervente, & que l'on estime beaucoup dans cette Maison, où on la regarde comme l'un des meilleurs sujets qu'il y ait. Quoiqu'elle soit fort jeune, elle a déja été Sous-Maîtresse des Novices, & elle étoit alors premiere Maîtresse des petites filles, & avoit avec cela soin de moi. L'on n'avoit pas peur que je voulusse entreprendre de la gagner : car on sçavoit qu'elle étoit trop bien prevenue sur notre sujet. Elle n'osoit neanmoins me parler beaucoup de la Signature ; elle se contentoit seulement de me témoigner l'ardent desir qu'elle avoit de m'y voir rendre. Quelquefois elle me disoit qu'il y avoit long-temps que nos Superieurs avoient intention de déraciner la mauvaise Doctrine qu'on avoit plantée

B 2

dans notre Maison, mais qu'ils y avoient travaillé en vain : parce qu'il étoit necessaire, pour accomplir une si sainte entreprise, d'un Prélat aussi laborieux & aussi vigilant que M. de Paris, qui mit tout de bon la main à l'œuvre, & choisit des moyens aussi excellens que ceux qu'il a employez pour cela. D'autres fois elle m'entretenoit de l'estime qu'elle avoit des Jesuites, & du soin qu'on prenoit chez elles de bien fonder les Novices dans les sentimens de ces Peres & de les purger de toute mauvaise Doctrine, avant que de leur rien enseigner.

Il arriva qu'un soir m'entretenant de choses indifferentes (à ce qu'elle pensoit) elle me dit que M. d'Ormeson avoit eu trois filles Religieuses aux Celestes, l'une desquelles étoit déja morte, & les deux autres étoient devenues fort infirmes, parce que leur Maison est mal saine & sans air. Cela me donna d'étranges inquietudes sur le sujet de ma sœur Angelique : car je prévoyois bien quelle étoit la rigueur qu'elle exerçoit envers elle-même, & le peu de liberté qu'elle se donneroit de faire ce qui seroit necessaire pour sa santé. En ce même temps j'étois aussi extrémement en peine de la Mere Agnés, à cause de la saison, qui lui étoit fort contraire. Je demandai à la Mere Chevalier si elle n'avoit point entendu dire de ses nouvelles aux Tourrieres, dont elle étoit Directrice. Elle me dit qu'oüi; qu'on lui avoit dit qu'elle étoit dans de si grandes infirmitez, qu'elle n'avoit plus qu'un filet de vie; & qu'on s'étonnoit que cela ne la faisoit point penser à sa conscience. Ces paroles jointes à l'air dont elles furent prononcées, me donnerent des angoisses qui ne se peuvent quasi imaginer : & parce que je m'étois trop écoutée dans le commencement, ma peine s'augmenta de telle sorte, que je m'imaginai que je n'en aurois pas eu une semblable, si j'avois été dans le purgatoire de l'autre monde ; ne considerant pas que celle que j'aurois ressentie d'avoir aimé selon la chair les personnes que je ne devois plus aimer que selon l'esprit, n'auroit pas été moindre. Neanmoins je ne demeurai pas long-temps dans cet état : Dieu, qui par sa misericorde ne vouloit pas que je pusse trouver aucune consolation dans les creatures, & qui me reduisoit par-là dans une heureuse necessité de n'en plus recevoir que de lui seul, m'en donna une plus solide que celle que je cherchois. J'eus recours à lui comme à mon unique refuge ; je lui fis une entiere oblation de tout ce que j'ai de plus cher, & que je croyois sacrifier tout de nouveau ; j'adorai les ordres de sa providence sur toutes les circonstances de la vie & de la mort de toutes les personnes aus-quelles il m'a unie : & considerant que j'aurois été en repos, si j'avois sçû que ma sœur Angelique-Therese eût eu autant de pouvoir pour conserver la Mere Agnés, qu'elle avoit d'affection pour la servir ; & si j'eusse eu moi-même la satisfaction d'être auprès de ma sœur Angelique, & d'avoir aussi la puissance de conserver sa santé ; je reconnus que c'étoit faire une injure à Dieu que de se défier de sa bonté, & de croire qu'il abandonneroit celles qui souffroient pour la verité, & qui par consequent devoient être aimées de lui d'un amour, qui n'étant pas semblable aux autres, ne pouvoit manquer de leur procurer toutes sortes de biens. C'est pourquoi je me consolai aussi-tôt, en remettant à Dieu le soin de tout ce qui les regardoit, & nos amis aussi, étant persuadée qu'il feroit tout réussir à leur avantage ; & que s'il ne leur donnoit pas les biens de ce monde, c'étoit parce qu'il leur en préparoit de plus grands dans l'éternité. Cette pensée m'a toûjours fortifiée depuis contre les affoiblissemens & les ennuis qui m'auroient troublée sur ce sujet.

Quand le Carême fut arrivé, je témoignai à la Mere le Chevalier que je serois bien-aise d'être en retraite pendant ce temps-là, selon notre coûtume.

Elle y consentit, & elle ne me venoit plus voir qu'à l'heure de la lecture, qu'elle continuoit de me faire en la maniere que j'ai déja dite, sans se lasser de me recommencer tous les jours les mêmes choses sur l'infaillibilité du Pape & de tous les Superieurs à l'égard des inferieurs (elle disoit que le passage de saint François de Sales sur ce sujet lui auroit été suspect, à moins de s'expliquer par d'autres contraires,) qui devoient, à ce qu'elle prétend, obéir dans les choses mauvaises aussi-bien que dans les bonnes : parce que le mal devient un bien lorsqu'il est commandé par les Superieurs. Je lui répondois peu sur tout ce qu'elle me disoit ; & je ne le faisois pas pour la convaincre, mais seulement pour ne lui pas donner sujet de se plaindre que j'eusse du mépris pour elle, ou que je fusse trop triste. La moindre parole que je lui disois, lui donnoit occasion de m'en repliquer plusieurs : elle la recommençoit quelquefois avec raillerie, & ensuite elle me faisoit dire de la même sorte tout ce qu'elle s'imaginoit que j'avois dans l'esprit. Quand elle n'avoit pas de raisons qui lui parussent assez bonnes pour détruire les miennes, elle differoit à une autre occasion. Une fois qu'elle m'assura que jamais aucun Pape n'avoit condamné d'innocent, je lui rapportai l'exemple de saint Athanase & du Pape Libere : à quoi elle me promit de répondre un autre jour ; & elle le fit, en disant qu'elle s'en étoit informée & avoit appris que cela étoit faux comme le démon. Elle commençoit souvent ses discours en me disant qu'elle m'alloit bien tourmenter, & ne me donneroit ni paix ni treve jusqu'à ce que j'eusse signé ; elle me laissa pourtant en repos quinze jours, vers la mi-Carême, parce qu'elle étoit malade. J'admirois sa patience à ne se point lasser de dire tous les jours les mêmes choses. Pour moi il ne m'en falloit pas une grande pour l'écouter : car je ne me mettois point en peine de chercher des raisons pour opposer aux siennes, & il n'y avoit que la conclusion de ses entretiens qui me fût penible ; de quoi neanmoins je n'ai rien fait paroître. Elle ne se séparoit quasi jamais de moi, qu'elle ne me dît en sortant que les méchantes gens (c'est ainsi qu'elle nommoit toûjours les Disciples de saint Augustin) brûleroient bien dans l'enfer pour nous avoir enseigné une si mauvaise Doctrine, & nous avoir perverties & mal impressionnées sur le sujet des Jesuites, qui sont de si bons Religieux, qu'ils n'ont point leurs semblables en toute l'Eglise, n'y en ayant point dont elle tire plus de service que de ceux-là, qui lui sont plus utiles que ceux de tous les autres Ordres, à cause de leur zele contre les nouveaux Heretiques. Elle faisoit aussi tout ce qu'elle pouvoit pour déprifer la conduite de nos Meres, & disoit qu'il n'y avoit point d'esprit interieur dans notre Maison, dont la cause procedoit de l'observation du silence, qui empêchoit, disoit-elle, qu'on ne peut pas bien faire l'oraison, parce que l'esprit étoit trop las de n'avoir point de relâche.

Le premier Dimanche de Carême la Mere me vint exhorter comme à l'ordinaire, commençant neanmoins à me parler plus fortement qu'elle n'avoit encore fait ; & mêlant les reproches aux caresses, elle me pressa & me conjura avec larmes de ne pas rendre inutiles toutes les mortifications & les prieres qu'on avoit faites pour moi, & de ne pas differer davantage une chose, sans laquelle il n'y avoit point de salut pour moi. Elle me disoit que j'étois le sujet de ses entretiens continuels avec beaucoup de personnes tres-sçavantes & tres-habiles, non seulement des Jesuites, mais même des Prélats & des Docteurs, qui tous lui disoient que j'étois sans doute en état de damnation. Elle m'allegua plusieurs passages de l'Ecriture sainte, sur lesquels elle me pria pour sa consolation de lui faire sçavoir mes sentimens. Je lui dis qu'encore que tous les Saints eussent respecté toutes ces veritez & en eussent été

B 4

perſuadez; ils n'avoient pas crû neanmoins qu'elles les obligeaſſent à obéir aux hommes plûtôt qu'à Dieu ; & qu'ils avoient toûjours reſiſté à tout ce qu'on avoit voulu exiger d'eux qui étoit contraire à ſa Loi, ſans avoir égard à la dignité de ceux qui leur commandoient de la violer. Elle fut mal ſatisfaite de cette réponſe, & elle me dit que c'étoit faire un jugement temeraire & inſupportable, que de m'imaginer que le Pape pût ordonner une choſe mauvaiſe; qu'il n'appartenoit pas à une fille de 23. ans d'examiner les raiſons qu'a le Pape de faire un cōmandement à toute l'Egliſe, & encore moins de le vouloir obliger à lui rendre compte de ſa conduite. Elle me demandoit en riant de quoi j'avois peur, & ſi je ne penſois pas qu'il fût plus ſçavant que moi; pourquoi je craignois de faire un mal en ſignant, lorſqu'il m'aſſuroit qu'il n'y en avoit point; & pourquoi je n'apprehendois point d'en commettre un tres-grand en ne le faiſant pas, lorſque je voyois qu'il excommunioit tous ceux qui refuſeroient de ſigner. De-là elle prit occaſion de s'échauffer plus qu'à l'ordinaire, & elle finit ſon diſcours, en diſant qu'elle ne pouvoit plus accorder l'aſſurance qu'elle avoit que j'étois bien intentionnée, & que j'avois la conſcience fort bonne, avec l'opiniâtreté dans laquelle je perſiſtois : ce qui l'étonnoit ſi prodigieuſement, qu'elle ne pouvoit pas s'empêcher de croire que j'étois poſſedée ou enſorcelée ; puiſqu'il étoit impoſſible que je puſſe, ſans une cauſe ſurnaturelle, perſeverer dans un état où je n'étois conſolée ni ſoûtenue de qui que ce ſoit, ſur-tout étant ſi jeune. Elle ſe plaignoit que je n'écoutois que mon propre eſprit, & que je tirois avantage des meilleures raiſons qu'on m'alleguoit, en les comparant à ce que d'autres m'avoient dit, & mettant tout bout à bout pour me fortifier : c'eſt pourquoi elle diſoit qu'il ne falloit me parler que d'obéïſſance aveugle, & non pas me faire conſulter des Docteurs. Le P. Damaſcene la fit neanꝫ

(25)

moins changer d'avis peu de jours après, lui ayant rapporté toutes les raisons dont il s'étoit servi pour gagner ma sœur Gertrude : car elle les trouva si puissantes, qu'elle souhaita fort qu'il me les dît lui-même. Et pour me donner envie de lui parler, elle me fit de fort grands éloges de sa vertu extraordinaire & de sa douceur incomparable; elle me dit qu'il écoutoit tout ce qu'on lui vouloit dire sans se lasser, & qu'il étoit toûjours prêt à rendre raison de toutes choses; qu'il avoit une capacité & une suffisance sans pareille; qu'il ne vouloit point qu'on fît d'invectives contre nos malheurs ni qu'on s'emportât contre nous; qu'il ne se glorifioit point d'avoir persuadé ma sœur Gertrude, mais qu'il s'en humilioit plûtôt & en donnoit toute la gloire à Dieu. J'écoutois tout cela comme à mon ordinaire, c'est à dire, le plus respectueusement qu'il m'étoit possible, & sans rien répondre. Quand elle crut m'en avoir dit assez pour me faire desirer d'entretenir ce Pere, elle me demanda si je ne serois pas bien-aise de le voir. Je répondis fort simplement que je n'avois rien à lui dire. Ces paroles la blesserent extrémement; elle les repeta plusieurs fois, en me contrefaisant & disant que c'étoit le propre de la sœur Madeleine-Christine de croire qu'une petite fille de vingt-trois ans eût des lumieres plus sublimes que tous les habiles gens du monde, & que personne n'étoit seulement digne d'entendre ses raisons. La Mere Agnés, la Mere Prieure, la Sœur Eustoquie consultoient, disoit-elle, bien d'habiles gens, comme l'avoient fait aussi toutes celles qui avoient signé.

Ensuite de cela elle fut quelques jours sans me parler de Signation, & elle me dit que je devois prendre son silence pour la plus grande preuve de sa colere; mais au lieu des exhortations qu'elle me faisoit, elle eut devotion d'ordonner qu'on me menât à celles que les Jesuites faisoient fort souvent à la Communauté. La premiere fois qu'on en sonna depuis la Sœur Marie Angelique me vint dire qu'on en alloit faire une au Parloir, & que la Mere avoit dit qu'on m'y menât. Je quittai auſſi-tôt ce que je faiſois & la ſuivis. Je me doutois neanmoins que c'étoit quelque Jeſuite, & qu'on ne me le faiſoit pas entendre ſans deſſein : c'eſt pourquoi je reſolus de prier la Mere de m'en diſpenſer une autre fois; mais pour celle-là je crus que je ferois mieux d'obéir. Comme j'étois plus qu'à moitié en chemin, & que j'admirois qu'on ne ſe ſoucioit point que je rencontraſſe toutes les Sœurs, la Mere le Chevalier vint dire un mot tout bas à la Mere Marie Angelique, qui s'étant retournée vers moi, me dit : Allons, ma chere. Je la ſuivis encore, & elle me reconduiſit en notre chambre ſans dire une ſeule parole. Deux heures après elle y revint, & s'en alla encore ſans me rien témoigner : mais le ſoir elle me dit que la Mere n'avoit pas jugé à propos qu'on me menât à l'Exhortation qui avoit été faite, à cauſe que ce n'avoit pas été un bon Pere Jeſuite, mais un Pere de l'Oratoire qui étoit peu connu, de ſorte qu'on ignoroit ce qu'il devoit dire ; mais qu'on ne manqueroit plus deſormais de me faire entendre celle des Jeſuites. Je ne dis rien à cela, & je voulus attendre l'occaſion d'en parler à la Mere : ce que je ne fis pas neanmoins, parce qu'on ne me parla plus de me faire entendre les reverends Peres, quoiqu'ils ayent fait depuis ce jour pluſieurs Exhortations particulieres. Peut-être qu'on ſe contenta de ma bonne volonté; au lieu qu'on ne voulut pas ôter aux Sœurs la liberté qu'elles avoient de parler à ces Conferences, qui pour l'ordinaire étoient aſſez familieres, à ce qu'elles m'ont dit. Je crois qu'il ne ſera pas inutile d'en rapporter ici une hiſtoire, qui pourra faire juger de quels ſujets ces Peres entretiennent ces bonnes filles. Je la raporterai fidelement : car je n'avois garde de l'oublier, l'ayant entendue trois diverſes fois. La Mere de Pontchartrain eſt la premiere qui me l'a racontée.

Ce fut le même jour que les Jesuites la leur avoient apprise. Peu de temps après la Mere le Chevalier me l'a dit encore de la même maniere. La Sœur Marie-Angelique me l'a confirmée : parce que je les laissois dire, sans témoigner que je la sçavois déja. Un Jesuite voulant donc apprendre à ces Religieuses de quelle condescendance il usoit envers les pecheurs, leur en donna un rare exemple qui étoit recent, & qu'elles croyoient lui être arrivé à lui-même.

Il y avoit, leur dit-il, *un homme de condition, qui après avoir passé sa vie dans le libertinage, tant à la Cour qu'à l'armée, étoit malade à l'extrémité, & ne vouloit en façon du monde entendre parler d'aller à Confesse : parce qu'il y avoit tant d'années qu'il n'y avoit été, que c'étoit du plus loin qu'il se pût souvenir. Ceux qui étoient auprès de lui, firent tous leurs efforts pour l'y faire resoudre ; mais ce fut en vain : car la honte qu'il avoit de ses crimes le surmontoit toûjours, & l'empêchoit de les avoüer. Cependant il vouloit bien recevoir les autres Sacremens : c'est pourquoi on lui choisit un Prêtre. Ce fut un Jesuite. Aussi-tôt que le malade l'apperçut, il s'écria qu'il n'avoit que faire d'approcher, parce qu'il ne vouloit point se confesser. Le Jesuite lui dit de n'avoir point de peur, qu'il lui promettoit de ne lui point parler de Confession ; mais qu'il croyoit qu'il voudroit bien faire les Actes de Foi, de Contrition & autres necessaires pour bien mourir. Le malade y consentit, & le Jesuite les lui fit faire. Puis il lui demanda s'il agréeroit de faire une échange avec lui de ses bonnes œuvres & de lui donner ses pechez. Le malade s'y accorda volontiers. Le Jesuite l'assura donc qu'il prenoit sur lui tous ses pechez, les regardant desormais comme siens, & qu'en même temps il lui cedoit le merite de toutes les bonnes œuvres qu'il avoit pratiquées. Sur cela il lui donna l'absolution & se retira. Comme il étoit à la porte, il revint pour dire au malade qu'il n'avoit pas pensé qu'il ne sçavoit point quels étoient les pechez* dont il s'étoit chargé, & que cela seroit cause qu'il ne pourroit s'en confesser comme étant à lui, parce qu'il les ignoroit, & que cependant il auroit bien voulu s'en accuser ; parce qu'il n'avoit pas envie de se damner. Le malade ne fit aucune difficulté de lui raconter tous ses crimes, sans en avoir honte, parce qu'il ne les croyoit plus à lui. Le Jesuite lui apporta ensuite le saint Viatique, & il mourut un peu après, & apparut la nuit au Jesuite pour le remercier du don qu'il lui avoit fait de ses merites, en consideration desquels Dieu l'avoit mis dans la gloire, quoiqu'il eût merité l'enfer. Il l'assura aussi qu'à cause de la charité qu'il avoit eue pour lui, en se chargeant de ses pechez, Dieu ne les lui avoit point imputez, & les pardonnoit au Jesuite. Ces bonnes filles m'ayant rapporté cette histoire, me prioient fort d'admirer avec elles la charité de ce Pere, qui avoit trouvé une invention si excellente pour faire avoüer à cet homme tous les crimes qu'il avoit commis, & lui faire en un moment meriter le Paradis. Pour moi j'étois assez occupée à admirer la grace que Dieu m'avoit faite de me préserver de tels Guides ; neanmoins pour ne leur pas faire de la peine en ne répondant rien du tout, je leur demandai s'il y avoit long-temps que cela étoit arrivé.

Environ la mi-Carême Dieu m'envoya une consolation que je n'attendois pas, inspirant à M. de Sevigny de me donner part à l'honneur de son souvenir, & de me faire ressentir les effets de sa charité, par la peine qu'il prit de m'apporter lui-même le Livre de *La Religieuse parfaite & imparfaite*, & d'engager par sa civilité la Mere Superieure à me faire sçavoir de ses nouvelles, & me dire la bonté qu'il avoit pour moi : ce qu'elle fit, témoignant en même temps qu'elle ne me pouvoit pas donner le Livre, & qu'elle l'avoit envoyé à M. l'Abbé de Blampignon, sans la permission duquel il n'en devoit point entrer dans la Maison. Je la suppliai de trouver bon que je me donnasse l'honneur d'écrire à M. de Sevigny, pour lui témoigner mes ressentimens de la faveur qu'il me faisoit. Elle n'en avoit gueres d'envie; & elle me dit par deux fois qu'elle ne me celoit pas qu'elle ne feroit point tenir ma lettre, & qu'elle l'envoyeroit seulement à la Mere Eugenie, qui la donneroit à M. de Paris. Je lui dis que cela ne m'empêcheroit pas d'écrire, & que si on la supprimoit, j'aurois au moins la consolation d'avoir fait ce qui dépendoit de moi, pour reconnoître la charité d'une personne, à qui notre Monastere a des obligations infinies, & à qui j'étois d'autant plus redevable, que je meritois moins l'honneur qu'il me faisoit, n'ayant pas celui de le connoître particulierement. Je mandois dans la lettre, que si je n'étois pas en état de jouir de cette faveur, je serois toûjours en disposition de faire ce qui dépendoit de moi pour la reconnoître.

Ma lettre fut vûe de M. de Paris, qui dit, au raport de M. Duplessis, que c'étoit lui-même qui avoit permis qu'on me donnât le Livre, qu'il avoit approuvé, comme étant tres-bon, & n'y ayant rien que de fort utile. La Mere fut donc contrainte de me l'apporter, quoiqu'assez malgré elle. En me le donnant elle me dit que la Mere Eugenie feroit tenir ma lettre, pourvû que je voulusse bien mander que je l'avois reçû. Ensuite elle me dit, qu'elle croyoit que ce Livre feroit beaucoup parler dans le monde, & qu'on en tireroit peu de fruit : parce que pour profiter de la lecture d'un Livre, il falloit avoir estimé de l'Auteur qui l'a composé; ce qui n'étant pas à l'égard de celui-là, les gens du monde ne le chercheroient que par curiosité; que pour elle son sentiment n'auroit pas été d'exposer à leur vûe l'image d'une Religieuse imparfaite, parce qu'ils sont assez portez à déprimer les Religieuses, & qu'ils pourroient facilement juger qu'une Superieure qui a été long-temps en charge, ne parle pas sans experience; qu'elle avoit oüi dire que la Mere Agnés seroit fort humiliée quand elle apprendroit qu'il étoit imprimé : mais que ce seroit avec sujet qu'elle en auroit de la confusion ; puisqu'il n'appartient pas à une Religieuse de se mêler de faire des Livres ; que si celui-là étoit correct, on pourroit dire d'elle ce que J. C. dit des Pharisiens : Faites ce qu'elle dit, & ne faites pas ce qu'elle fait ; qu'en l'ouvrant elle avoit rencontré le Chapitre qui traite de la soûmission qu'on doit rendre aux Superieurs ; qu'il n'en falloit pas davantage pour confondre la Mere Agnés ; qu'on pourroit tirer sa condemnation de sa propre bouche, & la renvoyer à son Livre, pour apprendre à pratiquer elle-même ce qu'elle enseigne aux autres. Toutes les fois que la Mere m'a parlé de la Mere Agnés, ç'a été de cet air. Elle n'avoit pas une meilleure estime des personnes qui nous ont conduites : & elle me disoit librement que M. de S. Ciran étoit en enfer. Neanmoins cette matiere étoit rarement le sujet de ses entretiens ; au lieu que, comme j'ai déja remarqué, la Mere Chevalier en faisoit quasi toûjours la conclusion des siens. Quelquefois elle me disoit que d'une vingtaine de Livres traduits ou composez par les Défenseurs de la Verité, il ne s'en trouvoit peut-être pas un seul qui meritât d'être ramassé : parce qu'ils étoient tous remplis du venin de l'heresie de ces Docteurs, qui la glissent subtilement dans tous leurs Ouvrages. Peu de jours après que la Mere m'eut dit ce que je viens de dire, Mad. Bignon me vint voir & m'offrit de me donner ce Livre. Elle m'en témoigna librement ses sentimens en présence de la Sœur Angelique, qui m'accompagnoit ; & elle me dit qu'il la faisoit trembler pour elle-même. Je lui répondis que c'étoit pour des Religieuses qu'on exigeoit une si grande perfection. A quoi elle repartit que l'Evangile n'en exigeoit pas une moindre des personnes du monde ; & qu'elle n'avoit encore rien vû de plus efficace que ce Livre pour en faire desirer la pratique. Elle l'avoit déja lû deux fois, & disoit qu'elle ne pouvoit se lasser de le relire. En une autre occasion elle ne parla pas moins raisonnablement à la Mere Superieure, qui lui disoit qu'il y avoit des heresies dans le 4. Livre de la Vie de Dom Barthelemi : car elle l'assura que c'étoit une pure calomnie & fausseté ; que tout le monde demeuroit d'accord de son excellence, & de l'utilité qu'on en pouvoit tirer ; & que pour son particulier il lui avoit si bien fait concevoir les dangers où sont exposez les Prélats & les personnes qui possedent les Dignitez de l'Eglise, que quand il seroit en son pouvoir d'obtenir pour ses enfans un Archevêché, ou un Chapeau de Cardinal, elle les auroit refusez de tout son cœur, & auroit choisi pour eux la condition de simple Prêtre, sans même permettre qu'on leur donnât aucun Benefice. La Mere étoit un peu empêchée, quand Mad. Bignon lui parloit de la sorte ; mais comme elle lui témoigna après l'estime qu'elle faisoit des Livres de saint François de Sales, cela les remit bien ensemble.

Sur la fin du Carême, elle renouvella ses caresses & ses exhortations avec plus d'instance que jamais : parce qu'elle se promettoit que je signerois pour communier à Pâques, comme elle m'assuroit que plusieurs de mes sœurs le devoient faire. Je lui témoignai une fois être en doute, si on auroit assez de severité pour nous priver des Sacremens en une Fête où l'on ne les refuse pas à des personnes plus coupables que nous ne le pourrions être ; quand même il seroit vrai que notre scrupule seroit mal fondé, comme on le prétend. A quoi elle répondit qu'elle sçavoit de bonne part que M. de Paris avoit pris resolution, avec tout son Conseil, de ne permettre les Sacremens qu'à celles qui auroient promis de signer le Formulaire aussitôt qu'on le leur presenteroit, & qui auroient demandé pardon de leur desobéissance. Elle se réjoüissoit, dans l'esperance que cette occasion me détermineroit à signer, & que je ne le ferois pas par legereté ou avec dissimulation. Elle disoit qu'elle n'auroit point eu de satisfaction, si je l'avois fait sans être parfaitement convertie, comme ma sœur Flavie & ma sœur Dorothée, en renonçant entierement à toutes les maximes de la nouvelle Doctrine. Quand je lui demandois ce que c'étoit que cette nouvelle Doctrine, contre laquelle elle me parloit fort souvent, sans nommer les prétendus Auteurs; elle répondoit qu'elle n'en sçavoit rien, parce qu'on ne l'en avoit jamais instruite: mais que je ne l'ignorois pas, & qu'elle avoit oüi dire qu'il n'y avoit personne qui eût plus d'éloquence pour en découvrir tous les stratagêmes, que celles de nos Sœurs à qui Dieu avoit fait la grace d'éclairer l'esprit pour y renoncer.

Je ne lui déclarai point positivement ce que j'avois dessein de faire à Pâques, croyant que c'étoit assez de lui témoigner que pour le temps présent j'étois plus ferme que jamais; & qu'en attendant que je sçusse de quelle maniere toutes choses devoient aller, je me contenterois de redoubler mes prieres, & de demander à Dieu la lumiere dont j'avois besoin pour accomplir sa volonté. Cela l'affligeoit beaucoup, & la portoit quelquefois à me parler plus fortement. Elle me demandoit si je croyois aux paroles de Jesus-Christ, que *celui qui ne mange pas la Chair du Fils de l'Homme, & ne boit point son Sang, n'aura point la vie éternelle.* Je répondois que j'étois tres-persuadée de cette verité; mais que je sçavois bien qu'on ne la doit pas entendre à la lettre: ce que je lui prouvois par les paroles mêmes de l'Evangile qui sont rapportées un peu après celles-là. A quoi elle répondoit que les Huguenots en disoient bien autant; & qu'ils prétendoient aussi-bien que moi pouvoir défendre leurs heresies par des passages de la sainte Ecriture. Je répondois qu'ils le faisoient en les falsifiant, ou les interpretant à contre-sens; mais que j'étois bien assurée que l'explication que je faisois de ces veritez sacrées, n'étoit pas heretique: puisqu'elle ne venoit

venoit pas de moi, & qu'elle étoit autorisée par la Doctrine des saints Peres, & confirmée par leurs exemples & par leur conduite. Elle ne laissoit pas aprés cela de dire encore que les Hugenots disoient la même chose; & qu'il n'y avoit de sureté que dans l'obéissance, qui nous faisoit renoncer à nos propres lumieres, pour nous soûmettre à celles de nos Superieurs. Puis elle prenoit plaisir à dire que je ne sçavois que lui répondre, & que je n'étois plus retenue que par un aheurtement déraisonnable, dont les causes étoient surnaturelles. Elle m'exhortoit neanmoins de ne plus écouter mon propre esprit: parce qu'il ne manqueroit jamais de me fournir plus de raisons qu'il n'en faudroit pour m'empêcher de sacrifier mon jugement & de l'assujettir à celui de mes Superieurs.

Le Lundi saint je commençai à écrire à M. de Paris, pour lui demander les Sacremens; mais comme j'étois en peine de ne pouvoir prendre conseil pour cela, je discontinuai ma lettre: & la Mere m'étant venuë voir ce même jour, & m'ayant témoigné qu'elle souhaitoit que je demandasse à le voir lui-même, je m'en excusai & lui dis que je croirois manquer au respect que je lui devois, si je lui donnois la peine de faire un voyage exprés pour moi & de s'en retourner inutilement; mais que je serois bien-aise de voir M. Cheron ou M. de Sainte-Beuve, que je ne choisissois pas pour la confiance que j'avois en eux, mais parce que je ne pensois pas qu'ils dûssent être suspects. Elle me dit qu'on les soupçonnoit de favoriser la nouvelle Doctrine, & que si je ne lui en proposois d'autres, ma demande seroit inutile. Je lui dis qu'au cas qu'on me refusât ceux-là, je consentirois, quoique contre mon inclination, à voir l'un des Messieurs les grands Vicaires. Elle fut satisfaite de cette réponse, & écrivit sur cela à M. de Paris, lui donnant quelque esperance que je me rendrois; de sorte qu'il fit réponse à l'heure même, & lui manda qu'il seroit accouru

I. *Partie.* C

promptement pour sçavoir ce que la chere Sœur Briquet desiroit, s'il n'avoit été arrêté par un fort grand rhume; & que M. l'Abbé Dupleſſis viendroit le lendemain matin pour me satisfaire. Il vint donc le lendemain; mais il me trouva, à ce qu'il dit, plus opiniâtre que jamais. Il avoit apparamment étudié ce qu'il avoit à me dire. Il fit ce qu'il put pour me tromper par un méchant projet d'accommodement & par de fausses raisons assez bien masquées & jointes à des civilitez & des témoignages d'estime pour notre Maison tres-grands. Je refusai sa proposition; & pour ce qui est de ses raisons, je ne voulus point m'engager à y répondre, quoiqu'il m'en preſſât fort : parce que je craignois de m'y embarasser, à cause que la douleur que j'avois du refus des Sacremens qu'il me venoit de faire, m'empêchoit d'avoir assez de presence d'esprit pour les détruire, comme cela n'auroit pas été difficile, ce me semble, si j'avois pû y faire attention. Je me contentai donc de lui dire, que quand même j'aurois pû, sans blesser ma conscience, accepter ce qu'il me proposoit, j'en aurois été raisonnablement retenuë par la consideration de ma captivité; & que deplus j'étois assurée qu'il m'auroit été inutile de la souscrire, puisqu'il prétendoit que cela n'étoit point différent de ce que nous avions fait l'année passée : ce qui neanmoins étoit faux; car il vouloit que sans croire le fait de Janſenius, je condamnaſſe la Doctrine comme de lui, par déference au jugement du Pape. Il me pria, avant que de s'en aller, de le charger de ce que je voulois mander à M. de Paris; mais je le remerciai & je lui dis, que je ne m'adresserois plus qu'à Dieu seul, puisque je ne pouvois attendre que de lui la miſericorde que les hommes me refusoient. Je passai le reste de la Semaine sainte sans parler à personne, étant dans la paix & dans la soûmiſſion à la volonté de Dieu : ce qui n'empêchoit pas neanmoins que je ne fuſſe ſenſiblement touchée de demeure dans la privation des Sacremens; & je l'étois encore davantage par la crainte que j'avois que quelqu'une de mes sœurs n'abandonnât la verité pour s'en aprocher. Je reçus pourtant en ce même tems un billet qu'elles m'écrivoient, par lequel elles témoignoient assez leur fermeté; mais parce qu'il ne me parloit pas de quelques particulieres, & que d'ailleurs je ne sçavois pas de quand il étoit écrit, je n'en fus pas consolée.

Le Jeudi saint on ne me donna pas plus de tems qu'à l'ordinaire pour être devant le saint Sacrement, sçavoir une demie heure pour entendre la Messe, & autant pour faire l'assistance. On m'avoit dit quelques jours auparavant que j'irois à Tenebres; mais on changea d'avis, & on se contenta de me faire seulement entendre le Service du matin, & le Sermon du Vendredi saint: & quand on fut sorti du Chœur ce même jour, on m'y fit entrer pour adorer un Crucifix. Le jour de Pâques on me fit entendre Vêpres, Complies & le Sermon, comme j'avois fait tous les Dimanches de Carême. L'après-dînée de ce jour la Mere Chevalier me vint voir. Elle me parla environ un quart d'heure suivant les mouvemens du zele qui l'animoit; puis elle me dit qu'elle sçavoit que je répandois beaucoup de larmes, mais qu'il n'étoit pas question de cela; que je n'avois qu'à obéir à M. de Paris, & que je n'aurois plus de sujet de m'affliger, & de donner de la peine aux autres. Elle ajoûta, que si je ne signois, elle étoit resoluë de m'abandonner. Le Mardi suivant elle me dit encore les mêmes choses. Le Jeudi elle tomba malade, & avant que d'aller à l'Infirmerie, elle me vint voir; & se jettant à genoux devant moi, elle me conjura par tout ce qu'il y a de plus saint de ne pas differer davantage de sortir de mon opiniâtreté endévée, & de renoncer à mon peché avant que l'Octave fût accomplie. Je l'écoutai étant aussi à genoux, mais je ne lui dis pas une seule parole;

C 2

car elle étoit trop animée & avoit trop de peine à parler, pour lui donner sujet d'en dire davantage.

Ce même jour la Mere Superieure prit aussi la peine de me venir voir. Elle me dit, qu'ayant été malade toute la Semaine sainte d'affliction de me voir dans une si mauvaise disposition, elle ne s'étoit point empressée depuis pour me rendre cette visite: parce que cela ne servoit qu'à renouveller sa douleur, qui étoit telle qu'elle ne la pouvoit exprimer. Elle me la témoigna en disant que jusques alors elle avoit toûjours eu de la tendresse & de la compassion pour moi, esperant que je ne ferois pas si impie, que de préferer une bagatelle & une vaine fantaisie au commandement que l'Eglise fait à tous les Chrétiens de communier à Pâques; mais qu'elle m'avoüoit que sa compassion étoit entierement changée en indignation, & qu'elle n'étoit pas seule dans ce mouvement à mon égard; que toute sa Communauté, qui m'avoit fort aimée, & avoit beaucoup desirée de me voir, ne me regardoit plus qu'avec la même indignation; qu'il n'y avoit pas jusqu'à une servante de cuisine & une jardiniere, qui demandoient si cette pauvre creature ne sçavoit pas les Commandemens de Dieu, ou bien si son esprit étoit si fort renversé qu'elle les eût oubliez. A quoi la Mere ajoûtoit, que la parole de saint François de Sales étoit accomplie en moi, lorsqu'il dit qu'une personne enyvrée de son propre jugement est moins capable de raison, qu'un homme à qui le vin a troublé l'esprit; qu'il ne falloit qu'avoir un peu de sens commun pour reconnoître la grandeur de mes pechez, qui étoient tels, qu'elle s'étonnoit comment la terre me pouvoit encore porter, & comment les foudres ne tomboient point du ciel pour me reduire en cendre; que j'étois pire qu'un athée, ni en ayant gueres qui ne se reconnoissent, qui ne se confessent, & qui ne communient à Pâques; que j'étois indi-

-gne d'aller plus long-temps à la Messe ; & qu'il n'étoit pas necessaire, pour m'en priver, d'attendre que l'excommunication eût été fulminée, puisque je m'excommuniois assez moi-même. Après cela neanmoins elle dit, qu'elle alloit écrire à M. de Paris, pour sçavoir si l'on auroit encore patience: ce qu'elle lui representeroit être fort inutile. Elle me rapporta ensuite ce que la Reine Mere avoit dit à nos Sœurs le jour qu'elle entra à Port-Royal, & elle crut avoir tiré de-là & des entretiens qu'elle avoit eus avec M. le Chancelier & autres Personnes de la Cour, une preuve tres-forte pour faire voir que nous sommes en état de damnation. Il est vrai qu'elle estime cette Princesse une Sainte, & qu'elle dit aussi que M. le Chancelier devient Saint depuis qu'il est sous la conduite des Petits-Peres. Elle me dit de plus, qu'elle se croyoit obligée de rendre beaucoup d'actions de graces à Dieu, de ce qu'il avoit permis que l'occasion de la Signature eût fait connoître toute la malignité de la Doctrine du Jansenisme, qui étant couverte par l'apparence de quelque austerité exterieure, renfermoit sous ce faux prétexte des crimes qu'on n'auroit jamais pû s'imaginer être tels, si l'experience ne les avoit fait voir plus clair que le jour ; que notre desobéissance seule en étoit un si grand, qu'il ne pouvoit être expié, selon le sentiment de toutes les personnes éminentes en pieté, que par la destruction de notre Monastere ; qu'elle louoit Dieu de ce qu'elle arriveroit bientôt : puisqu'au moins le scandale que nous avons causé dans l'Eglise, seroit en quelque sorte reparé, lors que Port-Royal seroit aboli ; qu'il valoit mieux qu'une Maison de Religion perît, que non pas que toute l'Eglise fût en danger de perir elle-même, comme elle y auroit été, si un si grand crime étoit demeuré impuni dans une Ville telle que Paris. Après m'avoir encore dit plusieurs autres choses, elle m'assura qu'elle ne me viendroit plus voir & qu'on me laisseroit desormais entretenir mes chimeres, c'est-à-dire, mes pensées, qui étoient sans doute des distractions continuelles, à moins que je n'eusse des illusions, comme il y avoit apparence que cela étoit peut-être. J'écoutai ce discours avec respect, & en paix; mais sans y répondre, n'étant pas, ce me semble, à propos de le faire. Je lui dis seulement à la fin, que quand elle ne prendroit plus la peine de me venir voir, je n'aurois pas sujet de m'en plaindre; puisque je ne meritois pas qu'elle me fît cet honneur; que j'avois de la confusion de ne lui pouvoir donner la satisfaction qu'elle desiroit de moi; que je n'entreprenois point de me justifier devant elle, parce que je ne pensois pas la pouvoir persuader de mon innocence, tant qu'il plairoit à Dieu de permettre qu'elle demeurât dans les sentimens où elle étoit; que j'avois sujet de croire qu'il me vouloit humilier dans le temps present; & qu'ainsi je me contentois qu'il vît le fond de mon cœur & qu'il fût témoin de tous mes sentimens. Elle improuva cette réponse, comme elle faisoit toutes les autres choses que je lui representois. Depuis ce jour personne ne me parloit plus. La Sœur Marie-Angelique, qui avoit accoûtumé avant le Carême de m'entretenir, quand la Mere le Chevalier ne le pouvoit faire, n'osoit pas me dire un mot: mais j'avois assez de sujet de croire qu'il n'y avoit que l'obéissance qui l'en empêchoit; puisqu'elle ne m'a jamais témoigné avoir aucun mépris ni aucune indignation pour moi; & qu'au contraire elle a toûjours continué jusqu'à la fin à me donner toutes sortes de preuves de sa bonté & de sa charité, quoiqu'elle me crût heretique & hors de l'Eglise: mais elle vouloit esperer que Dieu m'éclaireroit quelque jour par les merites de S. François de Sales, duquel elle me faisoit dire tous les jours les Litanies. Le Samedi de Pâques je reçus des nouvelles de ma sœur Isabelle-Agnés qui me consolerent beaucoup en m'apprenant ce qui s'étoit passé à l'occasion de la Fête; & quelle étoit la fermeté que Dieu lui avoit donnée & à toutes nos Sœurs, pour ne consentir à rien de ce qu'on pouvoit desirer d'elles au préjudice de la verité. Mais elle m'en fit en même temps sçavoir une autre qui m'affligea sensiblement; c'est l'extrémité où étoit reduite ma sœur Françoise-Claire, dont j'aurois ignoré la maladie jusqu'au jour de sa mort: parce que la Sœur Marie-Angelique ne m'en vouloit pas parler, n'aimant pas, disoit-elle, à dire de mauvaises nouvelles; & qu'elle attendoit que la Mere de Maupeou, qui étoit revenuë de Port-Royal, fût en état de me venir voir: ce que sa santé ne lui permettoit pas si-tôt. Cependant cette Sœur me dit qu'on avoit reçû quelque nouvelle qui m'affligeroit un peu, mais dont on avoit sujet d'une autre part d'avoir beaucoup de consolation. Ce dernier mot me mit extrémement en peine: car je sçavois bien que ce qu'elle appelloit consolation, ne pouvoit être pour moi qu'un nouveau sujet de douleur. Aussi-tôt que la Mere de Maupeou commença à se mieux porter, elle me vint voir, comme elle en avoit obtenu la permission pour une fois seulement. Elle me dit que l'on avoit appris que notre pauvre Sœur étoit à l'agonie; & qu'elle avoit prié qu'on nous fît sçavoir à toutes, qu'elle ne signoit point parce qu'elle étoit prête à mourir, mais seulement parce que Dieu lui avoit éclairé l'esprit pour reconnoître le mal qu'elle avoit fait en refusant si long-temps d'obéir à M. de Paris. Ensuite elle me fit lire une lettre que la Sœur Marguerite-Elizabeth le Feron lui écrivoit sur ce sujet, & qui étoit remplie de toutes sortes de faussetez, que cette bonne fille croyoit tres-veritables, & qu'elle me donnoit à lire, afin que je ne fisse point de difficulté d'y ajoûter foi: parce qu'elle sçavoit bien que je ne croyois pas facilement tout ce qu'on me disoit. Avant que de commencer à me parler, elle me déclara que son dessein n'étoit pas de me

C 4

faire aucun menfonge; & qu'elle n'auroit pas voulu en commettre un feul pour le falut de tous les hommes, quoique cela n'empêchât pas qu'elle ne mentît quelquefois fans le connoître. Je n'entreprendrai point de rapporter ce qu'elle me dit dans cette vifite, qui fut fort longue; je dirai feulement qu'elle me témoigna avoir toute forte d'affection pour celles qui n'ont point figné, & être au contraire fort fcandalifée de la conduite des figneufes, fans entrer neanmoins dans la queftion de la Signature. Elle plaignoit fort nos Sœurs d'être détenuës dans une fi grande captivité, qu'elles ne pouvoient prendre confeil de qui que ce foit; mais elle ne les excufoit pas de refufer celui de M. Chamillard: car il la gagnoit par fes belles Conferences; & elle s'imaginoit qu'il n'avoit que Dieu devant les yeux, & que tout ce qu'il fait contre nous ne procede que du defir qu'il a d'empêcher la ruine de notre Monaftere, & de procurer notre falut: ce qu'elle tâcha de me perfuader, en me raportant une chofe remarquable, dont elle avoit elle-même été témoin; c'eft que peu de jours après l'enlevement de nos Meres M. de Paris refolut de nous priver de nouveau des Sacremens, & fe mit fort en colere contre M. Chamillard, lui reprochant qu'il étoit caufe qu'il nous les avoit accordez contre fon deffein. Sur quoi M. Chamillard l'ayant voulu prier de ne les pas interdire à toutes, il s'emporta contre lui en prefence des Filles de Sainte-Marie; jufques-là qu'il lui défendit de parler, & voulut même le chaffer du Parloir, parce, difoit-il, qu'il gâtoit tout. Quelques femaines après Pâques mon Oncle l'Avocat General me vint voir, & demanda auffi à parler à la Mere. Elle alla au Parloir devant moi, & s'y tint prefque tout le temps que j'y demeurai, pour l'engager, à ce que je crois, à me parler de la Signature, dont il lui avoit témoigné n'avoir pas envie de m'entretenir: à quoi elle lui dit qu'il étoit obligé, & que l'affection qu'il avoit pour moi ne lui devoit pas permettre de me donner aucun repos sur ce sujet. Il tâcha de s'en acquitter, en prenant occasion de la Signature de ma sœur Françoise-Claire, dont M. de saint Nicolas lui avoit parlé, comme de la plus admirable & la plus parfaite conversion qu'il y eût jamais au monde. La Mere exageroit plus que lui & encherissoit encore pardessus tout ce qu'il disoit. Elle lui témoigna être étonnée de ce que cette mort ne faisoit pas sur mon esprit l'impression qu'elle desiroit: & elle m'en parla encore en une autre occasion & me dit, que quand je serois à l'heure de la mort, je me repentirois, cōme cette pauvre fille; mais qu'il ne seroit plus temps d'obtenir misericorde, parce que je ne serois plus de l'Eglise; & que Dieu me refuseroit sa grace avec justice en cette derniere heure, pour l'avoir si long-temps méprisée durant ma vie. Que pour ce qui étoit de ma sœur Françoise-Claire, elle l'estimoit heureuse d'être morte; puisqu'ayant demandé pardon à M. de Paris de sa desobéissance, & promis de signer le Formulaire, & toute autre chose qu'il plaira à ses Superieurs de lui presenter, on devoit croire que Dieu avoit reçû sa penitence, & l'avoit retirée à lui en état de salut: mais que si elle eût recouvré sa santé, elle n'auroit pû mener qu'une vie fort malheureuse; puisqu'elle auroit été obligée de la passer dans un Monastere étranger, le nôtre ne devant point être rétabli, mais entierement détrui & aboli. Mon oncle m'apporta encore un autre exemple pour me persuader de signer; ce fut celui de M. d'Alet, qu'il m'assura avoir mandé à M. de S. Nicolas, qu'il étoit prêt de recevoir le nouveau Formulaire & de le faire signer aussitôt que la Constitution seroit publiée. A quoi la Mere ajoûta, qu'elle sçavoit de bonne part que M. d'Angers en avoit dit autant. Cette nouvelle m'affligea au dernier point. Je ne la voulois point croire veritable; & cependant l'apprehension que j'avois qu'elle ne fût appuyée sur quelque affoiblissement qu'ils eussent témoigné, me donnoit d'extrêmes inquiétudes.

Un jour que j'étois fort occupée, la Sœur Marie-Angelique entra dans notre chambre avec une promptitude extraordinaire ; c'étoit à une heure où je ne l'attendois pas, parce que la Communauté étoit assemblée : de temps en temps elle venoit comme cela à des heures indûës, pour voir ce que je faisois, & pour l'ordinaire elle ne me laissoit pas plus de deux heures sans y venir. Elle me dit en riant qu'elle venoit m'apprendre une bonne nouvelle ; sçavoir que M. d'Alet avoit signé. Je lui répondis assez froidement, que ce n'étoit donc pas le Formulaire ; puisque la Constitution n'étant pas encore reçûë à Paris, elle ne pouvoit pas être signifiée aux Païs éloignez. Elle s'enquit de Mad. Faret Niece de M. d'Alet de ce qui en étoit, & elle me dit après qu'il étoit vrai qu'il n'avoit pas encore signé, mais qu'il avoit témoigné y être tout disposé, & pour preuve de cela, il avoit ordonné à son Promoteur qui étoit à Paris de signer le Formulaire en cette Ville, sans restriction & tel que M. l'Archevêque le presenteroit. Cette fausseté, qui ne me paroissoit pas telle, me penetra de douleur & me fit répandre beaucoup de larmes devant Dieu, dont lui seul fut le témoin : car alors j'avois cet avantage de ne plus parler à personne que pour les choses absolument necessaires.

Environ trois semaines aprés Pâques la Mere le Chevalier commença à se mieux porter, aprés avoir été dangereusement malade. Aussi-tôt qu'elle fut en état de marcher, elle vint en notre chambre. Je fus surprise de la voir, & encore plus de la trouver si changée de sentiment à notre égard. Elle gardoit au moins le silence sur le sujet des Défenseurs de la verité : & au lieu qu'elle avoit accoûtumé de prendre peine à déprimer notre Maison, elle me témoignoit au contraire avoir beaucoup d'estime pour tout ce qui s'y pratique, & me prioit de considerer, que quand même la Signature auroit été un mal, ce qu'elle ne croioit pas, il auroit mieux valu y consentir que d'exposer un Monastere si bien reglé à être ruiné : puisque de deux maux il faut choisir le moindre. Ce changement si peu attendu étoit en cette Mere l'effet des entretiens de la Mere de Maupeou, avec laquelle elle étoit malade à l'Infirmerie; mais il y a apparence que le démon s'en vouloit servir pour me livrer une autre tentation, dont Dieu m'a delivrée par sa misericorde, n'ayant pas permis qu'elle ait fait aucune impression sur mon esprit. L'intention de cette bonne fille en me témoignant tant de bonté & d'affection étoit, autant que j'en puis juger, de me porter à lui découvrir les sujets de peine & d'affliction que je pouvois avoir; mais c'est ce que je n'avois garde de faire, ayant même éprouvé que lors qu'elle me témoignoit être touchée avec moi de la privation des Sacremens où nous sommes, les larmes que je versai une fois devant elle étoient bien differentes de celles que je répandois en la presence de Dieu, & desquelles il étoit lui-même la cause; au lieu que celles-là procedoient en partie d'un certain regard vers moi-même qui ne produit que de nouvelles amertumes. Quelques instances qu'elle me fît donc pour me porter à lui dire ce qui pourroit être capable de me donner quelque divertissement; je lui répondis toûjours, comme en effet c'étoit la verité, qu'il n'y en avoit plus pour moi sur la terre, que celui de prier Dieu dans la solitude, & d'adorer les ordres de sa divine volonté, dont l'accomplissement étoit tout ce que je desirois, n'ayant point de plus grande joye alors que celle de n'en point avoir, & de me trouver privée de toute consolation, afin de satisfaire à Dieu pour mes pechez, & tout ensemble demeurer fidelle à la verité. Cependant elle ne discontinuoit point de me presser sur ce sujet : quelquefois elle me disoit qu'on étoit en peine de sçavoir si j'avois de la joie ou de l'affliction, lors qu'on m'apprenoit que quelqu'une de nos Sœurs avoit signé ; parce qu'on n'avoit encore pû appercevoir quel sentiment j'en avois. D'autres fois elle me témoignoit, quoiqu'indirectement, n'approuver point les sentimens de la Mere Superieure à mon égard ; & elle n'oublia rien durant 4. ou 5. jours de tout ce qu'elle put faire pour me donner des preuves de son amitié. Mais elle se plaignoit un peu de ce que nous n'étions pas, disoit-elle, si bonnes amies qu'au commencement. Ce n'est pas que je ne lui témoignasse plus de reconnoissance que jamais de la bonté & de la charité qu'elle avoit pour moi, & que je n'eusse grand soin de m'informer de l'état de sa santé, lorsque je ne la voyois pas ; mais il est vrai que je n'avois pas plus de familiarité avec elle que le premier jour, & que je ne lui parlois pas avec plus d'ouverture de cœur depuis qu'elle avoit compassion de moi, que quand elle m'avoit fait paroître d'autres sentimens. Cependant elle ne laissoit pas de faire tout ce qu'elle pouvoit pour tâcher de me procurer quelque consolation : & comme elle reconnoissoit qu'une de mes plus sensibles peines étoit la privation des Sacremens, elle vouloit me persuader de les demander de nouveau, sur l'assurance que la Mere de Maupeou lui avoit donnée qu'on me les accorderoit, si je voulois bien promettre l'indifference & demander à parler à M. Chamillard. Je refusai l'un & l'autre. Elle ne s'en fâcha point, & me dit que cette proposition auroit été la plus sure, si je l'eusse acceptée ; mais qu'elle esperoit neanmoins qu'on se contenteroit que je promisse de prier Dieu & de lui demander sa lumiere. Je répondis que c'étoit ce que j'avois toûjours fait & voulois continuer de faire de tout mon pouvoir. Elle m'assura qu'on seroit satisfait de cette disposition, & qu'on ne feroit point de difficulté de m'accorder les Sacremens aussi-tôt que la Mere en auroit écrit à M. de Paris. Je ne sçavois que penser de tout cela, & je ne pouvois me réjouir de l'esperance qu'elle me donnoit de recevoir cette grace, lorsque je considerois que nos Meres & nos Sœurs, qui en auroient fait meilleur usage que moi, en demeuroient privées. D'ailleurs je ne pouvois non plus me persuader qu'on me la voulût accorder ; mais je ne fus pas long-temps dans ce doute. La Mere le Chevalier, n'ayant point d'égard à la difficulté qu'elle avoit à marcher, ne voulut point perdre de temps & elle se donna la peine d'aller sur l'heure même trouver la Mere pour la prier de prendre celle d'écrire à M. de Paris sur ce sujet. Mais elle, qui pour avoir été quelques jours sans me témoigner ses sentimens, ne les avoit pas neanmoins changez, vint aussi-tôt en notre chambre : & après m'avoir parlé un peu de temps de choses indifferentes avec beaucoup de froideur, elle me dit que la Mere le Chevalier venoit de la prier d'écrire à M. de Paris pour moi; mais qu'elle n'en feroit rien; parce que si je n'avois pas autre chose à dire à M. l'Archevêque, il seroit fort inutile de l'importuner pour cela ; qu'elle-même m'en pouvoit rendre la réponse, l'ayant apprise d'original, & étant assurée que le dessein de M. de Paris étoit de ne nous point accorder la Communion, à moins que nous n'eussions demandé pardon de notre desobéïssance, & promis de signer le Formulaire tel qu'il peut être. Elle me témoigna être surprise que j'eusse pensé à faire cette demande dans l'état où j'étois, & après avoir commis tant de pechez mortels : & elle me dit que quand je les aurois expiez par une veritable penitence, il seroit temps de demander à communier; mais que pour lors c'étoit une folie de dire que je voulois participer aux Sacremens pour voir si Dieu me feroit connoître que je devois renoncer à mes pechez mortels. Elle les mettoit au nombre de quatre. Les deux premiers étoient, d'avoir violé deux de nos vœux ; sçavoir celui d'obéissance & de stabilité, en préferant une vaine fantaisie à ce que je pouvois faire aisément pour demeurer dans notre Monastere & y observer nos Regles ; le troisiéme, celui de l'orgueil, en me mettant au-dessus de mes Superieurs, & ne voulant point d'autre direction & d'autre conduite que celle de mon propre jugement & de mon caprice ; & le quatriéme, celui d'avoir passé Pâques sans recevoir les Sacremens. Je lui répondis que je n'aurois pas demandé de nouveau la Communion, si la Mere le Chevalier ne m'y avoit engagée, en m'assurant qu'on se contenteroit de la disposition dans laquelle j'étois ; que sans cela je serois demeurée dans le silence, comme j'étois resoluë d'y demeurer à l'avenir : non parce que je me croyois coupable des crimes dont on m'accusoit ; mais parce que je voyois bien que je ne pouvois plus rien attendre que de Dieu seul. Cette réponse lui donna sujet de me faire un assez long discours : car elle ne pouvoit souffrir que je disse que ma conscience ne me reprochoit point les crimes pour lesquels on me punissoit ; & elle me soûtenoit au contraire que j'étois rongée de remords, à moins que je ne fusse dans le comble de la folie ou de l'ensorcellement. Elle me demandoit sur quoi une petite fille de 20. ans, qui se mêle de faire la loi au Pape & aux Evêques, se pouvoit appuyer pour avoir la conscience en repos, en preferant son caprice & son propre jugement aux lumieres des plus grands Prélats & des plus habiles Docteurs de l'Eglise ; & comment il se pouvoit faire qu'à cause qu'il étoit arrivé une fois en tous les siecles que quelques saints Evêques s'étoient trouvez seuls à défendre la Foi Catholique, je m'imaginasse que Dieu m'eût choisie pour être la Sainte de notre siecle ; & que toute l'Eglise dût s'abaisser devant la Sœur Madeleine de sainte Christine, pour déferer à ses sentimens & embrasser sa doctrine. Elle disoit qu'elle me consideroit comme seule en cette affaire : parce qu'étant séparée de nos Sœurs, leur desobéissance ne justifioit point la mienne ; & qu'elles n'étoient à mon égard, que comme tous les Heretiques & les personnes qui se damnent, dont les crimes particuliers ne rendent pas ceux des autres moindres : & s'étonnant encore de ce que j'avois demandé la Communion, elle disoit qu'elle vouloit bien que je sçusse que mes sœurs avoient fait plus d'instances que moi pour l'obtenir, & qu'il n'y avoit point de posture où elles ne se fussent mises, & de promesses qu'elles n'eussent voulu faire, excepté seulement celle qui les pouvoit engager à quelque chose sur la Signature ; que M. Chamillard s'étoit employé pour elles avec une bonté extrême, afin de tâcher de leur procurer cette grace, & leur avoit proposé pour cela de se mettre dans une certaine disposition où elles n'étoient pas encore, mais qui leur seroit inutile, quand même elles y entreroient : parce que M. de Paris étoit resolu, suivant le sentiment de tous les habiles gens, dont il prend conseil, de nous tenir separées des Sacremens jusqu'à ce que nous eussions promis d'obéir aveuglément à tout ce qu'on desireroit de nous. Ensuite elle me témoigna la douleur qu'elle avoit de ce que je ne voulois point me convertir, quoique cela dépendît de moi : car elle étoit bien assurée que j'avois la grace suffisante, & que c'étoit moi qui manquoit à cette grace qui ne manque jamais à personne. Elle se retira en disant, qu'encore que tous ses discours me fussent fort inutiles, & que pour cette raison elle eût resolu de ne me plus rendre de visite ; elle ne laisseroit pas neanmoins de m'avertir de la publication de la Bule & de toutes les autres choses qu'elle croiroit capables de m'émouvoir & de me faire rentrer en moi-même pour reconnoître le miserable état où j'étois.

Le lendemain la Mere le Chevalier me vint voir & me témoigna être bien fâchée de ce que la Mere Superieure n'avoit point voulu écrire à M. de Paris pour moi. Elle fouhaitoit que j'écrivisse moi-même ; mais je ne crûs pas le devoir faire. Je crois que depuis ce jour la Mere lui ordonna de ne me plus entretenir : car encore qu'elle se portât bien, elle ne me venoit plus voir qu'une ou deux fois en 15. jours, & elle ne me parloit du tout que de la Canonisation de S. François de Sales, dont elle me recommençoit toûjours la même chose ; ou bien elle lisoit dans l'*Amour de Dieu*, sans l'expliquer, ni rien dire dessus. Ses visites duroient un quart-d'heure & souvent moins. Elle fut élûë à l'Ascension pour être Superieure à Saumur. Huit jours avant que de partir pour y aller, elle me vint dire adieu & me donna encore toutes sortes d'assurances de son affection, & de l'estime qu'elle avoit de notre Maison. Je lui parlai comme il faut de M. d'Angers & du bonheur qu'elle avoit d'être sous la conduite de ce saint Prelat. Je n'eus pas de peine à la faire entrer dans mes sentimens : parce que Mad. Pineri sa sœur, qui connoît particulierement M. d'Angers, lui en avoit déja parlé. J'ignorois le sujet pour lequel elle me disoit adieu si long-temps avant que de s'en aller ; mais je l'ai sçû depuis. On lui avoit permis d'aller voir les Meres de Sainte-Marie du Faubourg : & il y a apparence qu'on n'avoit pas envie qu'elle me dît des nouvelles de la Mere Agnés, comme elle auroit pû faire, l'ayant vûë & étant encore demeurée deux jours dans la Maison où j'étois avant que de s'en aller. J'ai rapporté ceci en cet endroit, pour dire tout de suite ce qui regardoit la Mere le Chevalier : mais je m'en vas à present reprendre les choses un peu plus haut pour ne rien ômettre. Quelques jours après qu'on eut appris la canonisation de saint François de Sales, la Mere me vint voir & me dit qu'elle n'avoit pû y venir plûtôt, parce qu'elle avoit été continuellement occupée à recevoir les personnes qui lui venoient faire compliment

pliment sur ce sujet. Je lui témoignai la part que je prenois à sa joye, qui étoit celle de toute l'Eglise. Elle m'en parla peu; ensuite de quoi elle s'en alla sans me rien dire autre chose, & en me témoignant une froideur si extraordinaire, que je jugeai bien qu'elle avoit quelque nouveau sujet de mécontentement contre moi. Je ne sçavois si ce n'étoit point quelque billet écrit d'une ancre invisible, qu'on eût découvert, que j'avois envoyé à Port-Royal. Je m'imaginois neanmoins que si cela eût été, elle m'en auroit témoigné quelque chose : c'est pourquoi je ne laissai pas d'en écrire encore d'autres, parce que j'en avois occasion, & que j'étois en peine de n'avoir point reçû de nouvelles par une voye plus sûre, que je croyois être découverte; dont je ne parlois pas neanmoins dans celle-là. Lorsque je donnai mon dernier billet à la Sœur Marie Angelique, je m'apperçus qu'elle rougissoit; ce qui me fit croire assurément que les autres avoient été trouvez : mais il n'étoit plus temps d'y remedier.

Le dernier jour de May la Mére me donna avis de la publication de la Bulle, qui avoit été reçûë la veille au Parlement. Elle me dit que M. le Chancelier lui avoit rapporté tout au long la harangue qu'il devoit faire sur ce sujet; & que c'étoit une chose si admirable, qu'après cela il n'y avoit plus moyen de refuser la Signature, sans être manifestement heretique; que le Formulaire étoit desormais une chose necessaire pour toutes les personnes consacrées à Dieu. Elle me demanda si j'étois encore aussi indifferente sur le sujet de l'excommunication, que je l'avois été jusqu'alors; & si je ne redoutois pas davantage cette peine, la voyant si proche. Je lui répondis que je ne l'avois jamais regardée avec indifference, & que je la consideroïs comme la plus sensible de toutes celles que l'Eglise peut infliger à ses enfans : mais que je sçavois qu'elle n'est terrible, que parce qu'elle est pour l'ordinaire une suite & un effet du peché, qui est plus redoutable que la punition même qui

I. Part. D

en est faite. Je lui avoüai franchement que je ne l'apprehendois point en cette occasion, parce que ma conscience me rendant témoignage que j'étois innocente du crime qu'on m'imposoit, je n'avois point sujet de craindre que les hommes me pussent separer de J. C. ni me faire perdre l'union spirituelle que je conserverois toûjours avec tous ses membres. Ces paroles lui semblerent extravagantes. Elle me demanda comment je ne rougissois point de me donner à moi-même l'infaillibilité, pendant que je la déniois au Pape & à toute l'Eglise; & comment j'ôsois préferer le jugement que je portois d'une Doctrine que je n'entends point, à celui que le Pape & les Evêques en ont rendu, sans me soucier du mépris que je faisois de leur autorité, en m'établissant leur Juge. Je la suppliai de trouver bon que je lui dise que ce n'étoit point les juger que de demander, qu'il me fût permis de ne point prendre de part au jugement qu'ils ont porté d'une chose qui ne me regarde point. Elle me répondit qu'il falloit écrire à Sa Sainteté, & lui mander que la Sœur Madeleine de sainte Christine la prioit de la dispenser des loix qu'elle faisoit à toute l'Eglise; parce qu'elle a des lumieres plus sublimes que celles de tous ses Superieurs, & qu'il y a un Evangile particulier pour elle seule; celui où Jesus-Christ dit: *Qui vous écoute, m'écoute*, n'ayant point été fait pour elle. En disant cela elle se mit à rire, & me dit que mes folies étoient si ridicules, que quoiqu'elle n'eût pas envie de rire, elle ne s'en pouvoit empêcher. Elle me demanda si je ne me souciois point d'être heretique, & que le Pape m'eût declarée telle par sa Constitution, qui étoit autorisée par le consentement de tous les Evêques, aussi-bien que de Parlement & de toutes les personnes que Dieu a constituées en dignité dans l'Eglise, qui me denonçoient toutes heretique. Je lui répondis que je ne pensois pas qu'aucune de ces personnes eussent dit qu'on fût heretique pour douter d'un fait contesté, qui ne regardant point la Foi, ne peut être matiere d'heresie. Elle se mit encore à rire, & me dit que si on m'avoit entendu parler de la sorte, sans sçavoir quelle étoit la cause de mon aheurtement, il n'y a personne qui n'eût crû que j'étois tout-à-fait folle, & que j'avois l'esprit entierement renversé, de preferer ainsi mes sentimens à ceux de toute l'Eglise & de tous les habiles gens du monde. Elle me déclara que puisque j'étois resoluë de perseverer dans mon opiniâtreté, elle ne me garderoit plus chez elle que jusqu'à la fin du terme que M. de Paris donneroit pour signer; & elle me conjura avec toutes sortes d'instances d'écrire à mes parens avant qu'on fulminât l'excommunication, afin de les prier de me chercher quelqu'autre maison: parce qu'elle ne pouvoit se resoudre de souffrir dans la sienne une heretique & une excommuniée, à laquelle elle seroit dans l'impuissance de rendre aucun service. Elle ajoûta que pour ce qui étoit de nos Sœurs, on les enfermeroit toutes à Port-Royal des Champs, après les avoir privées de l'Eglise, & qu'on les y laisseroit pour y demeurer jusqu'à la fin de leur vie, & y mourir abandonnées de tout le monde & privées de toute consolation. Je n'y devois point aller avec les autres, à ce qu'elle disoit. Elle me quitta encore en disant qu'elle ne me verroit plus; & neanmoins elle me vint voir peu de jours après, parce qu'on lui avoit dit que j'étois malade, quoique cela ne fût pas vrai. Elle m'offrit avec beaucoup de bonté toute sorte de soulagement, & me pria d'en user avec une entiere liberté. Ce n'a pas été seulement en cette occasion qu'elle a eu trop de soin de moi, mais ç'a été en toutes: car tant que j'ai demeuré chez elle, elle a toûjours eu soin de me faire trop bien traiter & plûtôt avec profusion qu'avec épargne; quoiqu'elle me nourrît par charité, ayant refusé fort genereusement de prendre la pension qui lui étoit offerte pour moi. Elle ne me parla point de Signature pour cette fois ; il est vrai que sa visite fut fort courte. Elle ne me témoigna pas la moindre froideur, & elle me dissimula le mécontentement qu'elle avoit de ce que dans le Billet que j'avois écrit, j'avois mandé ce qu'elle m'avoit dit du voyage de Port-Royal des Champs, dont elle étoit en quelque sorte plus offensée que de tout le reste. Je ne sçai si c'est parce qu'on lui avoit peut-être appris cette nouvelle en secret, & qu'on l'avoit obligée de n'en point parler : car depuis cela elle me voulut faire croire qu'on ne pensoit plus qu'à une dispersion generale.

Cependant j'ignorois toûjours ce qui étoit arrivé de mes billets, (M. de Paris les avoit envoyez à la Mere Superieure, la priant de voir les Libelles de la Sœur Briquet, & de prendre garde qu'elle avoit à faire à une créature plus fine qu'elle.) & si on les avoit tous découverts : ce qui me mit d'abord assez en peine, ne pouvant pas m'empêcher de m'affliger de ce qu'on avoit retenu ce que ma sœur J. Agnés avoit eu la bonté de m'envoyer dans un Livre de saint Jean Climaque, que l'on m'avoit refusé, à cause qu'il étoit traduit par M. d'Andilly. Je ne pouvois en apprendre de nouvelles, parce que je n'osois écrire par l'autre voye, dont je m'étois déja servie, & que je croyois être assurément découverte; à cause des soupçons que je voyois qu'on avoit de moi sur ce sujet ; & que même on ne vouloit point envoyer ce que je donnois. On ne m'a pas laissé moins de liberté depuis que mes billets ont étez découverts ; au contraire j'en avois en quelque sorte plus qu'au commencement même ; parce qu'on me laissoit quelquefois trois ou quatre heures sans venir en notre Chambre les jours qu'il y avoit Sermon. D'autre part nos Sœurs n'étoient pas moins en peine que moi de ce que je ne leur envoyois rien, & elles n'osoient rien hazarder de nouveau ; desorte que notre communication auroit été entierement rompuë, si ma Sœur J. Agnés, dont la charité est au-dessus de toute crainte, n'avoit bien voulu se commettre encore une fois pour me donner cette satisfaction, sans avoir égard à ce qui en pourroit arriver. Je reçus donc de ses nouvelles le lendemain de la sainte Trinité; mais avant cela on me fit un tour assez artificieux pour me surprendre, le vendredi dans l'Octave de l'Ascension. L'on ne m'avoit point encore dit que mes billets eussent étez trouvez; je ne pouvois neanmoins en douter, ayant reçû quelques-uns des cayers que j'avois demandez pour écrire nos Constitutions, & dont on avoit ôté une feuille, quoique ce ne fût pas celle qui étoit écrite, & par laquelle on me mandoit n'avoir rien reçû de tout ce que j'avois écrit depuis plus d'un mois. Ces cayers n'étoient pas conformes à ceux que j'avois commencé à écrire, parce qu'on n'avoit pas voulu donner le modele que j'en avois envoyé, & qu'on n'en avoit pas bien pris la mesure. Cela fut cause que j'en renvoyai un autre, pour prier qu'on fît les autres de même grandeur; mais je n'écrivis point dessus. Il y a apparence qu'on ne manqua pas de le soupçonner d'être écrit comme les précedens: & peut-être qu'après n'y avoir rien trouvé, on s'imagina que je m'étois servie d'une autre invention. Quoi qu'il en soit, on m'écrivit le lendemain d'une maniere qui ne paroissoit pas non plus sur le papier; & pour me mieux tromper, on me manda en écriture noire qu'on m'envoyeroit à la premiere occasion quelques hardes que j'avois demandées, & aussi ces cayers, pourvû que j'en envoyasse un autre pour modele, parce que celui que j'avois envoyé étoit égaré. On ne communiqua point le secret aux Religieuses de la Maison où j'étois: & lorsque la Sœur Marie-Angelique me donna ce Billet, elle venoit de faire ce qu'elle croyoit necessaire pour s'assurer qu'il n'y eût rien d'écrit. Je ne reconnus point d'abord de quelle main il étoit écrit; & même je ne suis pas assurée qu'il soit de la personne que je me suis imaginée. Je le lûs en présence de la Sœur Marie-Angelique : & croyant qu'on ne l'avoit fait que pour me porter à y répondre en la maniere que j'avois écrit les autres ; je dis à cette Sœur que je ne pensois pas qu'il fût necessaire que j'envoyasse d'autres cayers, parce que si le dernier étoit égaré, il y avoit apparence qu'on en trouveroit bien quelqu'un des premiers. A quoi elle répondit que j'avois raison, & qu'elle ne sçavoit pas pourquoi on m'en demandoit encore, en ayant déja donné trois diverses fois. Quand elle se fut retirée, je considerai un peu cette écriture pour voir si je ne la connoîtrois point. J'apperçus qu'il y en avoit de blanche entre deux lignes, ce qui me réjoüit fort. Je voulus aussitôt la faire paroître en la maniere accoûtumée ; mais voyant que je n'y gagnois rien, je m'avisai d'essayer d'une autre invention, ensuite de quoi l'écriture se rendit visible, à l'exception des trois premieres lignes qui étoient toutes l'une sur l'autre, & des deux dernieres qui n'étoient pas assez marquées, tout le reste étant fort bien formé. Je lûs facilement ce qui suit : *Nous attendons, ma tres-chere sœur, la signification de la Bulle, étant comme vous, prêtes à tout écouter. Nous n'avons point encore de nouvelles de nos Messieurs ; nous esperons d'en recevoir bientôt, & nous ne manquerons pas de vous faire sçavoir leurs avis aussitôt que nous les aurons reçûs. Votre invention est admirable, il la faut bien conserver. La Mere Agnés se porte assez bien, ma sœur Claire est avec elle.* (J'avois témoigné être extrémement en peine de ses nouvelles, & je priois nos Sœurs de m'en faire sçavoir.) Je fus extrémement surprise en lisant cela, & je conclus que c'étoit ma sœur Marguerite-Thecle qui l'avoit écrit, ayant peut-être oüi dire que j'avois enseigné à quelqu'une l'invention d'écrire en cette maniere. Je voyois bien neanmoins que ce n'étoit point de son écriture ; mais je voulois croire qu'elle avoit pris peine à la contrefaire, pour faciliter le passage du billet. Je ſie voulus pourtant pas écrire en la même manière, quoique j'euſſe occaſion de le faire : parce que cela me paroiſſoit trop dangereux en cette conjoncture, quoique je n'euſſe aucune défiance du deſſein qu'on avoit eu en m'écrivant de la ſorte, ne pouvant pas m'imaginer qu'on fût capable d'une telle choſe, ni qu'on ſe fût aviſé de me parler ainſi ; parce que je n'avois point du tout demandé d'avis dans pas un des billets que j'avois écrits en caractere blanc, n'ayant jamais crû qu'il y eût de la ſureté à ſe ſervir de cette invention, & craignant beaucoup de commettre le ſecret de mes Sœurs, dont l'importance étoit bien plus grande que du mien.

Le 18. de May M. Chamillard me vint ſignifier la Conſtitution & le Mandement de M. de Paris, qui avoit été publié la veille. On me conduiſit au Parloir, ſans me dire qu'il me demandoit ; peut-être qu'il craignoit que je ne le vouluſſe point voir, à cauſe que j'avois congratulé mes Sœurs de la reſolution qu'elles avoient priſe de ne le plus écouter. Quand j'entrai au Parloir, la Mere y étoit avec lui, & elle y demeura quaſi tout le temps que j'y fus, qui dura deux heures, pendant leſquelles l'un & l'autre parloient preſque toûjours, & moi je ne fis que les écouter & répondre en peu de mots à ce qui me parut entierement neceſſaire. M. Chamillard commença par me faire de grands complimens ſur la joye qu'il avoit de ce qu'il ne doutoit point, diſoit-il, que je ne fuſſe toute prête à ſigner, ne pouvant manquer de reconnoître l'autorité dont émanoit le Formulaire. Après quelques diſcours ſemblables, il ajoûta que ce qui le confirmoit dans cette penſée, c'eſt l'eſtime qu'il ſçavoit que j'ai pour le ſentiment de notre Pere ſaint Bernard, qui m'ordonne de me rapporter à mes Superieurs en ce qui regarde les choſes douteuſes. Je lui dis que celle dont il s'agit, n'étoit nullement de ce nombre ; puis qu'on ne peut douter qu'il y ait du mal à mentir à la face l'Egliſe, en atteſtant par une ſignature publique un fait dont on a beaucoup de raisons de douter, comme j'en avois de celui de Jansenius, duquel je ne puis avoir aucune connoissance par moi-même, & ne suis point obligée de me faire instruire par d'autres. La Mere ne put entendre cela sans m'interrompre, comme elle fit presque toutes les fois que je parlai; tant ce que je lui disois lui paroissoit mal à propos. Et sur cela elle dit à M. Chamillard qu'il avoit tort de me faire cette objection, & qu'elle lui répondoit comme moi, qu'il n'étoit point question d'une chose douteuse; la desobéïssance & la rebellion d'un petit nombre de personnes revoltées ne meritant pas d'être comparée à l'autorité & au consentement de toute l'Eglise universelle. Elle continua là-dessus à parler assez fortement, & à presser M. Chamillard de faire le même. Puis elle lui dit, que quand je n'aurois point été aussi coupable que je l'étois par ma desobéïssance, la vie que je menois étoit seule suffisante pour me perdre; puisque bien loin d'accomplir mes vœux & de vivre dans l'obéïssance de ma Regle, je menois une vie toute volontaire, où je n'avois point d'autre conduite que celle de mon propre esprit, ni d'autre regle que ma volonté; ajoûtant que je ne me contentois pas encore de cela, & que je passois mon temps à faire des écritures, & à chercher le moyen de les envoyer par toutes sortes de déguisemens. Sur cela elle tira de ses Heures un de mes billets, & me le montra, en disant que j'en avois tant écrits qu'il y en avoit des libelles entiers, & qu'elle les avoit envoyez à la Mere Eugenie, s'étant contentée de garder celui-là pour me convaincre. Il y en a eu six de découverts, deux desquels étoient assez grands & les quatre autres fort petits. Je le regardai sans répondre une seule parole à tout ce qu'elle m'en dit, qui ne fut autre chose que des reproches de tout ce que j'avois mandé, excepté seulement de ce qui la touchoit. Une des choses qu'elle me témoigna improuver davantage, fut mon stile si peu religieux; elle pria M. Chamillard de m'en dire ses sentimens. Il voulut d'abord s'en exempter, faisant semblant de ne l'avoir pas vû; mais elle lui dit qu'il en sçavoit autant qu'elle: desorte qu'il se rendit à ce qu'elle souhaitoit, & me reprocha entre autres choses la vanité & l'élevation de mon esprit, qui me faisoit mêler de citer des passages Latins, à propos de quoi il me dit qu'il avoit lû une Lettre de sainte Therese à une de ses Religieuses, à qui elle mandoit qu'elle avoit fort approuvé tout ce qu'elle lui avoit écrit, excepté qu'elle ne pouvoit souffrir qu'elle eût cité un mot Latin; & qu'elle prioit Dieu qu'il éloignât pour jamais de son Monastere des filles qui voudroient écrire ou parler Latin. Ce passage, dont il parloit, n'est qu'un mot que j'avois mis sans reflexion, écrivant à ma sœur Isabelle-Agnés sur le refus qu'on m'avoit fait du Livre qu'elle m'avoit envoyé. Je lui disois, que puisque Dieu avoit permis qu'on me déniât la consolation qu'elle m'avoit voulu procurer, j'en avois une plus solide à la place, qui étoit celle d'en être privée pour accomplir la volonté de Dieu, *qui dedit desiderabilia ejus in manu hostili*. La mere se joignit à tout ce que M. Chamillard disoit, & après qu'ils m'eurent parlé environ une demie heure, comme elle vit que plus elle m'en disoit, & moins je m'en mettois en peine; elle pria M. Chamillard de me regarder (j'avois notre voile baissé, quoique le sien fût levé,) & de voir s'il sembloit seulement que ce fût à moi qu'on parlât. Elle lui dit qu'elle avoit fait retirer la Sœur qui l'accompagnoit, afin de m'épargner: parce qu'elle croyoit que j'avois encore quelque sentiment de pudeur, & que je rougirois au moins quand elle me montreroit mes finesses découvertes; mais que puisque j'avois perdu toute honte naturelle, elle supplioit M. Chamillard de me dire pour qui passeroit une fille qui auroit fait dans le monde la même chose que moi. (En disant cela elle montra encore ce petit billet.) Il dit qu'il n'en faudroit pas davantage pour perdre une fille d'honneur. Je répondis que ce n'étoit pas la chose en elle-même, mais seulement le sujet pour lequel une fille s'en seroit servie, qui lui auroit fait perdre l'honneur; & que je sçavois bien que sa reputation ne seroit nullement blessée, si étant prisonniere elle avoit eu recours à cette invention, pour apprendre des nouvelles de sa Mere & de ses Sœurs, dont on l'auroit separée injustement. Si la Mere m'avoit permis de parler davantage, & que j'eusse voulu me justifier plus amplement, je n'aurois eu qu'à lire le billet qu'elle me montroit: car il n'y avoit autre chose, sinon que je suppliois qu'on me mandât des nouvelles de la Mere Agnés, parce que je n'en pouvois plus apprendre; que je craignois que mes billets ne pussent échaper des mains de nos Geolieres, ni passer devant leurs lunettes sans se découvrir eux-mêmes: mais que si Dieu le permettoit, je m'en consolerois, parce que je ne voulois point avoir de volonté opposée à la sienne, dans laquelle seule je trouvois ma satisfaction & ma joye. La Mere donc voulant poursuivre ce que M. Chamillard avoit commencé, dit que si une fille seroit perduë de reputation pour avoir fait une telle piece, que seroit-ce donc d'une Religieuse? Je répondis qu'une Religieuse seroit coupable à moins que cela, & pour avoir seulement écrit un billet sans permission, si elle l'avoit fait pour secouer un joug legitime, & dénier à ses Superieurs ce qu'elle seroit obligée de leur rendre; mais que je sçavois fort bien qu'étant dans la captivité où on m'avoit reduite, je n'offensois point Dieu en me servant de la liberté naturelle acquise à toute personne qui est en l'état où j'étois. Elle m'interrompit encore, & demanda à M. Chamillard ce qu'il disoit de me voir dans un tel aheurtement, que rien n'étoit capable de m'émouvoir. Il lui dit qu'étant à Geneve il avoit beaucoup conversé avec les Heretiques; mais qu'il pouvoit assurer n'en avoir pas vû un seul en cette ville, dont l'opiniatreté égalât la mienne. Elle lui repartit que j'empirois tous les jours; & qu'encore que je fusse bien entêtée lorsque je sortis de Port-Royal, on pouvoit dire neanmoins que ce n'étoit encore rien en comparaison de ce que j'étois alors; & qu'elle en avoit une telle douleur que cela lui arrachoit les larmes de sang du cœur. Elle le pria ensuite de me lire la Constitution, parce que M. l'Abbé Brisacier la demandoit, & elle ne vouloit pas s'en aller qu'elle n'eût vû de quelle maniere je l'entendrois & ce que je dirois sur ce sujet. M. Chamillard lui dit qu'il seroit bien-aise de voir aussi cet Abbé, & qu'il me quitteroit bientôt. Il me fit donc la lecture de la Constitution & de l'Ordonnance, & il refusa de me dire si toutes les Religieuses de Port-Royal y avoient souscrit, se contentant seulement de me montrer leurs seings à l'envers: ce qui me donna sujet de croire que Dieu avoit fait la grace à quelqu'une de sortir de ce précipice. Je n'alleguai point d'autre raison que celle de ma captivité, qui étoit seule suffisante pour justifier mon refus, quand même toutes mes difficultez auroient été levées: ce qui n'étoit pas; puisqu'au contraire elles étoient beaucoup augmentées. La Mere dit que ce n'étoit qu'un petit conte & une chanson de peroquet que je recommençois toûjours. M. Chamillard ajoûta que ce n'étoit qu'une défaite qui n'étoit pas même raisonnable & que je n'avois que faire de demander qu'on me mît à Port-Royal pour signer; parce que je pouvois bien m'assurer que je ne mettrois jamais le pied dans pas une de nos Maisons sans l'avoir fait & en la bonne maniere. La Mere s'étant retirée, M. Chamillard me proposa aussitôt son indifference, m'assurant que si je la lui promettois par écrit, M. de Paris me permettroit de communier. Je refusai sa proposition, & lui dis qu'il promettoit ce que M. de Paris n'accorderoit pas. Il me pria fort de lui dire mes difficultez, ajoûtant neanmoins qu'il craignoit que j'en fisse refus, à cause que je n'avois pas de confiance en lui. Je lui dis qu'il avoit raison d'avoir cette pensée; mais que je ne me mettois pas en peine de voir d'autres personnes pour communiquer mes sentimens, étant persuadée que je ne pouvois rien faire sans blesser ma conscience en l'état où j'étois : puisque je voyois assez clairement qu'on n'avoit fait venir cette nouvelle Bulle que pour autoriser les violences qui avoient été faites contre notre Monastere, & parce qu'on ne les pouvoit soûtenir en une Justice reglée. Il me dit que j'avois tort de m'imaginer cela; que lui-même avoit été present lorsqu'on avoit resolu d'envoyer à Rome pour demander le Formulaire; & qu'il me pouvoit assurer qu'on ne l'avoit demandé qu'à cause que M. d'Alet refusoit celui de l'Assemblée du Clergé. Cet aveu m'auroit donné sujet de lui dire beaucoup de choses, si j'avois voulu m'engager à parler avec lui ; mais comme ce n'étoit pas mon dessein, je me contentai de lui demander pourquoi on avoit donc fait évoquer notre Appel au Conseil du Roi, s'il étoit vrai qu'on pût sans cela soûtenir ce qui avoit été fait contre nous. Il me répondit que c'étoit parce que la Signature étoit une affaire de conscience. Je lui repartis que nous n'avions point appellé du commandement qui nous avoit été fait de signer; mais seulement des formes que M. de Paris avoit tenuës ensuite, & qui n'étoient que de pures voyes de fait, sur lesquelles la Cour nous auroit assurément fait raison. Il ne répondit point à cela, & il voulut aussitôt changer de discours: mais comme il vit que tout ce qu'il me disoit étoit fort inutile; il voulut conclure, & pour le faire, il me dit qu'il ne sçavoit pourquoi je disois que je n'étois pas en liberté : parce que cela n'étoit pas vrai, & que j'avois une entiere liberté de l'envoyer querir toutes les fois qu'il me plairoit, & de lui demander toutes les personnes que je vondrois voir. Il me promettoit de me les accorder, pourvû qu'elles ne lui fuſſent pas ſuſpectes. Je lui répondis que je n'avois rien à lui dire, ni à ceux qui ſeroient choiſis par lui : deſorte qu'il me quitta étant fort mal-ſatisfait de moi.

2 Quand je fus retournée en notre chambre, je conſiderai un peu tout ce qui s'étoit paſſé en cette occaſion : & penſant d'abord à la diſtinction que M. de Paris fait des dogmes d'avec le fait non revelé, j'en eus de la joye ; parce que cela me fit concevoir quelque eſperance qu'il y auroit des Prelats qui en pourroient prendre occaſion de faire la même choſe d'une meilleure maniere, en déclarant qu'ils n'exigeoient que le reſpect & le ſilence ſur le fait. Mais cette joye fut bientôt changée en triſteſſe, quand j'eus conſideré le Formulaire : car ne m'imaginant pas qu'on en pût faire quelque choſe de bon, j'apprehendois extrémement que le Mandement de M. de Paris ne donnât occaſion à quelques Evêques de faire les leurs un peu moins mauvais, & de tromper par-là les ſimples, & de favoriſer ceux qui chercheroient un pretexte pour abandonner la verité. Quant aux billets que j'avois écrits & qui étoient découverts, je reconnus que quoique la choſe fût fort innocente en elle-même, j'avois tort neanmoins d'en avoir uſé en la maniere que je l'avois fait, m'étant divertie à rapporter les choſes que l'on m'avoit dites, avec un ſtile qui n'étoit pas aſſez ſerieux ni conforme à l'état où Dieu me mettoit : c'eſt pourquoi je crus lui devoir rendre graces de ce que n'ayant point reconnu cette faute moi-même, & n'en pouvant être avertie par d'autres, il avoit permis que j'en fuſſe repriſe par des perſonnes qui ne la devoient pas épargner ; & qu'ainſi il avoit lui-même pris ſoin de m'en corriger. Je ne laiſſai pourtant pas de m'en inquieter un peu ; parce que je m'imaginois que les autres billets, où j'avois parlé plus librement, étoient auſſi découverts. Ce qui me confirmoit dans cette penſée, c'eſt que la Mere avoit dit à M. Chamillard

qu'elle s'étoit plainte de moi à Mad. Bignon, qui lui avoit témoigné être fort affligée de me voir agir de la sorte. Mad. Bignon ne m'en avoit pas dit une seule parole, quoique je l'eusse vûe ensuite de la Mere. Neanmoins cette peine ne dura pas longtemps : je considerai que je serois bien malheureuse, si je perdois pour si peu de chose la paix, dont j'avois joüi jusqu'alors. C'est pourquoi je remis entre les mains de Dieu le soin de toute cette affaire, comme je lui avois déja abandonné celui des autres qui me touchoient davantage ; étant tres-persuadée qu'il n'en arriveroit rien que par l'ordre de sa Providence. Je vis bien qu'il n'étoit pas juste que j'eusse moins de confiance en lui que je n'en aurois eu en un ami, sur lequel je me serois bien reposée de choses plus importantes, si j'avois eu moyen de les lui confier. Il me sembla donc que quoiqu'il arrivât de ces billets, je ne pouvois manquer de m'en rejoüir ; puisque je serois toûjours assurée que ce seroit la volonté de Dieu ; & que s'il permettoit que j'eusse encore communication avec mes sœurs, j'en serois bien-aise : comme au contraire, s'il me privoit de cette satisfaction, je n'aurois pas sujet d'avoir une moindre joye, de ce qu'il m'accorderoit par ce moyen la grace que je lui demandois, qui est celle d'être davantage humiliée ; & qu'il étoit peut-être necessaire que pour l'obtenir, je perdisse l'estime & les bonnes graces de Mad. Bignon, comme il y a apparence que j'aurois fait, si l'on avoit sçû ce que je mandois d'elle, qui n'étoit que trop capable de la mettre en mauvaise intelligence avec M. de Paris, & les Filles de sainte Marie, qui ont beaucoup d'affection pour elle. Ensuite je crus devoir faire des excuses à la Mere, qui avoit sans doute assez de sujet de s'offenser de ce que j'avois mandé d'elle, & qui en auroit eu encore davantage, si elle avoit vû tout ce que j'en avois écrit, comme je me l'imaginois alors. Je pensai d'abord lui écrire pour cela ; mais comme je n'avois pas envie qu'elle montrât mon billet aux Jesuites qui la venoient voir, ni qu'elle l'envoyât à la Mere Eugenie, ce qu'elle n'auroit pas manqué de faire, je changeai de dessein: & après avoir attendu quelques jours, je priai la Sœur Angelique de lui dire que si elle pouvoit, sans s'incommoder, prendre la peine de venir jusqu'à notre chambre, elle m'obligeroit de me faire cet honneur. Elle y vint à l'heure même. Je lui fis donc de tres-humbles excuses de la maniere dont j'avois parlé d'elle, & je la suppliai de croire que si j'avois été assez malheureuse pour lui donner ce sujet de mécontentement, cela n'empêchoit pas que je n'eusse tous les ressentimens imaginables de la charité qu'elle exerçoit envers moi; & que j'étois confuse de ne pouvoir reconnoître par mes services, comme j'y aurois été obligée & l'aurois fait de tout mon cœur, si cela m'eût été possible. Elle me reçut avec des témoignages de tendresse & de bonté dont je fus surprise, & elle m'assura qu'elle n'avoit eu aucun ressentiment contre moi, & qu'elle se tenoit obligée de la satisfaction que je lui faisois ; mais elle ne me parla pas long-temps de cet air : car m'ayant demandé mes sentimens sur la Signature, aussitôt que je les lui eu témoîgnez, elle changea de ton, & me dit que mes crimes étoient si surprenans, qu'elle ne pouvoit pas comprendre comment il étoit possible que je fermasse les yeux pour ne point voir la lumiere naturelle qui me les faisoit connoître, & à tout le monde par ma conduite même ; que les fourberies seules que j'avois faites, étoient des preuves assez convainquantes que l'Esprit de Dieu n'étoit point Auteur de tout ce que je faisois ; qu'il ne falloit être rien moins que Religieuse de Port-Royal, pour demeurer encore aheurtée à ne vouloir pas signer, après avoir vû la Bulle du Pape. Que les Evêques qui avoient voulu au commencement favoriser les Auteurs de la nouvelle Doctrine, revenoient maintenant à l'Eglise, aussi-bien que plusieurs personnes de sçavoir & de mérite ; que je verrois dans peu de temps celles qui m'ont engagée dans l'erreur, faire leurs efforts pour en sortir & se rendre à l'Eglise, comme elles commencoient déja, pendant que je me damnerois misérablement, pour ne me vouloir pas dédire de ce qu'elles m'ont fait entreprendre. Que celles de mes sœurs qui me ressembloient, seroient aussi-bien que moi comme les Juifs vagabondes & errantes par toute la terre, où nous serions un objet de mépris & de rebut à tout le monde. Quant à elle, elle disoit qu'elle n'aimoit point naturellement qu'on portât les choses dans la derniere extrémité de rigueur ; mais neanmoins que son sentiment étoit qu'on la devoit exercer envers nous en cette occasion ; & qu'il falloit absolument détruire nôtre Monastere, selon le dessein qui étoit pris de l'abolir de telle sorte qu'on ne pût jamais dire qu'il y avoit la moindre apparence qu'il y eût eu des Religieuses de Port-Royal en ce lieu ; qu'elle se confirmoit d'autant plus dans cette pensée, qu'elle ne lui étoit pas seulement commune avec toutes les personnes de pieté & de probité, mais même avec celles de nos Sœurs, à qui Dieu avoit fait la grace d'ouvrir les yeux & de se convertir parfaitement ; qui disoient, aussi-bien qu'elle, que nôtre desobéissance ne pouvoit jamais être punie assez severement ; & qu'il falloit au moins détruire notre Monastere & accomplir à notre égard cette parole de l'Ecriture : *Puisque vous vous jugez vous-même indigne du Royaume de Dieu, il vous sera ôté, & sera donné à une autre Nation qui en rapportera le fruit.* Elle ajoûta qu'elle m'avoit épargnée dans les commencemens, croyant que la mauvaise impression qu'on m'avoit donnée des Jesuites ; & l'opinion que j'avois que M. de Paris n'agissoit point par lui-même, & que ce n'étoit qu'à leur sollicitation qu'il nous a traitées comme il a fait, me rendoit en quelque sorte excusable devant Dieu ; mais qu'elle ne comprenoit

(65)

prenoit plus quel prétexte je pouvois avoir pour demeurer encore dans mon opiniatreté, après que le Pape l'avoit lui-même condamnée par sa Bulle; & elle me conjura au nom de Dieu de lui dire, si j'étois empêchée de signer par quelques motifs, qui eussent au moins apparence de raison, & de lui déclarer si je croyois que le Pape eût le pouvoir de condamner dans l'Eglise ceux qui sont coupables. Je jugeai bien que dans la disposition où elle étoit, ce que je lui dirois ne serviroit qu'à l'animer davantage : mais ne pouvant pas, ce me semble, m'exempter de parler, je lui dis que je ne doutois point que le Pape ne pût juger & condamner les coupables; mais que je sçavois qu'il n'est pas infaillible dans ses jugemens, & qu'étant homme il peut être surpris par les hommes; que puisqu'elle sembloit demeurer d'accord que j'avois eu raison de croire que M. de Paris avoit été prévenu en cette occasion, & qu'il agissoit par l'esprit de personnes étrangeres, je la suppliois de considerer que j'avois tout autant de sujet de croire, que ces mêmes personnes, qui n'ont pas moins de credit à Rome qu'à la Cour, ont aussi prévenu Sa Sainteté, en lui faisant entendre les choses autrement qu'elles ne sont : ce qui paroît même par la Bulle, où le Pape suppose qu'il y a en France des personnes qui soutiennent les heresies condamnées, quoique cela soit très-faux.

Elle m'interrompit avant que j'eusse achevé, son zele ne lui permettant pas d'écouter davantage des paroles qui étoient, à ce qu'elle disoit, des blasphêmes qui lui faisoient dresser les cheveux à la tête, & après lesquels elle s'étonnoit que l'enfer ne s'ouvrît point pour m'engloutir. Elle prit de-là occasion de s'étendre beaucoup pour me prouver que j'étois opiniâtre & superbe comme Lucifer, selon que Mr. de Paris l'a parfaitement bien remarqué ; & elle ajoûta, que mon opiniâtreté & mon orgueil égalant celle des Diables, me rendoit plus crimi-

I. Partie. E

nelle qu'eux ; en ce qu'elle étoit plus volontaire que la leur, dont ils ne pouvoient sortir, parce qu'ils sont immuables par leur nature : au lieu que moi qui suis sujette au changement, & qui puis me convertir quand je voudrai, ayant la grace suffisante & le libre arbitre pour cela ; je ne pouvois être retenuë dans mon aheurtement que par une malice volontaire, qui me faisoit préferer ma fantaisie à mon salut éternel. Aussitôt après qu'elle eut dit cela, elle se leva & me dit qu'elle ne me pouvoit parler davantage ; parce que l'affliction qu'elle avoit de me voir dans un tel état, la saisissoit si fort, qu'elle lui faisoit perdre la parole. En effet le ton de sa voix étoit tout changé, & son visage & ses yeux étoient extraordinairement échauffez. Elle me dit encore en sortant qu'elle ne me viendroit plus voir, & qu'elle se contenteroit de prier Dieu pour moi, & de faire prier jusqu'à la fin des trois mois. Pour cette fois elle a tenu sa promesse, car c'est la derniere visite qu'elle m'a rendue ; je l'ai vûë neanmoins deux autres fois qu'elle me vint trouver dans la Chapelle où j'entendois la Messe, & elle me demanda comment je me portois, sans me dire autre chose. Elle me quitta donc avec beaucoup de douleur, & me laissa comblée de joye, de ce que j'étois si heureuse que de voir accomplir en moi la promesse que Jesus-Christ a faite à ses Disciples, de leur donner part à ses opprobres, en permettant qu'ils reçussent en leurs personnes quelques uns des reproches qui lui ont été faits.

Depuis ce jour je me trouvai plus satisfaite que je n'avois encore été, & je ne pense pas avoir jamais eu en toute ma vie de meilleur temps, que celui des six dernieres semaines que j'ay passées dans cette Maison : car je n'avois plus rien qui me fit de la peine ; je n'étois pas même inquietée par l'apprehension que quelqu'une de mes sœurs n'abandonnât la verité, m'appuyant sur l'assurance que Jesus-Christ nous donne dans l'Evangile, que sonne ne peut arracher de ses mains les ames que son Pere lui a données : de sorte que je n'avois plus, ce me semble, qu'une seule chose à faire, qui étoit d'adorer tous les ordres de la providence de Dieu, & de lui rendre de continuelles actions de graces de celles qu'il me faisoit, de jouir d'une si heureuse solitude, qui m'étoit d'autant plus chere, que les raisons pour lesquelles on m'y laissoit, m'y faisoient trouver des avantages que les anciens Solitaires n'ont jamais eus dans la leur. Et pardessus tout cela j'avois encore la consolation de n'y être point entrée par mon propre choix; mais par celui de Dieu, l'accomplissement de sa volonté étant un charme qui rend agreable les plus grandes afflictions. Dans cet état je n'attendois donc plus que de nouvelles croix, que j'esperois ne pas porter seule : c'est pourquoi je ne me mettois point en peine de les prévoir. Mais dans quel étonnement ne me trouvai-je point, lorsque j'appris que Dieu avoit des pensées de paix & non d'affliction sur ses servantes ? Ce fut la veille de S. Pierre & de S. Paul que la Mere Superieure, qui étoit demeurée malade le jour d'auparavant, m'envoya la Mere de Maupeou son Assistante, pour me dire de sa part que M. de Paris avoit accordé à la Mere Agnés la permission qu'elle lui avoit demandée pour retourner à Port-Royal des Champs, & qu'il ne tiendroit qu'à moi d'obtenir la même grace, si je voulois écrire pour la demander aussi. Je fus surprise au dernier point d'apprendre une nouvelle si peu attendue ; d'une part, j'étois transportée de joye, de sçavoir que la Mere Agnés seroit délivrée de captivité ; & que la lumiere étant remise sur le chandelier, nos Sœurs auroient le bien de la posseder ; mais d'autre part, l'apprehension que j'avois pour moi même de descendre de la croix, & de faire plûtôt ma volonté que celle de Dieu, si je demandois à sortir du lieu où il m'avoit mise, sans qu'il me donnât des preuves plus certaines de ce qu'il vouloit que je fisse, fut cause

E 2

que je demeurai quelque temps sans répondre. De-quoi la Mere de Maupeou fut assez surprise, & elle me dit que ce n'étoit pas à moi seule qu'on faisoit cette proposition; mais aussi à toutes nos Sœurs, tant aux exilées, qu'à celles qui étoient à Port-Royal: mais qu'elle ne sçavoit pas encore quelle étoit la resolution qu'elles avoient prise. Je lui dis que je ne doutois point que la Mere Agnés n'eût eu des raisons tres-justes & tres-équitables pour faire cette demande; mais que j'aurois souhaité de sçavoir ses sentimens pour demander la même chose avec elle; mais que si je devois me joindre à nos Sœurs pour cela, je ne le pouvois faire & ne croyois pas même qu'elles demandassent à faire ce voyage; puisque ce seroit quitter d'elles-mêmes la Maison; que je ne voyois pas pour quelle raison cinquante personnes en iroient trouver seize pour consulter ensemble, plûtôt que de faire venir le petit nombre à Paris, où la Maison est plus grande, & doit être remplie du plus grand nombre de Religieuses. Elle me dit qu'on le faisoit à dessein de nous donner une plus grande liberté en la Maison des Champs, que nous n'en aurions dans celle de Paris, à cause des personnes qui nous y sont contraires. Je la priai de me donner au moins huit jours, pour prier Dieu de me faire connoître sa volonté, avant que je prisse aucune resolution sur ce sujet. Je lui dis qu'elle ne devoit pas s'étonner qu'étant jeune comme je suis, j'eusse de la peine à me déterminer par moi-même sur ce que j'avois à faire; que lorsqu'il n'y avoit qu'à souffrir en silence, je trouvois cela bien aisé: mais que depuis qu'il falloit agir, j'apprehendois beaucoup de le faire sans conseil; & que je croyois au moins devoir prendre du temps pour prier Dieu, comme je la suppliois de vouloir faire aussi pour moi. Elle me le promit avec beaucoup de bonté, & me dit qu'elle esperoit que la maladie de la Mere lui donneroit occasion de la charger de me redre encore quelques visites de sa part : de quoi elle m'assura qu'elle s'acquitteroit avec toute l'affection possible. Elle pensoit même entrer alors en discours avec moi & me dire des nouvelles de nos Sœurs : mais comme elle commençoit, la Mere l'envoya querir. Je ne sçai si ce fut à dessein d'empêcher qu'elle ne me parlât davantage, & qu'elle ne m'apprît quelque nouvelle : car elle n'y est pas revenue depuis, quoiqu'elle m'eût dit qu'elle en demanderoit permission. Après qu'elle se fut retirée, je fis ce que je pûs pour m'ôter de l'esprit la pensée que je dûsse jamais avoir la joye d'être réunie avec nos Meres & nos Sœurs : de peur que si cela n'arrivoit pas, (comme en effet je n'y voyois nulle apparence) le demon ne se servît de cette occasion pour me donner de l'ennui & du dégoût de mon état, en me portant à en desirer un autre. J'étois dans le dessein de ne point écrire à M. de Paris que je n'eusse eu quelque avis de ma sœur J. Agnés ; & j'esperois d'en avoir peut-être avant le terme que j'avois demandé, y ayant assez de temps que je n'avois reçû de nouvelles. Quatre jours après, c'est-à-dire, la veille de la Visitation, Mad. Duplessis me vint voir sur le soir. Il y avoit plus de trois mois qu'elle ne m'étoit venue voir ; & elle me dit qu'elle m'en auroit fait des excuses, s'il avoit dépendu d'elle d'y venir plûtôt, & si on n'avoit point jugé à propos de l'en empêcher. Elle me témoigna que nos Sœurs s'étoient resolues à faire le voyage, ensuite de ce que la Mere Agnés leur en avoit écrit & fait dire par Mad. de Monglas, qui avoit negocié cette affaire entre elles, ayant obtenu pour ce sujet permission de leur parler seule, & de faire tenir leurs lettres sans qu'on les vît. Elle me dit qu'il n'y avoit plus que moi qui y trouvasse de la difficulté ; & en même temps elle me donna un billet que la Mere Agnés avoit eu la bonté de m'écrire de sa propre main, & me demanda si je connoissois bien son écriture, parce qu'elle craignoit que je ne m'imaginasse qu'il fût d'une autre, à cause qu'il n'étoit point signé. Mais quelle demande me faisoit-elle, à moi, dis-je, qui ne reconnoissant pas moins le caractere de l'affection de ma veritable Mere, que celui de sa plume, pouvois à peine moderer ma joye & m'empêcher de la témoigner? Je lus donc ce billet devant elle, & lui ayant témoigné ma reconnoissance du soin qu'elle avoit pris de me le procurer, je l'assurai que je n'avois plus aucune difficulté, & que je serois disposée à partir aussitôt qu'il plairoit à M. de Paris de me le commander. Elle me répondit qu'il ne me le commanderoit pas, & que si je ne lui écrivois pour cela, comme l'avoit fait ma sœur Angelique & les autres exilées, (ce qui n'étoit pas vrai) je demeurerois seule à Paris: parce que M. l'Archevêque avoit resolu de ne commander d'en sortir qu'à celles qui étoient à Port-Royal. Je lui dis que puisque cela étoit, j'écrirois quand on voudroit. Elle me repartit qu'il seroit bon de le faire dès le lendemain, quoique M. de Paris ne fût pas encore revenu de S. Germain, & qu'ainsi on ne fût point assuré que les choses ne changeroient point: parce que s'il arrivoit que notre voyage fût conclu, il ne demeureroit que trois ou quatre jours à la Ville, & qu'il faudroit pendant ce temps prévoir à lui demander mon obéissance, après quoi on aviseroit à loisir par qui on me feroit conduire. Elle me dit encore deux fois que ce voyage étoit incertain, & que l'on pourroit bien changer d'avis avant que M. de Paris fût de retour: de sorte que je ne voulois point me persuader qu'il fût possible que je dusse jamais avoir cette consolation. Je ne laissai pas neanmoins d'écrire à M. l'Archevêque le lendemain, jour de la Visitation de la sainte Vierge. Je crus que n'étant pas en état de protester, comme je ne doutois point que nos Sœurs ne le fissent, je devois seulement demander cette réunion comme une grace, selon que la Mere Agnés m'avoit moigné l'avoir fait elle-même. Voici la copie de ma Lettre.

Monseigneur, ayant appris que vous avez accordé à notre chere Mere Agnés la permission qu'elle vous a demandée de retourner à notre Monastere de Port-Royal des Champs; j'ai crû que l'obligation que j'ai de faire tout ce qui dépend de moi pour servir Dieu dans l'état & dans le lieu où il m'a appellée, m'engageoit à me prosterner à vos pieds, pour vous demander tres-humblement votre benediction, & vous supplier avec toute sorte de respect de ne me pas refuser la même grace. Si vous avez, Monseigneur, la bonté de me l'accorder, ce me sera un sujet d'en esperer une plus grande, sans laquelle il ne peut y avoir pour nous de veritable consolation sur la terre. C'est la participation de l'auguste Mystere auquel nous sommes consacrées, & qui n'est pas moins l'objet de nos plus cheres delices, que celui de nos hommages & de nos adorations. Je ne vous puis exprimer, Monseigneur, quelle est la douleur que je ressens d'en être privée depuis si long-temps: je ne l'aurois pas étouffée par mon silence, comme j'ai fait jusqu'à présent, me contentant de répandre mes gemissemens & mes larmes en presence de Dieu; si l'on ne m'avoit assurée que nos Sœurs vous ont plusieurs fois importuné inutilement sur ce sujet, & qu'il n'y a rien qu'elles n'ayent voulu promettre pour obtenir cette grace, excepté seulement ce qu'elles & moi n'aurions pû faire, sans manquer tout ensemble & au respect sincere que nous vous devons, & à celui que nous devons à Dieu, qui est la Verité même, & qui sçait avec quelle peine nous portons la triste necessité où nous sommes reduites, de n'être pas entierement soûmises à vos ordres. C'est, Monseigneur, ce que je souhaiterois de tout mon cœur de vous prouver; & je tâcherois de le faire, si je n'avois sujet de croire que ce seroit en vain que je m'y efforcerois, puisque les playes mêmes dont il vous a plû me frapper, & dont la voix devroit être plus puissante que le caractere de ma plume, n'ont pas eu jusques ici assez de force pour vous en convaincre. Mais, Monseigneur,

E 4

si je ne suis pas assez heureuse pour vous persuader ma soûmission par mes paroles, permettez-moi au moins de vous assurer que n'ayant point de plus grande passion que de vous en donner des preuves, je n'aurois point aussi de plus grande joye que de le pouvoir faire, en rendant en même temps ce que je dois à celui que je regarde en votre personne, & dont je regarde la puissance en celle de votre dignité sacrée, pour laquelle je conserverai jusqu'au dernier moment de ma vie l'estime & la veneration que doit avoir celle qui a l'honneur de porter la qualité, que je vous supplie tres-humblement d'agréer que je prenne, en me disant, comme je fais, avec un tres-profond respect, votre, &c.

Comme je commençois cette Lettre, la Mere de Maupeou, à qui j'avois fait dire que j'étois disposée à l'écrire, vint frapper à notre porte, pour me dire que je la pouvois faire, & qu'elle prendroit soin de l'envoyer aussitôt que Mr. de Paris seroit arrivé. Elle me fit ensuite de grandes offres de service, & me dit qu'elle demanderoit permission de me venir voir l'après-dînée; mais je pense qu'on ne jugea pas à propos de lui donner cette licence: car elle prit la peine de venir sçavoir si ma Lettre étoit écrite, ce qu'elle ne me demanda pas à moi-même, mais elle alla trouver la Sœur Marie-Angelique qui étoit dans une chambre proche de la nôtre avec les petites filles, & elle lui dit de me faire sçavoir qu'elle avoit occasion de la faire tenir par une personne qui verroit M. de Paris ce même jour, s'il revenoit de S. Germain. Je donnai donc cette Lettre, n'esperant pas que l'effet en dût être si prompt, & ne m'attendant au contraire d'en recevoir qu'un refus. Sur les dix heures du soir j'étois encore dans cette opinion: & croyant que le jour étoit passé pour moi, je priois Dieu de me conserver durant la nuit, après l'avoir remercié de m'avoir conduite pendant le jour, ne m'avisant pas de le prier encore de me conduire à cette heure. Car comment me serois-je imaginée que dans le peu de temps qui restoit pour l'accomplissement de cette journée, je devois faire plus de chemin que je n'en avois fait en six mois, & que dans cet instant Dieu me voulût donner autant de joye que j'avois eu d'affliction depuis un an, en me rendant tout ensemble les personnes les plus cheres que j'aye en ce monde, & dont je n'esperois plus de jouir qu'en l'autre ? Certes je n'avois garde d'avoir cette pensée ; je ne songeois qu'à offrir à Dieu le succès de l'affaire qu'on m'avoit proposée, & à le prevenir par l'acceptation de tout ce qui en devoit arriver, que je regardois dans les ordres de la providence de Dieu & de sa sainte volonté que j'adorois continuellement. Cependant la Mere envoya dire à la Sœur Marie-Angelique de me conduire promptement à sa chambre. Cette Sœur, qui étoit devêtuë & prête à se mettre au lit, s'habilla sans me rien dire ; puis elle me mena à la chambre de la Mere, où j'allai dans la pensée qu'elle m'envoyoit querir pour me faire recommencer ma Lettre ; parce qu'elle n'étoit peut-être pas en son sens, la Mere de Maupeou m'ayant dit d'écrire à Monseigneur, pour prier sa Grandeur de me faire la grace de m'envoyer à Port-Royal des Champs pour consulter avec nos Meres, & chercher les moyens de nous rendre à ce qu'il desiroit de nous. Quand j'arrivai à la chambre de la Mere, j'apperçûs qu'elle tenoit un papier dans ses mains ; mais ce n'étoit pas celui que je pensois y trouver. Aussitôt que je m'approchai d'elle, elle m'apprit ce qu'il contenoit, en m'embrassant avec beaucoup de bonté, & me disant qu'il y avoit un Carosse qui m'attendoit à la porte, pour me mener à sainte Marie du Faubourg passer la nuit avec la Mere Agnés ; & qu'elle n'avoit pû se resoudre à me laisser partir sans me dire adieu. Je fus si transportée de joye en l'entendant parler ainsi, qu'à peine eus-je assez de presence d'esprit pour la remercier de la charité qu'elle avoit euë pour moi, & l'assure de ma reconnoissance. Elle me témoigna beaucoup d'affection, & me dit que Dieu m'avoit donné bien de la force pour porter l'état dans lequel j'avois été ; mais que ce n'étoit pas le tout, qu'il falloit encore lui être fidelle à ce qu'il demandoit de moi, & qu'elle me prioit de considerer que la Signature étoit une chose qui nous est necessaire au salut, & sans laquelle il n'y en auroit jamais pour nous. Elle ne put m'en dire davantage, car il y avoit long-temps que l'on m'attendoit. Je retournai en diligence en notre chambre, pour prendre seulement notre Breviaire & nos Livres que je ne voulois pas laisser ; & aussitôt après j'allai à la porte où la Mere de Maupeou me conduisit, me faisant des excuses de ce que sa foiblesse & son âge ne lui permettoient pas de marcher aussi vîte qu'elle jugeoit que j'aurois souhaité de faire. Elle me chargea fort de la récommander aux prieres de la Mere Agnés, & de toutes nos Sœurs, & me témoigna prendre beaucoup de part à la consolation que nous aurions de nous voir réunies : & pour combler ma joye, elle me dit qu'il y avoit une Religieuse qui m'attendoit dans le Carosse. Le desir que j'avois que ce fût une des personnes qui me sont tout après Dieu, me fit croire que j'y allois trouver ma sœur Angelique ; & je ne me trompai pas, elle y étoit en effet ; & si les tenebres de la nuit m'empêcherent de voir son visage, & m'obligerent à lui demander si c'étoit elle, je n'eus pas plûtôt entendu sa voix, qu'il me fut facile de reconnoître que la misericorde infinie de Dieu me visitoit par sa grace, & que ce Soleil éternel me rendoit celle qu'il m'a donnée, pour éclairer mes pas & m'apprendre à marcher dans ses commandemens & dans sa verité. Mais pour m'obliger à recevoir cette faveur comme de sa main, & à lui en rendre graces, avant que d'en joüir entierement, il voulut que la presence des personnes étrangeres qui nous conduisoient m'imposât silence, & me contraignît de moderer l'impetuosité de la joye qui me transportoit. Le chemin me parut long & court tout ensemble. Enfin nous arrivâmes à plus d'onze heures du soir au Monastere de sainte Marie du Fauxbourg saint Jacques. Nous trouvâmes toutes les portes fermées, comme nous avions déja fait au sortir de la Ville. Mais tout cela n'étoit rien pour des prisonnieres que Dieu délivroit. Nos deux Sœurs, qui étoient les mieux enfermées de la Maison, furent neanmoins les premieres qui s'apperçurent de notre arrivée; elles en avertirent & vinrent ensuite nous recevoir avec la Mere Superieure, & nous faire part de la grace que Dieu leur avoit faite, dont nous ne sçavions encore rien. Aussitôt après elles nous menerent à la chambre de notre chere Mere; mais qui pourra concevoir ce qui s'y passa, & exprimer quels furent nos sentimens? Pour moi, je n'entreprendrai pas d'en parler; j'avoue que je ne le sçaurois faire; & que tout ce que je puis dire est qu'ayant moins souffert que toutes les autres, j'étois indigne de la grace que Dieu m'a faite de me trouver en cette rencontre, aussi-bien que celle d'avoir embrassé la premiere ma sœur Angelique, au sortir d'un exil où elle avoit souffert plus que pas une, sans doute. Je ne meritois pas d'être témoin de la reception que la Mere Agnés lui faisoit; du moins je ne pouvois pas m'attendre que la joye qu'elle auroit de la voir, lui pût permettre de me regarder. Cependant je n'ai pas été seulement presente à cette fête, mais encore j'y ai eu toute la part que je n'y pouvois pas esperer. La Mere Agnés, dont la charité ne peut avoir des bornes, me donna des témoignages de tendresse & de bonté aussi grands que si je n'avois pas été ce que je suis, & qu'il n'y eût eu que moi seule à les recevoir; & ma sœur Angelique & mes deux autres sœurs qu'e firent entrer avec elles en partage de ce bonheur, confirmant par cette grace celle qu'elles m'ont déja faite d'agréer que je possede par adoption un avantage qui ne m'est point dû comme à elles par le droit de la nature, & qui ne m'étant point acquis par aucun merite, m'oblige à une reconnoissance d'autant plus grande envers toute leur famille, que je lui suis plus redevable que personne ne le sçauroit jamais être.

J'ai oublié de rapporter une chose qui peut servir à faire voir quelle est l'exactitude de l'obéissance de ces bonnes Religieuses. Mesdemoiselles de Nemours, dont l'une est Duchesse de Savoye, & l'autre Reine de Portugal, demeuroient toutes deux à sainte Marie, lorsqu'on m'y envoya. Ce sont des Princesses fort pieuses, & de la vertu desquelles les Religieuses sont si édifiées qu'elles ne s'en peuvent taire. Elles avoient un appartement separé de la Communauté, où il y avoit une Chapelle & un Parloir, desorte qu'elles n'alloient au Chœur que les Fêtes & les Dimanches: ce qui n'empêchoit pas qu'elles n'allassent assez souvent à la recreation. Et comme elles apprirent qu'on avoit reçu dans la Maison une Religieuse de Port-Royal, elles eurent curiosité de la voir. La Mere fit ce qu'elle pût pour les en détourner, & leur faire agréer de se rendre à l'ordre que M. de Paris avoit donné de ne permettre à qui que ce soit de me parler. Elles ne laisserent pas pour cela de continuer à le demander avec assez d'empressement: de sorte qu'on crût qu'elles en passeroient peut-être leur envie. Neanmoins cela n'empêcha pas qu'on ne me fît entendre Vêpres & Complies & le Sermon les Fêtes de Noel; mais avant que de m'y conduire, la Mere de Pontchartrain me dit: Ecoutez, ma chere Enfant, j'ai un petit avis à vous donner, je vous prie de ne le trouver pas mauvais; c'est que nos Princesses fricassent d'envie de vous voir, & on ne leur en veut pas donner la permission : parce que M. de Paris a expressément défendu que personne vous parle. Notre Mere les a instamment priées de se mortifier en cela, & on espere qu'elles s'y rendront ; mais neanmoins, comme elles n'ont pas fait vœu d'obéïssance, & qu'on ne peut pas prendre sur elles la même autorité qu'on feroit sur d'autres, s'il arrivoit qu'elles vous vinssent trouver à la Chapelle ou ailleurs, vous ne leur devez rien dire. C'est pourquoi je vous supplie de ne leur point répondre & de vous contenter de les saluer par une inclination. Je l'assurai que je n'aurois point de peine à me soûmettre à cette loi, & que je m'estimois heureuse de me pouvoir exempter de ces sortes de rencontres. Elle me mena donc à la Chapelle, & demeura auprès de moi durant Vêpres comme à l'ordinaire. Sur la fin de Complies, elle sortit pour aller, à ce que je crois, donner la benediction, parce qu'elle étoit Assistante & que la Mere n'étoit pas au Chœur. Aussitôt qu'elle m'eut quittée, Mademoiselle de Nemours monta à la Chapelle avec beaucoup de promptitude : & s'étant agenouillée sur le marche-pied de l'Autel, elle se tourna pour me regarder, & se mit à parler de notre habit, & des choses semblables avec sa Demoiselle. Mais un moment après il vint une Religieuse qui s'approcha assez près de moi. Dès que Mademoiselle de Nemours la vit, elle changea de discours & commença à parler d'un tableau qu'elle disoit n'avoir pas encore vû. Ensuite elle fit ses devotions qui ne furent pas longues ; puis elle se leva & me dit : Bonjour, ma Mere ; ne trouvez-vous pas cet Autel beau & bien paré ? Je ne lui répondis que par une grande inclination, comme on me l'avoit dit. Ce qui lui donna sujet de rire & de demander à la Religieuse qui étoit là, si je ne parlois point ; mais cette Sœur ne faisant pas semblant de l'entendre, lui dit : ma Princesse, ne voulez-vous pas retourner à votre Chambre ? Ce chemin-ci sera le plus court ; elle s'en alla sans rien dire davantage. Peu de jours après je rencontrai Mademoiselle d'Aumalle. Elle ne me parla point, & se contenta de me faire dire par ma sœur Marie-Angelique qu'elle avoit bien envie de me faire cet honneur ; mais que M. de Paris ne le vouloit pas & qu'il l'étoit venu voir, & lui avoit demandé de mes nouvelles, quoiqu'elle n'en sçût point.

Une autre fois, comme j'étois à la Chapelle après la Messe, Mad. de Vendôme y vint. Après avoir prié Dieu quelque temps, elle s'apperçut que j'y étois, & ayant appelé la Mere de Pontchartrain, elle lui dit : Je voudrois bien voir la bonne Mere de Port-Royal. La Mere de Pontchartrain répondit que M. de Paris avoit défendu qu'on me laissât voir à personne. Quoi ? repartit Mad. de Vendôme, Est-ce qu'il y auroit du danger que je lui disse seulement, bon jour ? Madame, repliqua la Mere de Pontchartrain, c'est un ordre qu'il ne dépend pas de nous de changer. Il nous est défendu de la laisser parler à qui que ce soit. Bon jour donc, ma bonne Mere, s'écria la Princesse ; au moins, priez Dieu pour moi, puisque je ne sçaurois vous parler. Madame, répondit la Mere, elle n'y manquera pas. Ma bonne Mere, répondit la Princesse ; je vous ai bien recommandée aux prieres des Meres Capucines ; elles prient Dieu tous les jours pour vous & pour les bonnes Meres de votre Maison, afin que Dieu vous inspire ce qu'il demande de vous. Madame, Votre Altesse lui fait beaucoup de faveur ; elle lui en est infiniment redevable. Ma bonne Mere, vous ne m'oublierez donc pas. Madame, elle n'a garde de le faire. Ma bonne Mere, je ne manque point à prier Dieu tous les jours pour vous. Madame, ce lui est un grand avantage d'avoir part aux prieres de Votre Altesse ; elle vous en est fort obligée. Ma bonne Mere, je vous prie de prier Dieu aussi pour mon fils de Beaufort, qui doit bientôt partir pour aller à l'armée. Madame elle le fera de tout son cœur.

Pendant ce Dialogue j'étois debout, éloignée de trois ou quatre pas de Madame de Vendôme ; & à chaque réponse que mon truchement faisoit pour moi, je faisois une profonde inclination, pour témoigner que si j'étois muette, je n'étois pas sourde.

SOEUR MADELEINE
DE SAINTE CHRISTINE.

AVIS DONNEZ
PAR LA MERE
CATHERINE AGNÉS
DE
SAINT PAUL-ARNAULD,

Sur la conduite que les Religieuses devoient garder, au cas qu'il arrivât du changement dans le Gouvernement de sa Maison.

Au mois de Juin. 1664.

'Etat où l'on nous a reduites, mes Sœurs, depuis près de deux ans, nous donnant sujet de croire que l'on pourra passer encore plus avant, & faire autant de playes dans la conduite interieure de la Maison qu'on y en a fait d'exterieures, en nous dépoüillant de tout ce que l'on a pû nous ôter. Cette experience, dis-je, nous doit faire croire qu'on n'en demeurera pas là, & que le motif qu'on a de nous traiter de la sorte, aura des suites encore plus affligeantes & plus préjudiciables à la Maison, que les premieres épreuves ne l'ont été : ce qui est donc plus à craindre, & à quoi l'on doit pourvoir comme à des choses dont nous sommes menacées.

I. Partie F

c'est que l'on ne vienne troubler la paix & l'union de la Communauté par l'introduction d'une conduite étrangere. Nous devons tâcher de détourner ce malheur par nos prieres, & par une serieuse penitence du peu d'usage que nous avons fait des avantages que Dieu nous avoit donnez, pour nous établir dans le veritable esprit de la Religion. Il faudra donc regarder tous les maux qui nous pourront arriver, comme de justes punitions de notre ingratitude envers Dieu, pour tant de bienfaits que nous avons reçûs de sa misericorde, & se souvenir que s'il lui plaît de nous purifier par une voye toute differente, en nous abandonnant au pouvoir de ceux qui semblent vouloir perdre la Maison; la premiere chose qu'il faudra faire, ce sera d'adorer sa conduite, & de ne point perdre la confiance en sa misericorde, qui tire du bien des maux qui arrivent à tous ceux qui aiment sa volonté, & qui la préferent à leur interêt propre.

Il est assez difficile de prévoir ce que nous devons faire, ne pouvant sçavoir ce qu'on nous fera; mais cependant, ayant sujet de craindre que nous ne nous trouvions alors depourvûës de tout conseil, nous donnerons ici des avis generaux, de la maniere de se conduire, pour conserver en tout évenement une conduite chrétienne & religieuse telle qu'elle doit paroître en des personnes qui doivent dire avec une grande Martyre : *Mon ame affermie & fondée en Jesus-Christ*; puisque c'est l'avantage que nous avons dû tirer de tant d'instructions, de maximes saintes que nous entendons depuis si long-temps. L'on pourra marquer ailleurs comment on devra agir dans les occasions & les circonstances particulieres, pour s'opposer, autant qu'il sera necessaire, à l'usurpation des droits de la Communauté, & pour sçavoir allier la prudence du Serpent avec la simplicité de la Colombe, afin de fouler aux pieds le Lion & le Dragon, c'est-à-dire, la violence & l'artifice que l'on pourroit employer contre nous pour arracher de notre cœur l'amour de la verité & la paix de la charité. Suppoſant donc qu'on eût introduit dans la Maiſon quelques perſonnes étrangeres pour nous conduire, & qu'après nous y être oppoſées en la maniere qu'il ſera dit ailleurs, nous fuſſions contraintes de le ſouffrir; on obéira à ce qu'elles diront & à ce qu'elles ordonneront qui ne bleſſera point nos Reglemens ordinaires, & on les traitera avec un reſpect religieux; mais en ſe gardant, comme dit S. Paul, qu'on faſſe trafic de nos ames, qu'il ne faut point du tout commettre à perſonne qu'à celles qui nous ſont envoyées de la part de Dieu. C'eſt pourquoi, ſuppoſé que n'en ayant plus qui portent ce caractere, on ſera contraint de les fuir interieurement, & de ſe donner de garde de leurs préventions & de leurs careſſes, qui pourroient les faire paroître des brebis, en ne correſpondant point à la charité apparente qu'elles feroient paroître; étant certain qu'elles n'en peuvent avoir de veritables, en uſurpant un pouvoir qui ne leur appartient point; & qu'elles ne laiſſent pas d'être intruſes, encore qu'elles ſe veulent couvrir de l'obéïſſance de leurs Superieurs. C'eſt pourquoi l'on ne conſultera point ces Religieuſes ſur l'état de ſon ame, & on ne leur propoſera point les doutes qu'on pourroit avoir ſur la ſainte Communion, ni aucune autre choſe interieure, encore qu'elles paruſſent ſpirituelles & charitables, & qu'elles s'offriſſent même de conſoler & d'aider les Sœurs. Ce qu'on ne fera pas neanmoins par dédain & par éloignement, mais par la raiſon qui a été dite ci-devant, qu'elles ne ſont pas établies de Dieu pour cela. Et pour ne pas demeurer ſans conduite, on ſe conſeillera à quelques-unes des Sœurs de la Maiſon, qu'on choiſira par l'avis & la permiſſion de notre Mere, qu'il faut lui demander par avance & précaution.

Sur la Pauvreté.

Après avoir recommandé la charité mutuelle comme le fondement sur lequel tout le reste doit subsister, il faut aussi prévoir à ce qui peut donner des atteintes à la pauvreté religieuse, à quoi le peu de revenu de la Maison, qui ne suffit pas pour un si grand nombre de filles, pourroit donner entrée & introduire la coûtume qui se trouve en plusieurs Maisons, d'ailleurs bien reglées, où l'on permet aux Religieuses de demander à leurs parens ce qui est necessaire pour leur entretien : d'où il arrive une infinité de desordres qui ont été seulement touchés dans nos Constitutions, n'ayant point prévû que l'occasion d'un si grand trouble dût arriver au Monastere.

Pour ne point entrer dans ces inconveniens, mais dire seulement les remedes qu'on y doit apporter, il faut que les Sœurs se preparent à souffrir de l'incommodité, & à manquer même des choses qui semblent necessaires, par l'accoûtumance où l'on est d'être assistée de toutes les choses dont on a besoin : ce qui auroit empêché jusqu'à present d'oser croire que l'on s'acquitte de son vœu de pauvreté sans la preparation de cœur que l'on doit avoir pour être privée de ces petits accommodemens, quand la providence de Dieu l'ordonne. Et comme il n'y a pas d'apparence que les aumônes qu'on a faites jusqu'à present au Monastere, & qui ont contribué à le faire subsister autant & plus même que le revenu, continuent, il y faudra suppléer par la patience, sans se plaindre de ce qu'on n'a pas ses besoins, & sans recourir aux parens, ausquels on a renoncé en se faisant Religieuse. Elles s'appliqueront en ces occasions la parole que Jesus-Christ dit dans l'Evangile : *Souvenez-vous de la femme de Loth*, & elles apprehenderont que si elles retournoient la tête pour regarder ce qu'elles ont abandonné pour Dieu, elles ne devinssent indignes de son Royaume, qui leur sera acquis par un double titre, si elles perseverent dans la pratique de la pauvreté par un attachement volontaire, lorsque l'engagement où elles se trouveront de souffrir pour la justice, les reduira à en sentir les incommoditez.

Elles considereront aussi que si elles n'ont une grande fermeté sur ce point, elles peuvent donner occasion à la ruine de tout le bien spirituel de la Maison, la proprieté, qui est la ruine de la charité, s'étant introduite dans plusieurs Maisons Religieuses par cette liberté de recourir aux parens dans leurs besoins. Quelquefois même les Superieures étant bien-aises de conserver plus de bien à leur disposition, reduisent les Religieuses à cette necessité, en ne leur donnant pas ce qui leur seroit necessaire, afin que les parens se portent à pourvoir à leurs besoins. Mais pour ne pas donner entrée à ce desordre, il faut se resoudre à une grande fermeté sur ce point, pour ne pas écouter tous les prétextes que l'on pourroit avoir de croire qu'on peut s'y relâcher : car la prudence humaine en suggere beaucoup. Si donc on ne nous donne point les choses necessaires, nous en souffrirons les manquemens sans inquietude ; puisque nous ne souffrons que pour le Royaume de Dieu & sa justice ; & que notre Pere celeste, qui sçait de quoi nous avons besoin, y pourvoira en la maniere qui nous sera la plus utile.

L'on ne s'inquietera point non plus de voir la Maison presque ruinée par les renversemens qui y seront arrivez ; mais on considerera que la Providence nous a reduites dans un état quasi semblable à celui des Religieuses mendiantes, qui n'ont rien en commun non plus qu'en particulier ; & l'on tâchera d'expier par cette indigence les fautes qu'on a faites en ne voulant manquer de rien, & en ne ménageant pas le bien de la Maison, comme la Regle l'ordonne, en voulant qu'on regarde les choses dont on se sert, comme on fait les vases sacrez ;

F 3

puisque les choses temporelles du Monastere appartiennent à Dieu comme les spirituelles : ce qui oblige de n'user des unes non plus que des autres qu'autant que Dieu le permet, sans dissiper les biens du Seigneur, comme il est marqué dans l'Évangile.

L'on ne se plaindra point non plus de la nourriture, ni pour la quantité, ni pour la qualité, se disant à soi-même que le temps est venu de pratiquer à la lettre ce que dit le Fils de Dieu, Qu'il ne faut point avoir de sollicitude de ce que l'on mangera & de ce que l'on boira, ni de quoi l'on sera vêtu, parce qu'il n'y va de rien moins à un Chrétien que de se rendre semblable à un Infidele, s'il entroit dans les mêmes inquietudes que lui.

Il y faut encore ajoûter les assistences dans les maladies, qui consistent en des remedes & en des viandes convenables dans l'état où l'on est. Mais il faut esperer que Dieu, qui ne permet point que l'on soit tenté au-delà de nos forces, nous donnera plus de force & de patience quand on en aura le plus grand besoin.

Supprimer les Plaintes & aussi dans les Lettres.

L'On ne desirera point de voir ses parens ou ses amis pour se consoler avec eux, & encore moins pour se plaindre de l'état où l'on est, quand même on en auroit la liberté; comme si on se trouvoit avec une tierce personne de confiance. Et comme il est à croire qu'on n'en donnera pas de celles-là, il faudra accepter les autres, sans témoigner y avoir de la repugnance; puisqu'il y aura de l'avantage dans cette contrainte, qui éloignera la tentation qu'on pourroit avoir de se décharger de ses peines.

Quand on écrira à ses parens, ce qui ne se doit faire que peu souvent, suivant les Constitutions, on s'abstiendra aussi de parler de tout ce qui se passe dans la Maison, encore qu'ils paruſſent deſirer d'en apprendre des nouvelles; à quoi il faudroit répondre par des termes generaux, la diſcretion ne permettant pas de rien dire de particulier, non plus que la vertu qui ſe doit rencontrer dans la ſouffrance, pour la rendre conforme à celle de Jeſus-Chriſt, qui s'eſt voulu engraiſſer, comme dit un Pere, des voluptez de la patience, au lieu qu'il pouvoit diminuer ſes maux autant qu'il lui eût plû, & n'en point ſouffrir du tout, ſi ſa charité n'eût voulu nous donner l'exemple de choiſir la croix, quand même il ſeroit en notre pouvoir de l'éviter.

Comme l'on ne doit point témoigner au Parloir les mécontentemens que l'on a; il ne faut non plus témoigner avec diſſimulation que l'on eſt ſatisfaite, que les perſonnes qui gouvernent font bien, que ce ſont de bonnes Religieuſes, bien édifiantes, &c. Mais ſi l'on en dit quelque choſe, il faudra que ce ſoit fort ſuccinctement & en témoignant que l'on ne peut pas avoir les mêmes liaiſons avec elles qu'on auroit avec la veritable Superieure que Dieu a donnée. Et parce qu'il eſt tres-difficile de parler avec la ſageſſe & moderation qu'il faut; on ne manquera pas de prier Dieu avant que d'entrer au Parloir, ſçachant que l'on ſera dans cette action, auſſi-bien que dans toutes les autres, un ſpectacle à Dieu, aux Anges & aux hommes; & que ces derniers ne laiſſeront paſſer aucune parole ſans l'examiner & la condamner, s'il y a ſujet d'y trouver à redire. C'eſt pourquoi il faudra parler fort ſuccinctement, puiſque l'Ecriture nous aſſure qu'on ne peut éviter le peché en diſant beaucoup de paroles. Il ſe faut bien garder de dire au Parloir des choſes obſcures & par énigmes, qu'il n'y auroit que ceux du dehors qui entendroient, mais qui feroient connoître à celle qui aſſiſte qu'on la veut jouer, & qu'on agit par un eſprit d'ironée & de mépris: car ſi l'on en venoit là, ce ſeroit le moyen de perdre tout le fruit qu'on doit recueillir de l'oppreſſion.

F 4

où l'on est, qui consiste à s'humilier sous la main de Dieu, & à vouloir bien qu'il se serve de qui lui plaira pour détruire l'orgueil qui a attiré sur nous une si grande humiliation; laquelle ne cessera point jusqu'à ce qu'étant toutes aneanties devant Dieu, il releve ses servantes quand il lui plaira de les visiter, soit pour rétablir le Monastere dans son premier état, soit pour leur donner un établissement éternel avec lui, qui ne sera plus sujet aux renversemens qui arrivent sur la terre, & que Dieu permet pour disposer les ames à une immobilité perpetuelle dont elles auront reçû le commencement par la grace que Dieu leur aura faite de demeurer fermes sans changer la foi qu'elles ont en lui, comme l'Ecriture le dit de Tobie, quand il devint aveugle; & elle ajoûte, qu'étant agreable à Dieu, il étoit necessaire que cette tentation lui arrivât, afin qu'il servît d'un exemple de patience.

Sur l'Obéissance.

POur ce qui est de l'obéissance, si Dieu permet que des personnes étrangeres soient établies pour gouverner le Monastere, encore qu'on ne leur doive pas obéir dans les choses qui marqueroient expressemment qu'on les reconnoîtroit pour Superieures; on se soûmettra à tous les ordres qui ne porteront point de consequence, comme d'être dans une obéissance, ou dans une autre, & aux ordres qu'elles pourroient donner, pourvû qu'ils ne dérogeassent point à la Regle & aux Constitutions, afin de se maintenir dans l'esprit d'obéissance, dans lequel consiste la vie d'une ame religieuse qui a choisi la dépendance dans toutes les choses qui demeurent en la liberté des personnes qui ne se font point assujetties à ce joug de l'obéissance. Et comme ç'a été pour l'amour de Dieu, & pour imiter Jesus-Christ, qui s'est rendu obéissant jusqu'à la mort, qu'elles ont embrassé cette voye étroite qui les oblige à un renoncement perpetuel de leur propre volonté; rien ne les doit empêcher de s'y exercer, si ce n'est qu'en se soûmettant à des choses à quoi elles ne doivent pas se rendre, leur obéissance devînt aveugle, en la rendant à d'autres aveugles qui ne sont point leurs guides pour les conduire à Dieu; au lieu que les Superieures que Dieu donne, sont comme les yeux des personnes qui leur sont commises, & qui doivent suivre leurs lumieres, tandis quelles ont sujet de croire qu'elles-mêmes suivent Dieu, & qu'elles ne leur enseignent que ce qu'elles ont appris de lui.

Mais comme il y a plusieurs choses indifferentes qui sont aussi bonnes d'une maniere que d'une autre; il ne faut point perdre l'occasion d'obéir à qui que ce soit en ces sortes de choses, dont elles ne pourront tirer d'autre avantage, sinon qu'on ne veut pas perdre le merite de l'obéissance, encore qu'on ne la leur doive pas.

Pour les choses qui sont importantes en elles-mêmes, comme si elles vouloient faire quelque changement dans les observances, il faudra s'y opposer avec sagesse & discretion; y ayant autant à craindre de resister mal-à-propos, comme de ceder quand il n'y auroit pas raison de le faire, comme il arrive maintenant en des rencontres, où l'on est obligé de faire quelque changement contre la coûtume par le discernement que font les Superieurs, que cela doit être ainsi. Pour donc ne se pas tromper dans cette resistence, ce ne sera pas les Sœurs particulieres; mais celles qu'on aura commises pour être le conseil des autres, qui jugeront de ce qu'il y aura à faire en tel cas; mais pas une Sœur ne donnera les mains pour introduire des curiositez dans le Monastere, ni même dans l'Eglise, comme de mettre des fleurs sur l'Autel, & de faire des ouvrages curieux; mais on continuera de s'employer à un travail utile, ou pour le service de la Communauté, ou pour des personnes de dehors, afin de contribuer par le travail des mains à la subsistence & aux besoins de la vie.

L'on s'excusera d'obéir en des choses qui tendroient au relâchement, comme d'aller au Parloir pour des personnes qu'on n'a pas accoûtumé de voir, & même pour des Peres spirituels, desquels on doit encore plus éviter la conversation que celle des seculiers, y ayant apparence que ceux qu'on presentera, ne seront pas pour donner une conduite conforme à celle que l'on a reçûë, mais plûtôt pour l'improuver, & pour insinuer des maximes & des pratiques spirituelles, qui ne se terminent qu'à des amusemens, à des industries & à des efforts de son propre esprit, qui éloignent l'esprit de Dieu plûtôt qu'ils ne l'attirent.

L'on ne dira point la raison pourquoi l'on veut éviter ces communications, mais seulement qu'on desire de demeurer dans la simplicité, & qu'une Religieuse n'a besoin que de l'Evangile & de sa Regle pour être instruite de tout ce qu'elle doit faire. Ce point est si important, que la fidelité à le pratiquer, sera une marque que l'esprit de la Maison se conserve dans la Communauté; de même que le relâchement en ce point donneroit entrée à une diversité de sentimens, qui seroit capable d'introduire la confusion & la division parmi les Sœurs.

Pour se préserver d'un si grand mal, il faudra pratiquer ce que dit le Prophete: *Mon ame a refusé toute sorte de consolation, & me souvenant de Dieu je me suis réjoüis.* C'est-à-dire, qu'il faut appaiser les peines & les troubles de son esprit, par le souvenir de Dieu & de la promesse qu'il nous fait, qu'il sera avec nous dans l'affliction, pour nous délivrer des obscurcissemens qu'elle peut causer dans l'ame, & qui sont dissipez par la lumiere que la grace répand dans un esprit troublé & agité de diverses peines, dont il ne veut point sortir, plûtôt que de s'éloigner de la voye où Dieu l'a fait entrer, & qui nous doit conduire à la verité & à la vie; au lieu qu'une voye étrangere nous conduiroit au mensonge & à la mort. Et il ne faudra point craindre que le refus que l'on fera de ces nouveaux Directeurs, nous mette dans la main de notre propre conseil; puisque l'on voudra bien prendre conseil de quelqu'une des Sœurs, & que l'on mettra sa confiance dans la promesse qui nous est faite dans la sainte Ecriture, que l'onction, qui est encore plus grande dans l'affliction, nous apprendra toutes choses.

Sur les Sermons.

L'On assistera aux Sermons qui se feront, encore que ce soit par des personnes qui nous fussent suspectes, & on n'en témoignera rien; sinon en cas que l'on dît quelque chose de contraire à la verité, & qui diffameroit les personnes qui la défendent. Auquel cas on se dispenseroit d'écouter cette même personne qui ne prêcheroit pas la parole de Dieu, mais plûtôt des médisances & des injures contre ses serviteurs.

Pour des conferences particulieres où l'on instruit de l'Oraison par methode à faire des actes, & à dresser son intention, qui est le but de tout ce que l'on enseigne à present, on s'y trouvera comme aux Sermons, sans témoigner du mépris de ces sortes d'instructions, quoiqu'elles paroissent fort humaines: car elles ne doivent pas être negligées; & il y auroit autant de peril à ne faire aucun effort pour tâcher d'arrêter la mobilité de l'esprit, qu'il y en auroit à se satisfaire de ce que l'on a eu une grande application au sujet que l'on a pris pour s'entretenir dans la priere par une voye qu'on peut dire être elle-même une distraction; puisqu'on ne peut appeller une veritable priere que ce qui est inspiré du saint Esprit: & neanmoins hors cet inconvenient d'estimer une bonne Oraison ce que l'on fait soi-même pour se procurer de l'attention; on ne doit pas laisser de se servir de quelques pensées & de quelques invocations de Dieu, de quoi l'on tâche de se souvenir & de s'occuper. C'est pourquoi ce seroit une temerité de blâmer ceux qui s'en servent; puisqu'ils en peuvent tirer du profit, selon leur intention & leur disposition, toutes choses étant pures à ceux qui sont purs.

Si l'on vouloit établir de faire des Retraites de dix jours, on acceptera bien d'être séparées pendant ce temps-là, excepté d'aller à l'Office où l'on assistera toûjours; mais l'on ne rendra point compte de ce que l'on aura fait dans l'Oraison.

L'on ne fera point de penitences extraordinaires pendant la Retraite, si ce n'est pour quelques raisons particulieres. Il faut conserver les forces de son corps pour porter l'affliction où l'on est, & toutes les incommoditez qui la doivent suivre; ce qui sera une penitence plus penible & plus agreable à Dieu que celles que l'on pourroit choisir volontairement. Et comme ces souffrances exterieures seront accompagnées d'une mortification en toutes choses, n'ayant ni liberté ni consolation d'aucune part; l'on offrira à Dieu son corps & son ame comme une hostie vivante, qui lui sera sacrifiée à toute heure par le renoncement de soi-même & de ses satisfactions, qu'on ne trouvera nulle part, étant privées de tout, en ne voyant & n'entendant plus que des choses qui seront un sujet de douleur, parce qu'elles ne seront pas ni selon Dieu, ni selon les inclinations legitimes qu'il permet d'avoir de vivre dans la paix, en trouvant du secours & non des empêchemens pour le servir dans la paix & dans la justice. Au surplus, on doit croire qu'une vie traversée comme celle-là nous conduira plus surement à Dieu, qu'une autre plus douce, & dans laquelle on a plus de facilité par la tranquillité d'esprit où l'on se trouve, de s'avancer dans la vertu; car cela n'arrive pas toûjours à cause de notre misere, qui convertit un saint repos en une oisiveté que Dieu condamne, & qui l'oblige de retirer ces sortes de graces qu'on a reçûës en vain, pour en donner d'autres qui auront leur effet par la patience, qui est une œuvre parfaite, parce que la nature ne s'y mêle point. Il faudra donc appliquer à un temps si rude les paroles dont l'Eglise se sert en Carême pour exciter à la penitence : *Voici maintenant le temps favorable ; voici maintenant les jours de salut*, & le reste des paroles de S. Paul dans ce chapitre, Qu'il ne faut donner à personne aucun sujet de scandale, mais se faire paroître en toutes choses comme servantes de Dieu, par une grande patience & par les armes de justice, que le même Apôtre appelle en un autre endroit des armes de lumiere, qui font connoître l'avantage qu'il y a d'être plûtôt dans le combat, que dans une paix qui ramollit l'esprit, & qui fait chercher une voye plus large que celle de l'Evangile, c'est-à-dire, que celle que Jesus-Christ-même nous a tracée, n'ayant eu pendant toute sa vie que des ennemis & des calomniateurs ; au lieu que l'on ne voudroit trouver que des bienfaiteurs & des amis : ce qui arrivera en un autre sens ; puisque Jesus-Christ, qui vaut infiniment mieux que toutes les creatures, aime ceux qui sont haïs du monde & les remplit de ses veritables biens. Ce sera encore dans ce temps de désolation qu'étant privées de toutes les satisfactions exterieures qui amusent l'esprit, on trouvera dans la sainte Communion, dont la foi qui sera plus pure, fera concevoir le prix inestimable cent fois plus que ce qu'on aura quitté pour Dieu en acceptant volontairement d'en être dépouillées ; non pas qu'il se faille promettre des consolations sensibles, mais un soûtien & un renouvellement de vie & de forces qui fait subsister dans la plus grande défaillance.

Sur la sainte Communion.

QUe si par un jugement de Dieu, qui seroit toûjours juste & adorable, il ordonnoit qu'on fût privée de ce divin Sacrement par l'ordre de l'Eglise ; il se faudroit presenter à l'Autel du Ciel, où Jesus-Christ, qui est le grand Prêtre, s'offre sans cesse au Pere Eternel, & avec lui tous ceux qui font incorporez en son Corps par une foi vive & une charité sincere ; quand même ils seroient retranchez exterieurement de la Communion par un jugement injuste : ce qui ne les prive pas de la participation spirituelle de cette Table divine, de laquelle l'ame s'approche par la foi ; & ce seroit voir une idée trop basse de ce Mystere incomprehensible aux sens, de croire qu'il dépendît tellement des hommes qui le consacrent & qui le distribuent, que Jesus-Christ ne pût se communiquer que par leur ministere aux ames pures, que l'injustice des hommes arrache malgré elles de cette sainte & divine Table. Et comme en cette qualité les sens y trouvent moins d'accès, n'étant visible que par les especes qui le couvrent dans l'Eucharistie, il n'y aura que la pureté de cœur qui nous rendra capables d'y participer ; au lieu que le recevant par la main des Prêtres, il arrive souvent qu'on ne reçoit pas la grace & la vertu du Sacrement, qui n'est point attachée à l'action exterieure, mais seulement à la disposition de l'ame, qui distingue par un sort bien contraire ceux qui reçoivent une même chose interieurement. Ce n'est pas que la privation de la sainte Eucharistie ne soit le sujet d'une extrême douleur, & qu'on ne se puisse appliquer justement ces paroles du Prophete-Roi : *Mes larmes sont devenuës mon pain & ma nourriture durant le jour & durant la nuit, pendant qu'on m'insulte & qu'on me dit tous les jours : Où est votre Dieu ?* mais il y a de la difference entre le ressentiment d'une si grande perte, & le trouble qu'on en pourroit avoir. La Madeleine cherchant Jesus-Christ dans le tombeau, étoit comblée de douleur, ne pouvant souffrir qu'on lui eût dérobé la vûë de son Corps; & comme elle manquoit à la foi, qui ne lui permettoit pas de croire qu'on lui eût pû ôter Dieu, elle étoit dans le trouble ; mais comme sa charité couvroit ce défaut, Jesus-Christ ne laissoit pas d'operer en son ame & d'y exciter de nouveaux delus de le trouver & de le posseder: ensorte que son absence faisoit en elle le même effet que s'il eût été present, n'étant attachée qu'à lui, & s'étant resoluë de ne point quitter le lieu où il avoit été mis; au lieu que les Apôtres qui allerent avec elle le chercher au sepulcre, ne l'ayant point trouvé, s'en retournerent aussitôt: ce qui les priva de voir Jesus-Christ quand il apparut à la Madeleine, pour nous enseigner qu'il n'y auroit que le découragement & le desespoir de recouvrer Jesus-Christ, si on nous l'avoit ôté en nous éloignant de la sainte Eucharistie, qui nous rendroit indignes de le trouver d'une autre maniere, puisqu'il est toûjours proche de ceux qui ont le cœur affligé, & de qui la douleur ne regarde que la privation de sa presence. Saint Paul dit qu'il n'y a point de condamnation pour ceux qui sont en Jesus-Christ; & c'est une marque assurée que l'on vit en lui, que de vouloir bien souffrir une condamnation exterieure plûtôt que de l'offenser; & de choisir d'être privées de lui-même en la maniere qu'il se donne aux ames dans le Sacrement de son amour, plûtôt que de manquer à tenir sa conscience dans la pureté, où elle doit être pour se rendre digne de le recevoir spirituellement, comme fit le Centenier, dans la maison duquel il n'entra pas, & où il se trouva neanmoins par une presence invisible, qui lui fit obtenir tout ce qu'il desiroit.

Nous devons donc esperer que si nous demeurons soûmises avec humilité & avec respect à cette conduite de Dieu sur nous, au lieu que nous avons peut-être communié souvent avec peu de fruit, il nous le fera faire plus avantageusement par cette communion que nous aurons à ses souffrances; car nous recevrons l'effet principal de ce Mystere, qui est une impression de la mort de Jesus-Christ qui se répand dans toutes nos actions. Il ne faudra pas cependant demeurer à jeun; mais mettre à la place du pain de Dieu, la parole de Dieu même, qu'il faut écouter dans son cœur, & qui se doit lire dans ses Livres avec une reverence qui soit digne de celui qui nous parle dans son Evangile, & qui a les paroles de la vie éternelle qu'il fait entendre aux ames, qui lui peuvent dire avec le Prophete, qu'elles ont mis toute leur confiance en ses paroles. Que si nous étions aussi privées de la lecture de l'Evangile, on ne sçauroit nous faire oublier plusieurs passages qui sont gravez dans notre esprit, & dont une seule periode suffit pour nourrir l'ame, pour la fortifier, & pour la défendre contre tous ses ennemis. Et quand il ne nous resteroit que le *Pater*, qui est l'abregé de toute la Doctrine que le Fils de Dieu nous a apprise, nous y trouverions de quoi rendre à Dieu l'honneur & le culte qu'il demande de nous, de quoi obtenir toutes les choses dont nous avons besoin, & de quoi satisfaire aussi à toutes nos dettes. Et tandis que notre confiance en lui & le témoignage de notre conscience nous donnera la hardiesse de l'appeller notre Pere, rien ne nous manquera. Ce sera aussi alors qu'il faudra vivre des miettes qui tombent de la table du Seigneur, qui sont la penitence & la componction de cœur, de ce qu'ayant été assises à la table des enfans, nous ne nous sommes pas engraissées de ce pain celeste qui nous a été distribué avec tant d'abondance & de preference à d'autres qui n'ont pas été instruites comme nous. Et il faut esperer que Jesus-Christ qui multiplia les pains dans le desert, où il ne se trouvoit rien pour nourrir tant de peuples qui le suivoient, multipliera sans doute ses graces interieures, au défaut des secours qu'on avoit accoûtumé de recevoir par ceux qui nous distribuoient sa parole.

Avis pour les Religieuses qui seroient exilées.

S'Il arrive qu'on ôte quelqu'une des Religieuses pour les mettre en d'autres Monasteres, celles-ci auront moins de difficulté & de doute, comment

ment elles devront se conduire ; n'y ayant alors qu'à souffrir & à se taire, sans trouver à redire à quoi que ce soit. Si elles sont mal-traitées, elles auront recours à la patience, qui leur tiendra lieu de tout : & si on leur témoigne de la charité, elles la recevront avec reconnoissance ; mais se donnant de garde qu'il n'y ait de la dissimulation & de l'adresse pour gagner leur confiance, & leur faire dire des choses dont on pourroit abuser ensuite contre elles-mêmes.

Que si quelqu'une des Religieuses de la Maison où elles seroient, leur ouvroit son cœur pour se plaindre ou de la Superieure, ou de quelqu'une de ses Sœurs, elles ne s'informeront point au-delà de ce qu'elle leur diroit ; & répondront avec simplicité, pour la porter à l'obéissance & à la charité qu'elle doit avoir pour le prochain.

Elles agiront avec humilité & respect envers la Superieure, n'ayant point à craindre de lui trop déferer, puisqu'elle doit être obéie & reconnue en sa propre Maison ; mais pour y prendre confiance en ce qui est de l'interieur, elles ne le feront pas, reservant leurs ames pour celles à qui Dieu les a commises. Elles n'allegueront jamais ce qu'on faisoit dans leur Monastere, & n'en parleront point si on ne les en interoge ; & alors elles diront les choses fort simplement, conservant dans leur cœur une simple attache à l'esprit dans lequel elles ont été instruites, qui est pour elles celui qu'elles doivent avoir pour conserver l'esprit de leur vocation. Elles continueront de dire le Breviaire de Paris, si ce n'est qu'elles pussent servir au Chœur, & qu'on les obligeât de chanter avec les autres. En ce cas-là, ayant dit un Office Canonique, il ne faudra pas repeter le sien particulier.

Elles se regarderont en ces Monasteres comme les dernieres de toutes, & comme des personnes exilées, qui sont d'autant plus obligées de s'humilier, que c'est Dieu qui les humilie lui-même, & qu'il

I. Partie. G

ne fait rien qu'avec justice & misericorde. [Elles] penseront aussi que le peu de profit qu'elles ont [eu] dans une Maison de paix, où il les avoit favo[ri]sées de ses graces, merite bien qu'elles en ayent [été] retirées; encore que sa bonté leur doive donner [su]jet de croire que sa main paternelle les soûtien[dra] & les guerira en les châtiant; & que non seulem[ent] il oubliera leur ingratitude, mais qu'il les comb[le]ra même de ses misericordes & de ses graces.

Sur leurs Communions.

SI l'on communie moins souvent dans le Mon[a]stere où elles se trouveront, que nos Consti[tu]tions ne l'ordonnent, elles suivront la coûtume [de] cette Maison, au cas qu'on la leur permette; [si] non, elles se contenteront de communier tous [les] huit jours, & moins encore, si on vouloit y met[tre] plus d'intervalle. Elles se regarderont alors com[me] dans un état de penitence, pendant lequel l'Egl[ise] privoit de la sainte Communion, jusqu'à ce qu['on] eût accompli entierement le temps qu'elle av[oit] prescrit pour cette separation; & elles conside[re]ront, encore que la réiteration des Communi[ons] n'est pas necessaire de la part de la Commun[ion] même, qui n'a pas un effet limité par le temps, [&] dont une seule participation peut être suffisan[te] pour toute la vie, comme il arriva à cette gran[de] Sainte, en qui il y eut 47. ans d'intervalle depu[is la] premiere Communion qu'elle fit, jusqu'à c[elle] qu'elle reçut proche de sa mort; & tant de sa[ints] Anacoretes aussi, qui ont si fort aimé la solitu[de] quoiqu'elle leur ôtât le moyen de communier [si] fort rarement: parce qu'elle leur donnoit en m[ême] temps l'avantage de conserver le fruit de la Com[]munion, qui leur étoit toûjours présente, leur un[ion] avec Dieu n'étant point interrompue, mais plu[tôt] augmentée par une ferveur d'esprit, qui les re[n]doit incapables de se relâcher dans les exercices [de] leur charité & de leur amour envers Dieu.

sera une marque que nous aurons la connoissance & l'estime du pouvoir & de l'efficace de la grace gravée dans le cœur, que de croire qu'elle est indépendante de tous les moyens dont elle se sert d'ordinaire pour se communiquer aux ames; qu'elle supplée à tout, & qu'elle a la même vertu que la parole de Dieu, de laquelle il dit lui-même, qu'elle ne retournera point en vain, mais qu'elle fera tout ce qu'il lui plaira, & qu'elle réussira dans toutes les choses pour lesquelles il l'a envoyée. Cette parole, qui n'est autre chose que la volonté & la grace de Dieu, doit être le partage des ames qui se voyent dépouillées de tous les autres biens, qui sont plûtôt des faveurs qu'elles reçoivent de lui, que des témoignages qu'elles lui donnent de leur reconnoissance & de leur fidelité pour ses bienfaits. Et puis que l'Ecriture ne veut pas qu'on ait la main fermée pour donner, après l'avoir eu ouverte pour recevoir, elles ouvriront leur cœur à Dieu pour être rempli de toute l'amertume qu'il lui plaira d'y répandre, de même qu'il avoit ouvert sa main pour les remplir de benedictions. Ce qui les obligera de dire avec cet Homme admirable que Dieu a donné à son Eglise pour exemple de patience : Si nous avons reçû les biens du Seigneur, pourquoi n'en recevrons-nous pas les maux ?

Pour les Confessions.

LEs Sœurs s'adresseront au Confesseur du Monastere, sans s'adresser à lui pour leurs peines, encore qu'il leur témoignât de la charité; n'y ayant rien dont elles se doivent garder davantage, que de croire à tout esprit. Elles doivent faire état qu'on leur tendra des piéges de toutes parts, pour tâcher de les gagner par adresse, si on ne le peut faire par autorité; & que leur défense consiste à ne point ouvrir leur cœur qu'à Dieu, qui les préservera de s'égarer en sortant de leur voye. Qu'elles prennent pour devise les paroles d'un Prophete : *Ma force se* tă *dans le silence & dans l'esperance* ; puisque ne parlant point à des étrangers, de qui elles ne doivent point entendre la voix, l'esperance qu'elles auront dans la conduite interieure que Dieu leur donnera, ne sera point confondue.

Sur la nourriture.

Pour l'abstinence de viande, elles ne demanderont point à faire maigre, pour ne pas donner la peine d'en préparer pour elles seules, si ce n'est point la regle de la Communauté où elles se trouveront : & si elles se portoient bien, elles se passeroient de pain, au moins quelques jours, pour faire voir qu'elles desirent de perseverer dans leurs observances, jusqu'à ce qu'elles sentent que leurs forces diminuent, & qu'elles ne peuvent continuer à vivre de la sorte sans s'affoiblir tout-à-fait. Car en ce cas elles mangeront ce qu'on leur presentera, pour la seule necessité, & en se contentant de tout sans faire aucune plainte ; en quoi elles recompenseront la penitence qu'il peut y avoir à s'abstenir de viande, le soin qu'on a quelquefois de bien apprêter le maigre & de le diversifier, pouvant le rendre plus agréable au goût que ne sont les viandes communes. Qu'elles se souviennent que deux de nos Sœurs, qui sont maintenant devant Dieu, ont été trois ans dans un Monastere où on les avoit demandées pour la reforme, à ne manger que d'une sorte d'œufs, parce qu'elles étoient fort mortifiées & fort abstinentes, & qu'elles supportoient de même plusieurs incommoditez, sans en avertir notre Mere Abbesse, qui auroit remedié à tous leurs besoins.

Sur les infirmitez qui pourroient survenir.

Les Sœurs supporteront les infirmitez qu'elles pourroient avoir, sans en parler ; si ce n'est qu'elles fussent de consequence, & qu'elles augmentassent, pour ne pas faire quelques remedes. En ce cas-là elles representeront leur besoin à la Superieure, avec soûmission à ce qu'il lui plaira d'en ordonner, se voyant pour lors par obligation & par necessité dans le devoir d'une veritable Religieuse, qui a remis entierement le soin de son corps à la providence des personnes qui ont autorité sur elle.

Sur le travail des mains.

Elles feront les obéissances ou les ouvrages qu'on leur ordonnera, si ce n'est que ce fût des choses curieuses, & qui ne servent qu'à la vanité: ce qu'elles pourront bien refuser, en disant qu'elles ne les sçavent pas faire, & qu'elles n'auroient pas l'adresse de les apprendre; mais qu'elles s'occuperont de bon cœur aux ouvrages les plus communs pour le service de la Maison. A quoi elles employeront effectivement tout le temps qu'elles pourront avoir, comme la Regle l'ordonne, & avec plus de desinteressement qu'en leur propre Maison, où l'on affectionne naturellement tout ce qui est de la Communauté dont on fait partie; au lieu que travaillant pour une Maison étrangere, on découvrira, si l'on s'y porte avec tristesse, que ce n'étoit point purement pour Dieu qu'on agissoit, mais que dans la Religion où l'on entre pour renoncer à toutes choses, l'amour propre trouve moyen de se rétablir en s'appropriant la Maison, la Communauté avec tous les interêts qui la suivent; & qu'on a besoin d'une lumiere de Dieu, ou d'une experience, comme celle de se voir privée de toutes ces attaches-là, qui paroissent justes & saintes, pour en connoître le défaut, & pour confesser devant Dieu qu'on n'a été Religieuse qu'à demi; & qu'il étoit bien-aisé de se trouver contente dans une vie si douce, où l'on a trouvé cent fois plus de paix & de satisfaction qu'on n'en auroit trouvé dans le monde: parce qu'on n'a pas été trouvée fidelle à se mortifier interieurement, & à se rendre à toutes

G 3

les pratiques de vertu ; car elles supposent un renoncement continuel à ses inclinations, en quoi consiste la voye étroite, les observances extérieures se pouvant bien accorder avec une vie fort imparfaite, & qui n'exempte pas d'être du nombre des Vierges folles, qui ne prennent pas d'huile dans leurs vases pour entretenir le feu de leur charité, qui s'éteint aisément dans l'eau de leur tiedeur & de leur foiblesse. Ce sera donc un avantage que Dieu nous reveille & qu'il pratique envers nous ce qu'il dit dans son Evangile : *Contraignez-les d'entrer*, ce qui ne sera pas une contrainte à l'égard de la volonté qu'il nous a donnée d'être à lui ; mais seulement à l'égard de la nature qui resiste toûjours à ce qui lui est contraire & qui la détruit.

Sur les maladies.

ETant malades elles recevront les services qu'on leur rendra avec actions de graces, étant bien éloignées de rien demander de superflu, comme elles auroient pû faire dans leur Monastere, où il est aisé de se persuader qu'on a droit d'exiger des assistances, qu'on étend quelquefois plus loin que les personnes du monde n'en demandent de ceux qui les servent. En quoi l'on perd tout le merite de ce que l'on a quitté pour Dieu, les personnes qui regardent Dieu dans celles qu'elles servent pour l'amour de lui, le faisant de bien meilleur cœur que les personnes interessées, qui ne font bien souvent que le moins qu'elles peuvent. Ce ne doit donc pas être un avantage d'être traitées avec tant de charité dans la Religion ; mais un sujet de s'humilier, comme la Regle l'ordonne, de la misericorde qu'on a reçûë. Que s'il y a eu de défaut en cela, il sera expié par le manquement de ces secours ; ou si on les reçoit, ce sera par un mouvement de charité que Dieu inspirera à ces personnes, dont on se trouvera obligée de le bénir, & de se rendre plus reconnoissante & plus soûm-

&, au lieu du peu de ressentiment & de gratitude qu'on a quelquefois du bien qu'on nous fait.

Ce sera encore un exercice de vertu de se voir infirme & inutile à tout, lorsqu'on voudroit n'être point à charge, & se rendre plûtôt par ses services agreable à des personnes, qui se tiendront peut-être importunées de nous voir parmi elles. Mais ce sera une plus grande sureté de ne leur être point utile, afin de n'être employée à rien de considerable & de jouir de tous les avantages de ce bannissement, qui doivent consister à devenir comme aveugle & muette, qui sont les qualitez que doit avoir une bonne Religieuse; mais qui se trouvent en peu de personnes, y en ayant plusieurs qui s'imaginent qu'on peut regarder, qu'on peut écouter, & qu'il est permis de parler de ce qui se passe dans son Monastere, encore qu'on n'en ait point la charge. C'est pourquoi ce sera une heureuse nécessité de n'oser juger de rien, & encore moins de parler des affaires d'autrui, ni écouter ce que des Religieuses de ce Lieu-là voudroient nous dire, qui ressentiroit le murmure, afin de ne se point rendre suspecte à la Superieure, ou bien pour ne se pas commettre avec celle qui auroit parlé, si on se trouvoit obligée en conscience d'avertir la Superieure. Ce qu'il ne faudroit pas faire si on ne la jugeoit capable d'en bien user, & que les choses fussent fort importantes; desorte que le plus sûr sera de ne point écouter de semblables discours, & de s'excuser sur l'incapacité qu'on a de donner un bon conseil, & de dire seulement qu'on priera Dieu pour celle qui voudroit faire des plaintes.

Sur les mauvais traitemens.

L'On n'a encore rien dit sur une difficulté encore plus grande, & qui pourroit arriver; sçavoir, si l'on étoit traitée avec grande rigueur, & qu'on exerçât des punitions & des châtimens qu'on croiroit devoir infliger à des personnes qui passefont pour des defóbéiſſantes & des rebelles. En ce comme l'extrémité ſera plus grande, il faut eſperer que le ſecours de Dieu ſera plus proche & plus efficace pour aider notre infirmité, qui ſe trouve également incapable de ſouffrir les petites choſes comme les grandes ; au lieu qu'il eſt facile à Dieu de nous rendre fortes dans les plus grandes occaſions, après nous avoir fait éprouver notre foibleſſe dans les moindres. Comme une mere laiſſe marcher un petit enfant dans un chemin bien uni, où il ne laiſſe pas de tomber, mais ſans peril ; au lieu qu'elle le prend entre ſes bras dans un chemin difficile, enſorte qu'il ne peut être bleſſé ſi la mere ne tombe elle-même ; ce qu'il eſt impoſſible de croire de la puiſſance de Dieu & de ſa bonté, qui nous porte dans ſon ſein, ſi nous n'en ſortons point par un défaut de confiance, & ſi nous ne ceſſons point de l'invoquer comme notre Protecteur & notre azyle dans les plus grands abandonnemens. Encore que nous euſſions lieu de croire que ce ſeroit pour nos pechez que Dieu nous auroit livrées entre les mains de ces perſonnes dures & impitoyables, il nous permettroit bien de nous conſoler dans la penſée que nous ſouffririons pour avoir eu crainte de l'offenſer, en adherant contre notre conſcience à ce que nous avons crû ne pouvoir faire ſans bleſſer la verité & la ſincerité chrétienne, nous appuyant ainſi ſur la parole du Fils de Dieu qui dit, que ſi on aime la verité, la verité nous délivrera. On ſe trouvera donc déja libre des remords de la conſcience, qui eſt une gehenne inſupportable, & l'on aura ſujet d'eſperer que cette captivité exterieure ſe changera en la liberté des enfans de Dieu.

Sur la mort.

Mais ce qui donne plus d'apprehenſion, c'eſt de mourir dans le délaiſſement, & de ne recevoir aucune conſolation, ni aucun ſecours de la part des perſonnes, qui ſeront plûtôt capables de troubler & d'inquieter la conscience, supposant qu'on n'est pas en bon état. Il est vrai que les sens ont horreur d'un abandonnement si extrême, & qui est capable de tenter au-dessus des forces; mais il faudroit avoir perdu la foi en Dieu, & la confiance en ses promesses, pour craindre d'être délaissées de celui qui est le refuge des pauvres dans leurs plus grandes afflictions. Notre-Seigneur a dit à la Croix : *Mon Dieu, mon Dieu, pourquoi m'avez-vous abandonné ?* & il a voulu souffrir cette angoisse incomprehensible, pour meriter à ses Elus de n'être jamais délaissez de sa grace & de sa presence dans les plus grands délaissemens. Les angoisses de la mort sont si grandes, en quelque lieu qu'on soit, & au milieu de toutes les assistances qu'on peut recevoir des créatures, que si Dieu ne soûtenoit une ame par une vertu secrete qu'il communique par lui-même, il n'y en auroit point qui pût resister à des ennemis qui la combattent avec tant de fureur. Et puisque les privations exterieures ne sont pas les plus grands maux ; pourquoi n'esperera-t-on pas que Dieu nous les fera vaincre aussi-bien que les autres; & qu'ayant toûjours dans le cœur le sentiment & l'estime de l'efficace de sa grace, il nous fera éprouver qu'elle est toûjours victorieuse, quand il lui plaît de la donner dans les plus grands besoins. Il nous commande de ne pas tourner la tête en arriere, quand nous aurons mis la main à la charruë, en nous engageant à le servir & à le suivre dans quelque occasion que ce soit, de peur de nous rendre indignes du Royaume de Dieu. Tout dépend donc de ne point craindre que nous ne devions demeurer fermes dans ce que nous avons commencé, laissant à Dieu la suite & les évenemens qui en pourroient naître. Ces occasions extraordinaires nous seront fort utiles, pour nous faire connoître que notre foi & notre confiance ne seroit pas digne de lui, & qu'elle seroit presque toute humaine & non pas divine, si nous mettions des bornes à sa puissance, qui est infinie, & qui fait qu'il n'a pas besoin de l'entremise des créatures, & des moyens exterieurs dont il lui plaît de se servir d'ordinaire pour faire son action en nous; de même qu'il n'est point attaché à la matiere & aux ceremonies des Sacremens, pour en communiquer la grace & l'effet, qui ne dépend que de lui seul. Ce sera donc au contraire une mort heureuse que celle qui arrivera dans un temps de persecution & dans un lieu étranger, & avec des personnes qui n'ayant point de liaison avec nous, ne partageront point notre cœur pour le diviser du seul appui que nous devons prendre en la misericorde de Dieu, dans le sein de laquelle les plus abandonnez trouvent leur refuge, parce qu'il fait gloire de secourir ceux qui l'invoquent dans leurs plus grandes miseres. Il se peut faire même qu'on trouvera plus d'avantage dans un état qui paroît de soi-même si horrible; puisque dans la paix, & lorsque l'on reçoit de grandes assistances des personnes spirituelles, on ne peut être pauvre dans cette abondance, parce qu'on s'y repose trop, sans apprehender que le secours de Dieu, qui est invisible & imperceptible à nos sens, & sans lequel tous les autres sont inutiles, ne vienne à nous manquer. Saint Pierre nous apprend, qu'encore que notre foi soit plus précieuse que l'or, elle doit être éprouvée par le feu, comme en ayant besoin pour recevoir sa pureté & son lustre. Et puisque c'est une moindre chose de croire en Dieu, que de souffrir pour Dieu, étant necessaire que la foi soit éprouvée par les œuvres, & les œuvres mêmes étant peu de choses, ou plûtôt rien du tout, si elles ne sont produites par l'esprit de Dieu, qui est fort souvent empêché par le mêlange de notre amour propre; il n'y a rien de plus assuré que d'être dans l'affliction, & d'y avoir été jetté par l'ordre de Dieu, comme dans une piscine salutaire où nous recevons la santé de nos ames.

Conclusion de ces avis.

IL y a long-temps qu'on nous instruit de toutes ces veritez, & que nous reconnoissons qu'elles sont necessaires pour être veritablement à Dieu; mais comme il est difficile de les pratiquer, & qu'il faut pour cela mourir à toutes choses, c'est à quoi l'on ne se peut resoudre, si Dieu par un renouvellement de grace, ou par une necessité inévitable n'y reduit les ames, qui sans cela seroient demeurées dans une vie mediocre, qui n'auroit pas répondu à la sainteté de notre vocation. Car encore qu'il ne parût rien que d'avantageux pour cela dans l'état saint où il nous a engagées; neanmoins il peut voir dans sa Sagesse divine que nous avons besoin d'autres choses, & que la guerre nous seroit plus utile que la paix : c'est pourquoi il lui a plû de permettre que cette tempête s'élevât ; & peut-être nous voudra-t'il jetter dans le ventre de la Baleine, comme Jonas, selon que feuë notre Mere nous l'a dit, afin que d'un lieu si profond & qui semble hors d'esperance de salut, il entende les cris & les prieres que nous lui offrirons comme d'un saint Temple, dans lequel il nous écoutera & fera arriver au port avec plus d'assurance que nous n'en aurions trouvé dans le vaisseau où nous avions été embarquées.

Notre Pere saint Bernard nous apprend que la Religion renferme des avantages qu'on ne trouve pas ailleurs. C'est en ce lieu, dit-il, que l'on vit avec plus de pureté, que l'on tombe plus rarement dans les fautes, & qu'on s'en releve plus promptement quand on y est tombé, que l'on se repose en Dieu avec plus d'assurance, que l'on est plus arrosé de ses graces : on y meurt avec plus de confiance, on est plûtôt purifié de ses pechez & l'on est recompensé de Dieu avec plus de liberalité que dans un autre vie.

D'où vient donc que nous n'éprouvons pas ces effets admirables, & qu'étant dans un Monastere, qui devroit être fertile en ces biens spirituels, il nous devient comme un desert qui ne produit presque rien que des ronces & des épines ; sinon parce que nous n'avons pas cultivé avec assez de soin la terre de notre cœur : ce qui peut-être obligera Dieu de prendre une autre conduite, & de nous traiter comme il a fait autrefois un peuple qu'il ne vouloit pas perdre, mais seulement corriger. Ce qui lui fait dire par un Prophete : *Va en Babylone & là je te guerirai.* S'il lui plaît donc de prononcer cette sentence en nous tirant d'une terre sainte pour nous mettre dans une terre qui sera étrangere à notre égard, pourvû que ce soit pour nous guerir de nos miseres, elle nous sera avantageuse. Ce sera dans les Monasteres étrangers que nous vivrons avec plus de pureté, ne trouvant point une paix & une satisfaction sensible, qui sont l'objet de l'amour propre, qui s'introduit dans les Religions, aussi-bien qu'ailleurs, que l'on fera moins de fautes, étant delivrées de ces attaches ; on se relevera plûtôt de celles que l'on fera par infirmité de la nature, qui succombe quelquefois à la souffrance ; mais que la même souffrance aidera à se relever par la vertu que Dieu lui donne parmi les maux qui sont la cause de ses chûtes, selon ce que dit saint Paul, que l'affliction produit la patience ; l'on se reposera avec plus d'assurance, n'ayant point à craindre un faux repos qui ne se trouvera point dans une vie si desagreable aux sens ; on recevra des graces de Dieu plus frequemment, parce que ses graces ne seront plus empêchées par les interruptions qu'on y a apportées en se cherchant soi-même, quand il n'y aura pas lieu de se trouver & de se plaire dans un état si violent.

Enfin la mort, qui est si terrible, deviendra plus douce dans la vûë de la confiance qu'on aura sujet d'avoir, que Dieu nous ayant rejettées dans un temps, ce sera pour nous recevoir dans un autre entre les bras de sa misericorde, pour nous purifier plûtôt dans le purgatoire, qui aura été precedé de celui où nous aurons été par sa Providence ; & qu'il couronnera en nous les dons de patience & de perseverance, dont il aura été lui-même l'auteur. Ainsi soit-il.

RETRAITE DE MADAME DE LONGUEVILLE.

J'Ai fait une Confession generale le 24. Octobre 1661. à M. de N. étant poussée à cela par la vûë que Dieu m'a donnée, que l'état indépendant où je vivois depuis quelques années, étoit tres-préjudiciable à mon ame; que je m'affoiblissois dans la voye de la vertu, au lieu d'y faire quelque progrès; & que je tombois dans un certain état de tiedeur qui me faisoit craindre que je n'entrasse bientôt, si je n'y étois déja, dans une voye qui paroît droite à l'homme, & qui pourtant conduit à la mort. Je me suis donnée à Dieu pour faire ce renouvellement, ensorte qu'il fût veritablement le premier pas d'une vie vrayement penitente. On m'a ordonné premierement une grande separation, pour vaquer non seulement aux exercices qu'une personne vrayement separée du Corps & du Sang de Jesus-Christ doit pratiquer pour s'en approcher, quand celui qui l'en a éloignée l'en jugera capable; mais encore pour reparer en quelque maniere tout le temps mal passé depuis celui-même où Dieu m'a donné le mouvement de le servir; me regardant comme une personne à qui les choses licites sont défenduës par le grand abandon que j'ai eu pour les illicites. Je me suis éloignée de Dieu par la possession des unes; il faut que je m'en raproche avec sa grace par la privation volontaire des autres. On m'a ordonné devant cette separation de dire en esprit de penitence les sept Pseaumes penitentiaux des heures differentes, me conformant en cela à l'esprit de l'Eglise qui prie à differentes heures. Il faut à chaque Pseaume que je m'applique un quart-d'heure à ce qu'il contient ; on m'a dit de plus, de n'entrer jamais dans l'Eglise, que je ne me regarde comme une excommuniée, indigne de participer aux saints Mystéres qui s'y celebrent, & d'y assister particulierement à la sainte Messe, tant que Notre-Seigneur y est present, avec une confusion profonde, ayant l'esprit abaissé jusqu'au centre de mon indignité, étant abaissée en la posture la plus humiliée que je pourrai, sans en prendre de reconnoissable, les yeux baissez en terre, ne les relevant ni sur la sainte Hostie, ni même sur l'Autel. J'ay partagé mon temps en prieres, lectures & travail des mains, autant que je le pourrai ; le travail sera pour les pauvres, sans en exclure celui qui est pour les Eglises pauvres, & qui en ont besoin. On desire que je garde un grand silence, même à l'égard des choses de Dieu & que j'écoute beaucoup, l'état où je suis, ne permettant pas qu'on instruise personne, mais qu'on soit bien-aise de se laisser instruire. On ne veut pas que je reprenne personne, mais que je m'aplique toûjours à mes défauts propres & que je me desapplique de ceux des autres, n'y ayant rien de si contraire à l'esprit de componction, qui est celui dans lequel les vrais Penitens doivent vivre, que d'avoir les yeux ouverts sur les défauts des autres, cette seule disposition pouvant détruire entierement l'esprit de penitence dans une ame. On desire que je demande beaucoup à Dieu de faire le renouvellement, non par la necessité que j'ai pû supposer que j'en pouvois avoir peut-être, mais par un vrai desir, c'est-à-dire, par un mouvement libre de mon cœur, d'entrer plus que jamais dans la voye étroite, qui seule peut conduire à la vie, je dis même les innocens; à plus forte raison les pecheurs, & sur-tout une pecheresse comme moi; que je fasse donc cette action par un esprit solide de satisfaire à Dieu, autant qu'il m'est possible, de reparer le passé, & de regler l'avenir. On m'a dit que si l'ame étoit bien convertie & bien separée d'elle-même, elle n'auroit point de ces peines sensibles de découvrir ses crimes & ses infidelitez; qu'au contraire elle feroit avec joye ce qui pourroit satisfaire à la justice de Dieu. On m'a ordonné encore de m'appliquer beaucoup les paroles de notre Seigneur Jesus-Christ à la Cannanée, me regardant comme une chienne indigne des moindres miettes, c'est-à-dire, des moindres graces de Dieu; je me suis trouvée assez appliquée un des jours de ma retraite à cette pensée. On m'a dit de dire tous les jours le *Miserere* prosternée la face contre terre; on veut que je m'éveille toutes les nuits à deux heures pour prier un peu de temps, & demander misericorde pour mes pechez. On a desiré sçavoir de moi, avant que de s'embarquer à écouter ma confession generale, & à s'engager par-là à me donner une conduite; premierement, si je me sentois disposée à quitter le monde, en cas que je fusse quelque jour en état de le pouvoir faire, ou qu'on jugeât que Dieu demandât de moi cette separation des choses que j'ai faites durant mon aveuglement : cette personne étant fort persuadée que le moyen le plus convenable qu'ayent les pecheurs de satisfaire à la justice de Dieu, & de quitter le siecle où ils ont tant abusé de ce que Dieu avoit mis en eux, tant selon l'ordre de la fortune & de la nature, que de la grace; je me suis trouvée à cet égard dans une disposition d'obéïssance, & même de desir de la retraite du siecle, avec cette persuasion de mon esprit, que ceux qui ont violé ces regles en tout pendant le temps qu'ils y ont demeuré, n'ont autre chose à faire que d'en sortir pour pleurer dans la retraite les fautes qu'ils ont commises dans le commerce du monde. On a voulu sçavoir aussi de moi, si je ne mettrois point de bornes volontaires dans les pratiques, tant interieures qu'exterieures, pour la conduite de ma vie, aux choses qu'on desiroit de moi ; n'y ayant rien qui soit plus contre l'esprit de penitence que cet examen que la plus grande partie du monde fait, si les choses qu'on leur ordonne, sont necessaires, ou d'utilité seulement ; faisant paroître en cela le contraire de cette ardeur que la charité met dans le cœur des vrais penitens, pour embrasser tout ce qui est possible pour la gloire de Dieu, & pour l'entier renouvellement de notre ame. On m'a dit qu'il faut que la volonté embrasse tout, qu'elle ne rejette rien, & que le vrai penitent soit preparé à tout ce qu'on lui impose, non seulement par obéissance ; mais aussi par un mouvement de charité qui lui fasse desirer de faire autant pour Dieu, par l'esprit de la grace, qu'il a fait pour l'iniquité de ses passions, par la concupiscence : Saint Augustin trouve même que cette disposition de ne mesurer ce qu'on veut faire pour Dieu que sur ce qu'on a fait pour la creature, est bien basse & bien foible ; que ce n'est que la connoissance que Dieu a de l'infirmité qui nous rend incapables de plus grandes choses, qui fait qu'ils en contente. Il faut donc se tenir devant celui que Dieu nous a donné pour guide, dans un esprit de grande dépendance ; puisque c'est à lui à mettre des bornes à ce qu'il nous veut prescrire, selon que l'esprit de Dieu & sa prudence le porte à en mettre. Mais nous, nous devons croire que nous n'en ferons jamais assez pour satisfaire à Dieu, & que ce qui seroit utile à un autre, nous est necessaire, nos profondes playes ayant besoin de grands remedes. De plus, il est assuré que le poids de notre infirmité ne nous portera que trop à nous relâcher, ou en nous faisant quitter, ou mal faire le bien qu'il nous sera ordonné de pratiquer ; ainsi il ne faut

faut pas se retrancher à ne faire le bien que dans certaines bornes, mais l'embrasser avec surérogation, s'il pouvoit y en avoir pour les pecheurs, qui étant redevables à la justice de Dieu, doivent regarder tout ce qui les punit comme infiniment au-dessous de ce qu'ils doivent faire ou souffrir ; n'y ayant nulle proportion entre la penitence qu'ils font, quelque dure qu'elle soit, & l'enfer qu'ils ont merité, & dont elle les délivre, si elle est sincere & entiere. On m'a dit aussi qu'une des marques qui me fera voir qu'elle est telle, est si l'on ne se plaint jamais, pas même avec ses amis, des contradictions qui nous arrivent dans la vie, des injustices, des mépris, des mauvais traitemens, des ingratitudes ; qu'il faut regarder toutes ces choses, quelque injustes qu'elles puissent être en elles-mêmes, comme nous étant imposées de Dieu ; que la plainte que nous en ferions, nous en fait perdre le fruit ; & que la marque la plus assurée que nous puissions avoir, que nous n'avons pas renoncé entierement à l'amour de notre plaisir, c'est quand nous sentons avec douleur la privation des biens contraires aux maux dont nous nous plaignons. Il ne faut donc point laisser soulager notre nature par l'épanchement que l'amour propre nous inspire de faire, en nous plaignant avec nos amis & nous faisant plaindre par eux. Il se faut souvenir de David, quand il ne voulut pas souffrir ses gens qui avoient dessein de châtier Semeï qui l'injurioit, regardant cet outrage qui lui étoit fait, dans l'ordre de la providence de Dieu, pour son châtiment, & par consequent n'en étant point aigri ; il faut y acquiescer humblement, & avec un esprit de douceur qui nous empêche de nous plaindre, quoique nous recevions des hommes, si nous participons tant soit peu aux outrages que Jesus-Christ a soufferts. Nous ne devons regarder ceux qui nous font souffrir, que comme les ministres de la justice de Dieu sur nous, & non pas comme agissans de leur propre mouve-

I. Partie   H

ment. Quand nous serons fortement persuadés que nous meritons l'enfer éternel, quelle peine temporelle osons-nous croire que nous ne meritons pas; & ainsi le moyen de s'aigrir de tout ce qui vient de la part des hommes? Voilà où on m'ordonne de tendre, aussi-bien qu'au renoncement de toutes les consolations, qui peuvent me venir de la part des créatures. Je me suis trouvée un jour en priant Dieu fort penetrée de ce desir, sur ce qu'ayant lû dans le nouveau Testament cette parole que notre Seigneur Jesus-Christ dit peu de jours avant sa passion: Je ne prie point pour le monde, il m'a semblé que c'étoit cette parole qui étoit le fondement du renoncement que l'Eglise nous fait faire dans notre Baptême; j'ai essayé de m'humilier de ce que je l'avois si cruellement violé. J'ai donc eu un grand desir de renoncer aux joyes, aux honneurs, aux maximes, & aux sentimens du monde, & me suis donnée à Dieu pour qu'il me fît exécuter ce qu'il falloit faire, pour n'être pas privée des divines paroles de son Fils, & des graces qu'elles attirent sur ses Elus. Au commencement de ma retraite, j'ai été plus effrayée d'entrer dans une voye plus étroite; mais neanmoins j'ai senti un certain soûtien interieur, qui m'a imprimé le contraire du découragement: plus j'ai été dans cette retraite, moins je m'y suis ennuyée. J'ai eu ce me semble, une vûë assez forte que ma vie a été fort inutile, je dis depuis que j'ai voulu servir Dieu: car pour celle que j'ai menée auparavant, elle merite un autre nom. Je me suis donc sentie attirée à une plus grande separation, non seulement par une grande persuasion où je me suis trouvée, que c'est le chemin par lequel je dois marcher à l'avenir; mais encore par une pente à suivre cette lumiere avec une facilité fort grande. Il y avoit long-temps que je cherchois la voye qui mene à la vie; mais je croyois n'y être pas, sans sçavoir pourtant précisement ce qui étoit mon obstacle. Je sentois qu'il y en avoit entre Dieu & moi ; mais je ne le connoissois pas: & proprement je me sentois comme n'étant point à ma place, & j'avois une certaine inquietude d'y être, sans sçavoir où elle étoit, ni par où il la falloit chercher. Il me semble au contraire que depuis que je me suis mise sous la conduite de M. de N. je suis proprement à cette place que je cherchois ; c'est-à-dire, à la vraye entrée de la vie chrétienne, autour de laquelle j'ai erré jusqu'ici. Il me paroît donc que je n'ai plus qu'à marcher sous l'obéissance où je me suis engagée, & que pourvû que je sois fidelle à beaucoup avancer vers Dieu & à beaucoup fuir les creatures, Dieu donnera benediction à cette nouvelle conduite ; j'ai eu pourtant quelque peine, craignant d'avoir perdu tout le temps que j'ai passé dans l'apparence de la pieté. J'ai eu peur que mes Confessions n'ayent pas été faites avec les dispositions qui peuvent les rendre valables, & que ma vie n'ait été une espece d'hypocrisie, qui m'ait renduë aux yeux de Dieu un vrai sepulcre blanchi. J'ai eu ces mouvemens toutes les fois que j'ai entendu la sainte Messe dans un lieu libre, où l'on ne prend pas garde aux actions de me prosterner la face contre terre depuis la Consecration jusqu'à la Communion. J'ai essayé durant ce temps de m'humilier profondement devant Dieu, non seulement de mes dereglemens passez, & de ma foible reparation de tous mes desordres ; mais encore de ce qu'il me souffre dans son Eglise, dans un temps où la discipline voudroit que j'en fusse bannie. J'ai demandé dans cet état les miettes qui tombent de sa divine Table, à laquelle j'ai vû repaître ses enfans de son Corps saint ; & ces miettes sont les divines graces, qui me peuvent faire rentrer dans la participation de ce divin Sacrement. Je me suis regardée comme une chienne, à qui le pain des Anges est justement refusé ; & je m'en trouve d'autant plus indigne, que je ne sens point cette faim qui est une disposition

H 2

pour le recevoir dignement. Je me suis senti une esperance assez sensible du changement de mes mœurs, & quelque diminution dans les inclinations que produisent mes défauts ordinairement ; j'ai esperé que Dieu me feroit la misericorde de me donner de quoi les reprimer ; enfin je suis assez en paix dans le fond de mon ame, & la retraite ne m'ennuye point du tout : & par-là il me semble qu'elle me peut passer pour la reparation de toutes mes conversations, soit criminelles, soit inutiles. Je me suis trouvée devant Dieu en le priant sur le sujet d'une mort qui ne me paroît pas être trop bonne, touchée d'un certain sentiment de reconnoissance qui me portoit beaucoup à l'aimer, de ce qu'il ne m'avoit pas ôtée du monde dans mon état criminel, comme il en retire beaucoup d'autres ; & ce sentiment m'a inspiré un grand desir de lui donner tout ce qu'il demandoit de moi sans aucune reserve : & en approfondissant si en effet il n'y avoit point d'exception, il m'a semblé que je n'en ai point trouvée, je me suis sentie quelque joye, & même quelque paix dans l'ame, de m'oser croire un objet sur lequel la misericorde de Dieu s'étoit appliquée, & de me sentir un rayon d'esperance : ce qui est un mouvement qui m'a été inconnu jusqu'ici, & qui m'a fait croire que mon ame s'y appliqueroit à l'avenir ; & contre mon ordinaire, il m'a semblé que cette sorte de crainte de Dieu, dans laquelle je suis toûjours depuis que par sa grace j'ai songé à mon retour vers lui, laquelle me porte plûtôt à le regarder comme mon Juge rigoureux, que comme mon Pere, s'est un peu amoindrie & a laissé la place à quelque autre mouvement qui me sembloit fort nouveau, & me dilatoit un peu le cœur en le tirant de ce serrement où il est quand je pense à Dieu. Ce qui, ce me semble, me donnoit une certaine facilité d'aller à lui & de demeurer en sa presence, contraire à la maniere dont j'y suis ordinairement ; c'est-à-dire, m'y tenant à force de bras, s'il faut ainſi dire : ce qui fatigue l'ame & la rend plus ſuſceptible après de ſe diſſiper dans les choſes inutiles pour ſe délaſſer. Cette facilité ne conſiſtoit pas à me dōner plus de penſées, ni à éclairer mon eſprit de plus grandes lumieres ; mais à me pacifier au fond de l'ame & à me tenir en la preſence de Dieu, comme en un lieu qui me devenoit naturel, & avec le plaiſir qu'on a avec ſon ami, qui eſt juſtement le contraire de ce que j'ai accoûtumé de ſentir, quand je m'applique à penſer à Dieu ou à le prier. Cette maniere d'occupation a duré quelques quarts d'heures.

En recevant une Lettre de M. de N. qui m'a paru fort groſſe, & qui par-là me faiſoit eſperer bien des choſes de cette part, qui eſt preſentement ce qui m'occupe, j'ai ouvert rapidement, comme ma nature me porte toûjours à mon occupation préſente avec vivacité d'eſprit ; comme au contraire (je dis ceci en paſſant pour me faire connoître) elle me donne une ſi grande negligence & froideur pour ce qui n'eſt pas mon occupation preſente, qui eſt toûjours forte & unique en moi. Et c'eſt ce qui m'a fait paroître violente & emportée aux uns, parce qu'ils m'ont vûë dans mes paſſions, & même dans mes plus petites inclinations & pentes ; & à d'autres lente & pareſſeuſe, & morte même, ſi l'on peut uſer de ce mot, parce qu'ils ne m'ont pas vûë touchée de ce dont je l'ai été en d'autres rencontres, ſoit en mal, ſoit en bien : ce qui a fait que l'on m'a définie comme ſi j'euſſe été deux perſonnes d'humeur oppoſée ; & ce qui a fait dire quelquefois que j'étois fourbe, & que j'étois changée d'humeur. Ce qui n'étoit vrai ni l'un ni l'autre ; mais cela venoit des differentes ſituations où je me trouvois : car j'étois morte comme les morts à tout ce qui n'étoit pas dans ma tête, & toute vivante aux moindres paroles qui me touchoient. C'eſt toûjours le diminutif de cette rapidité d'humeur que j'ai reſſentie en ouvrant cette Lettre. Il m'a paru que

H 3

c'est un certain desir de joye, qui est encore au fond de mon cœur, qui fait que je cherche le bien même par un mouvement tres-humain & tres-corrompu : car c'est toûjours pour soûtenir cet esprit & ce cœur que la grace ne remplit pas assez pour leur faire haïr, non seulement celui qui seroit permis aux innocens, mais aussi celui qui seroit purement humain, quoiqu'il soit excité par des choses spirituelles : car c'est à ce propos qu'il faut que je fasse encore une digression. J'ai ômis de dire, sans le vouloir, que l'amour du plaisir avec l'orgueil a partagé mon ame durant les jours de ma vie criminelle. Quand je dis le plaisir, c'est-à-dire, celui qui a touché mon esprit, les autres naturellement ne m'attirant pas ; & ces deux miserables mouvemens ont été si bien d'accord ensemble, qu'ils ont été durant ces miserables jours le principe de tous mes mouvemens & de toutes mes conduites, ayant mis dans tout ce que je cherchois tout ce qui flattoit mon orgueil ; & proprement je me proposois ce que le demon proposa à nos premiers parens, Vous serez comme des Dieux, & cette folle idée, qui fut une fléche qui perça leur cœur, a tellement blessé le mien, que le sang coule encore de cette playe, & coulera long-temps, si Jesus-Christ par sa grace n'arrête ce flux de sang, comme il fit celui de cette femme dont il est parlé dans l'Evangile, qui n'étoit pas si dangereux que le mien ; puisqu'il ne pouvoit tuer que son corps, & que celui-ci peut tuer mon ame, qui est encore si malade. Venons donc à cette Lettre. Dans le moment que la rapidité de mon humeur m'eut obligée de l'ouvrir fort vite & à la lire de même, environ la premiere page, il me prit un mouvement de ne pas apporter d'obstacle au bien qui me pouvoit venir par-là, & qu'en cela il falloit invoquer Dieu & lui demander de me faire lire avec son esprit, & non pas avec le mien, ce que son Esprit avoit inspiré pour ma conduite à celui qu'il m'avoit donné pour Pere. Je me mis donc à genoux, & sur cette Lettre & sur cet état, avec une disposition de devotion, demandant à Dieu qu'il gravât dans mon cœur les saintes instructions qu'il me faisoit donner. Elles me toucherent donc extrémement selon ma foible maniere de sentir le bien, & je me suis beaucoup donnée à Dieu, pour entrer vrayement dans la voye qui m'est marquée par-là. J'ai aussi senti, ce me semble, un grand desir de m'humilier par la Confession que j'ai dessein de faire; & sur le point d'achever j'ai, ce me semble, un assez grand mouvement d'humiliation, en considerant qu'il faut retoucher à mes playes, & remuer encore ce fumier-là. Tout cela m'auroit occupée, si les affaires, que M. de N. ne veut pas que j'appelle miserables, ne m'eussent contrainte de vaquer à elles : ce qui m'a beaucoup dissipée. A quoi a succedé une autre distraction : car je me suis trouvée tout-à-fait mal, & j'ai fort peu la liberté de mon esprit ; ce qui m'a fait craindre que je ne fisse guere bien ce que j'avois resolu de faire. Je l'ai pourtant fait, & j'y ai eu certaines peines qui me paroissent venir moins d'orgueil que de honte. Je puis pourtant me tromper en cela : car il est plus clair que jamais que je me suis fort trompée, depuis que j'ai fait la découverte de cet orgueil que j'ai quasi ignoré tant d'années. Les choses qu'il produisoit ne m'étoient pas si inconnues ; mais je m'arrêtois seulement à ses effets, que je consideroit bien comme de grandes imperfections : mais par ce qu'on m'a découvert depuis, je connois bien que je n'allois pas à cette source. Ce n'est pas que je ne connusse bien que l'orgueil avoit été le principe de tous mes engagemens ; mais je ne le croyois pas si vivant qu'il l'est, ne lui attribuant pas tous les pechez que je commettois : & cependant je vois bien qu'ils tiroient tous leur origine de ce principe-là. Cette découverte me mene jusques sur le bord du découragement : & regardant tout ce qui a paru dans

H 4

ma penitence, comme un état qui merite une nouvelle penitence, puis qu'assurément il a déplu à Dieu ; j'ai été dans quelque espece de serrement de cœur, me considerant comme saint Pierre, qui avoit travaillé toute la nuit sans rien prendre. Et considerant mes playes, je les ai trouvé si incurables, les violens remedes qui doivent guerir mon orgueil ne l'ayant qu'à peine affoibli, que sans cette parole de notre Seigneur Jesus-Christ à ses Apôtres, que ce qui est impossible à l'homme, est possible à Dieu, il est assuré que je serois tombée dans le découragement & dans la tristesse. J'ai apprehendé même que le seul endroit de mon ame qui paroissoit sain, qui est cette docilité qui fait que j'avoue mes pechez, & que je me soûmets à tout ce qu'on m'ordonne pour les guerir, ne fût aussi malade que ce qui le paroissoit le plus ; que cette docilité ne vînt donc, comme tout le reste, de mon orgueil, qui se transforme, s'il faut ainsi dire, en Ange de lumiere pour avoir de quoi vivre. Je crains donc d'être docile en apparence, parce qu'en obéissant on plaît & on regagne l'estime qu'on a perdue par la découverte de tous ses crimes. On attire par cette qualité ce qu'on a perdu par les autres ; enfin on se conforme à ce qu'on estime pour en être après estimée. Comme il n'y a nulle partie saine en moi, j'ai apprehendé que ma docilité même ne le fût pas : ainsi j'ai crû être obligée de découvrir ce qu'elle peut avoir de défectueux. Le Chapitre & l'Hymne de Vêpres m'ont tirée de la pauvreté & de la sécheresse où cette tristesse m'avoit mise ; car depuis hier je n'ai pû prier que par le silence, & en m'exposant à Dieu de temps en temps avec ces paroles : *Sana me, & sanabor*. Sur ces momens la Lettre de M. de N. est venue, qui m'a dilaté le cœur, le tirant un peu de cette presse où il étoit. La seule vûë a fait cet effet, & la lecture l'a augmenté, en me montrant que tout de bon il ne desespere pas de ma guerison ; il croit que mes playes ne font pas incurables. J'ay renouvellé après la lecture la bonne volonté que Dieu m'a donnée de me donner à lui, & de le servir, & d'expier le passé, quoiqu'il m'en puisse coûter ; & je le prie d'y donner sa sainte benediction, considerant que ce n'est pas celui qui court ni celui qui veut, comme dit S. Paul, mais seulement celui à qui il fait misericorde. Je suis assez retombée après cela dans cette pente à recourir à Dieu, en lui presentant, comme j'ai déja dit, le fond de mon cœur, où je pense voir le dessein de le servir. Durant la Messe j'ai été prosternée devant Dieu, m'humiliant & me mettant d'esprit en cette posture aussi-bien que de corps ; me paroissant que les pecheurs doivent être bannis pour jamais de la presence de Dieu ; & la face collée contre terre pour demander misericorde, j'ai ressenti dans quelques momens la privation de ne la pas recevoir, par quelque tristesse imprimée au fond de mon ame; mais cela est assez passager. Ce qui me semble, c'est que sans bien sçavoir comment, il me paroît que j'ai été ôtée de dessus le précipice du découragement ; & à l'heure qu'il est, je me donne à Dieu, dans l'esperance qu'il ôtera l'iniquité de la terre de mon cœur, & qu'il regnera sur moi, comme il le promet par un Verset de l'Office. Il y en a de certains dans les Pseaumes qui m'ont rappellée à Dieu, & sur-tout dans les Leçons de saint Leon, & principalement l'endroit où il dit, qu'il faut déposer le vieil homme & ses œuvres, pour ne plus rien faire d'indigne de la dignité où nous sommes appellez comme Chrétiens; & cet autre endroit aussi : *Gaudeat peccator*. Tout cela m'a fait retourner à Dieu pour invoquer son secours, afin de travailler fidelement le reste de ma vie, & reparer le passé. Je ne dis pas seulement le passé qui a paru le plus criminel, mais celui dans lequel j'ai vécu depuis : car le temps de ma premiere vie ne merite pas ce nom. J'ai lû dans quelque Pere, qu'il se faut bien garder de faire dans la penitence des choses dignes d'une nouvelle penitence. J'ai passé toute cette journée de Noël avec assez d'application sensible pour Dieu ; mon corps, qui s'abbat aisément par la veille, ayant beaucoup de pouvoir sur mon esprit, qui est d'ailleurs si peu plein de Dieu, qu'il est aisé qu'il se dissipe, ou du moins qu'il demeure dans la pauvreté. J'oubliois de dire qu'hier il me fut mis quelque chose dans l'esprit, dont le mouvement du cœur suivit la pensée. L'un & l'autre furent fort courts, & cela me fit l'effet d'un rideau qu'on tire devant vos yeux, & qui fut refermé à l'heure même que la chose qui me fut montrée, eut fait son effet dans mon esprit & dans mon cœur. La premiere de ces choses fut, que la mort étoit souhaitable ; puisqu'elle nous tiroit de la necessité de pecher & de déplaire à Dieu. La seconde, qu'on seroit dans la vraye felicité de la terre, si l'on n'en cherchoit nulle, ni grande ni petite dans les creatures, mais seulement en Dieu. Mon cœur goûta ces deux choses en même temps que mon esprit les vit ; comme si j'avois vû quelque chose de sensible par le ministere des yeux, & comme si l'on avoit tiré le rideau, qu'on auroit refermé en même temps, selon que je viens de le dire : & je demeurerai persuadée de ces deux choses pour les avoir vûës & senties, quoique je ne les sentisse plus.

M'étant trouvée dans quelque occasion de mortifier mon corps dans une chose qui lui fait une grande peine, il m'est venu souvent dans l'esprit qu'il faut que les membres qui ont servi à l'iniquité, servent à la justice ; & cela m'a donné la force qui m'étoit necessaire pour me faire cette violence, qui n'est rien en elle-même, & qui est quelque chose pour moi, qui est de demeurer quelque temps debout durant l'Office aprés avoir veillé. J'avois fait une mortification, qui est de demander pourquoi on ne m'avoit pas servi en quelque chose comme j'avois voulu, après avoir resolu de n'en point parler ; neanmoins cela s'est fait, Dieu merci, sans chagrin & sans plainte, & tout-à-fait par inadvertance. Tout le jour de saint Etienne j'ai senti assez de tristesse, mais je n'en avois pas de sujet present à l'esprit ; & c'étoit apparemment le reste de l'impression qui s'étoit faite en moi le jour précedent. Je vois clairement par ma malheureuse experience, que cette tristesse m'est perilleuse : car en effet, j'ai fait ce jour-là quelque sécheresse à de certaines personnes qui m'ont parlé. J'ai pensé pourtant qu'elles n'ont pas trop paru à ces personnes : & il est assuré que si j'eusse été plus abandonnée à mon humeur, elles eussent été plus avant ; mais aussi si je me fusse domptée, elles eussent été moindres. J'ai toûjours été fort pauvre & fort en sécheresse devant Dieu ; aujourd'hui, & par-là, & par ailleurs, j'ai eu assez de dissipation, qui quoique necessaire, ne laisse pas de nuire : parce que cela me depaïse de Dieu, à proprement parler. La Lettre de M. de N. m'a paru tres-consolante, & surtout je me suis sentie poussée à renoncer devant Dieu à ces qualitez dont elle parle, & qui sont des obstacles à la lumiere de l'Evangile. Cette priere de saint Bernard, qui demande à Dieu de se connoître soi-même afin de se haïr, m'a touchée : cela m'est venu dans l'esprit en certains endroits de cette Lettre ; & elle me console en disant, que tout n'est pas mal en moi. Je sens une certaine adherence à un jugement que j'avois fait de moi-même, que j'expose en sincerité, dans lequel je ne persisterai pas, si l'on me le défend ; c'est qu'il pourroit bien entrer dans certaines condamnations que je fais de moi-même, un desir de voir mes condamnations condamnées, & de découvrir par-là quelque peu de bonne opinion de moi, si l'on en a : parce qu'on est obligé, selon Dieu, de me rassurer. Cela me causoit un certain plaisir, où il me paroît que je sentois l'orgueil separé de la raison. Etre bien-aise de se réjoüir selon Dieu quand on vous montre que vous ne lui êtes pas si desagreable que vous craigniez de l'être ; je me suis confirmée à adhérer par-là à ce qui n'étoit qu'un simple soupçon ; je veux dire, que je me défigure en partie pour m'attirer le plaisir de connoître qu'on croit plus de bien de moi que je ne pensois ; c'est même un artifice de mon amour propre & de ma curiosité, de me pousser à me peindre défectueuse, pour sçavoir au vrai ce qu'on croit de moi, & satisfaire par la même voye ma curiosité & mon orgueil. Mais comme on dit que je manque en me jugeant, je ne veux point me juger là-dessus ; mais seulement exposer mes pensées, afin qu'on les méprise si elles le meritent, ou qu'on fasse attention à ne me pas rassurer, si l'on juge que je ne me sois pas trompée dans le jugement que j'ai fait de moi-même en cela. Me voilà donc persuadée que je ne dois pas être mon juge ; mais comme on ne m'a pas défendu d'être mon témoin, je pense qu'il est bon que j'expose ce que je crois connoître & sentir en moi, en laissant le jugement à celui que Dieu m'a inspiré de prendre pour être mon Juge. J'ai eu dans quelques momens de ce jour de tristesse quelque sentiment de croire qu'on grossissoit mes pechez ; je n'entends pas ceux de ma premiere vie, mais ceux qu'on a découverts depuis peu ; & il me venoit de certains jours dans l'esprit pour me justifier moi-même, & proprement le sens de ce verset d'un Pseaume, *Ad excusandas excusationes à peccatis.* Mais par la misericorde de Dieu cette tentation n'a pas trouvé sa place en moi ; & je suis fortement convaincuë de ces playes qu'on a trouvées en moi, c'est-à-dire dans mon ame, par où je dois non seulement soûmettre mon jugement à celui qui les a découvertes, mais encore parce que j'en fais un tout conforme au sien, & que je vois que c'étoit proprement cet orgueil secret qui étoit au fond de mon cœur, qui étoit l'obstacle que je sentois entre Dieu & moi, & que pourtant je ne connoissois pas. On m'a fait toucher cela au doigt, ce me semble, en sorte que je n'ai nul besoin de soûmission pour en être persuadée, parce que je la suis par ma propre lumiere. Il m'est venu encore une pensée sur moi-même, qui est que je suis fort aise par amour propre qu'on m'ait ordonné d'écrire tout ceci : parce que sur toutes choses j'aime à m'occuper de moi-même & que les autres s'en occupent ; parce que l'amour propre fait qu'on aime mieux parler de soi-même en mal, que de n'en rien dire du tout. J'expose cette pensée & la soûmets comme les autres.

Le jour des Innocens, l'occasion de ce jour m'a touché l'esprit : car il me semble que mon cœur a demeuré assez insensible à la matiere dont les saints Innocens ont confessé Dieu ; c'est-à-dire, en mourant, & non en parlant. J'ai desiré que Dieu me fît une grace assez effective pour le confesser à ma maniere, c'est-à-dire, en mourant à mon orgueil ; & j'ai demandé à Jesus-Christ mourant, devant l'image duquel je priois, qu'il m'imprimât donc quelque participation à sa mort, pour me faire mourir à moi-même. Tout cela a passé vîte dans mon esprit, après je suis demeurée dans le silence devant Dieu, en lui exposant ce desir, sans faire plus aucun acte ni raisonnement, en lui demandant que si cela étoit au fond de mon cœur, il me fortifiât en me rendant effective dans son service. Je me suis tournée vers lui avec ce verset : *Domine, ante te omne desiderium meum, & gemitus meus à te non est absconditus* ; lui montrant par-là le premier desir que je viens de vous expliquer. Je lui ai dit aussi quelquefois : *Sana animam meam, quia peccavi tibi* ; mais pourtant dissipée par mes affaires, auxquelles je suis occupée, & obligée de vaquer. L'Epître de ce jour m'a aussi touchée, & sur-tout cet endroit où elle dit, que personne ne pouvoit chanter ce Cantique, que ceux qui avoient été rachetez de la terre. Encore qu'on voye à l'heure même que cela ne se peut appliquer qu'aux Vierges; il m'a semblé que tous les pecheurs à qui Dieu fera misericorde, ont été rachetez de la terre; j'ai souhaité être de ce nombre. J'ai été voir la Reine, & ma dissipation en ce lieu m'a fait dire quelques paroles inutiles; & d'autant plus que ç'a été dans un lieu où l'on prioit Dieu, & qui n'étoit pas loin de l'Eglise. Il m'a semblé que j'en ai dit aussi inspirée par mon amour propre; une fois en prenant des sentimens, ou pour mieux dire, en montrant les miens avec quelque complaisance, de ce qu'ils pouvoient édifier: parce qu'ils étoient conformes à ceux de la personne à qui je parlois. Et en une autre rencontre, m'humiliant en paroles: parce que cela pouvoit faire un bon effet, au moins la complaisance y est entrée, & je n'ai pas tourné mon cœur assez vîte vers Dieu pour la desavoüer. Ce jour j'ai fait des remedes qui m'ont occupée, & j'ai lû sur le soir la Vie d'une Sainte, qui ayant conservé l'innocence de son Baptême, a mené une vie la plus penitente du monde, quoiqu'elle en ait passé une partie dans l'abondance: ce qui ne l'a point fait tomber dans les pieges qui suivent ces états-là. Cette Vie m'a touchée & j'ai pensé que si les innocens ont pratiqué de telles vertus, qu'est-ce que les coupables doivent faire?

Fin de la premiere Partie.

TABLE

De ce qui est contenu dans cette premiere Partie.

Relation de la Captivité de la Mere Madeleine de sainte Christine, page 1.

Avis donnez par la Mere Catherine Agnés de saint Paul-Arnauld, sur la Conduite que les Religieuses devoient garder, au cas qu'il arrivât du changement dans le Gouvernement de sa Maison, 81

Sur la Pauvreté, 84
Supprimer les plaintes, & aussi dans les Lettres, 86
Sur l'obéissance, 88
Sur les Sermons, 91
Sur la sainte Communion, 93

AVIS POUR LES RELIGIEUSES qui seroient exilées, 96

Sur leurs Communions, 98
Sur les Confessions, 99
Sur la nourriture, 100
Sur les infirmitez qui pourroient leur survenir, ibid.

Sur le travail des mains,	101
Sur les maladies,	102
Sur les mauvais traitemens,	103
Sur la mort,	104
Conclusion de ces Avis,	106

RETRAITE de Madame de Longueville,   109

Fin de la Table.

RELATION
DE
LA CAPTIVITÉ
DE
LA Sʳ MARGUERITE
DE SAINTE GERTRUDE,
RELIGIEUSE DE PORT-ROYAL;
ET
LA RETRACTATION
Qu'elle a faite de ses deux Signatures.

SECONDE PARTIE.

M. DCC. XVIII.

RELATION

De la Captivité de la Sœur MARGUE-
RITE DE SAINTE GERTRUDE, Religieuse de Port-Royal, &c.

GLOIRE À JÉSUS
AU TRES-SAINT SACREMENT.

CONFESSION sincere & veritable faite à Dieu, à la face de toute la sainte Eglise ma Mere & de mes Sœurs, de la disposition de mon esprit sur le sujet de la Signature du Formulaire, & des deux que j'ai faites, que je voudrois effacer & pleurer avec des larmes de sang ; comme j'en signerai de bon cœur la Retractation de mon sang.

J'ai commencé à écrire ceci le 17. Juillet 1665.

Monseigneur l'Archevêque de Paris nous fit une visite, pour nous faire signer son Mandement, dans le mois de Juin de l'année 1664. & vous sçavez, mon Dieu, l'amour que vous m'avez inspiré dès ma tendre jeunesse pour votre Eglise, qui est vôtre sainte

II. Partie.

Epouse & ma Mere; & l'horreur que vous m'avez donnée pour toutes sortes d'heresies, de mensonges & de déguisemens; & vous avez permis, par l'ordre de votre providence, que j'eusse entendu parler de la Congregation *de Auxiliis*, avant que de connoître Port-Royal; & que dans les voyages que j'avois faits en Flandres par l'ordre de mes Superieures, étant Religieuse d'un autre Ordre, j'eusse connoissance de feu M. l'Evêque d'Ypres, & d'un grand nombre de personnes de pieté & de grand sçavoir; qui tous convenoient que l'on vouloit dans ces derniers temps renverser toute la Doctrine de la GRACE EFFICACE par elle-même. Je n'ignorois pas aussi avec combien de mensonges on deshonoroit la reputation des personnes les plus vertueuses; mais ce n'étoit que par rencontre que j'en entendois parler, & j'en parlois peu, me contentant d'en gemir devant vous, mon Dieu. Dans la suite des temps, par les ressorts de votre Providence toute aimable & adorable, vous m'avez amenée à Port-Royal, n'y étant attirée, comme vous sçavez, que pour y être conduite par les personnes qui conduisoient les Religieuses du Monastere, & pour la solide vertu qui s'y pratiquoit, & que j'y ai trouvée, à ma grande confusion; puisque j'en ai fait peu de profit. Toutes mes resolutions étoient prises pour y entrer, & ma place assurée, que je ne sçavois pas de quel Ordre étoit ce Monastere, ni si les Confesseurs de la Maison avoient aucune part aux disputes du temps: ce que je sçus bientôt après que mon dessein fut découvert, & tous les jours j'en devenois plus sçavante; car je ne pus entrer de deux ans après dans le Monastere. Mais vous, mon Dieu, qui avez tout marqué dans l'ordre de votre Sagesse, me fistes cette grace à l'heure que j'avois presque perdu l'esperance que mes desseins dussent réussir; & je n'y fus pas plûtôt entrée, que je vis la fausseté de tous les mensonges sans nombre que l'on m'avoit dits, tant sur la conduite que tenoient les Confesseurs, que sur la maniere de vie que l'on menoit dans le Monastere. J'y fus reçûë avec une charité admirable, sans aucune dote, sans vertus, sans talens, & tres-infirme. La Mere Angelique étoit persuadée, dès avant que l'on me fît la grace de m'admettre à la Profession, que mes infirmitez dureroient autant que ma vie. Nos Meres ne purent être portées à me faire cette charité, qu'à cause que j'étois tres-imparfaite, & que j'avois besoin de la retraite de la Maison pour faire mon salut; & je suis bien-aise de rencontrer cette occasion de le faire sçavoir à tous ceux & celles qui liront ceci, pour une petite marque de reconnoissance que j'en ai qui est profondement gravée dans mon cœur; & je prie Dieu qu'il me l'augmente de jour en jour, & qu'il me fasse la grace de la faire paroître en toutes mes actions.

Quand Messieurs les Grands Vicaires de M. le Cardinal de Retz firent leur premier Mandement, que l'on pouvoit signer; je ne me pouvois resoudre de rien signer où le Formulaire seroit attaché, ne voulant prendre aucune part à cet ouvrage de tenebres. Je ne voulois entendre à aucune distinction, je pleurois, je gemissois jour & nuit, & je donnois moi seule plus de peine à nos Superieures, que tout le reste du Convent; mais à la fin je me rendis aux bonnes raisons que l'on me disoit, qu'il falloit s'abaisser pour l'édification de l'Eglise en tout ce que l'on pouvoit qui n'étoit point contre la verité & sa conscience: & ainsi je fis la Signature avec nos Sœurs, avec restriction sur le second Mandement de Messieurs les Grands Vicaires de M. le Cardinal de Retz le 28. Novembre 1661: & durant toutes ces affaires la violence que je me fis me reduisit en tel état, que j'en devins malade à l'extremité, & reçus tous les Sacremens.

Au mois de Juin 1664. on nous signifia le Mandement de M. l'Archevêque de Paris, comme j'ai dit ci-dessus, & on nous en fit la lecture en communauté le même jour ou le lendemain : & comme on nous la faisoit, je comptois sur mon chapelet à combien de faits je ne pouvois pas souscrire, & je dis tout haut que je ne signerois jamais. Et quand je comparus devant M. l'Archevêque, il m'ordonna de lui parler veritablement & sincerement, ce qu'il n'étoit pas necessaire de me dire, car je n'avois point d'autre dessein, & je le fis le plus humblement que je pus.

En y entrant j'esperois que Sa Grandeur auroit pitié de la tendresse de ma conscience, ce qui ne fut pas : mais comme vous aviez gravé, ô mon Dieu, au profond de mon cœur l'amour de votre Loi ; & que quelque personne que ce soit, & quelque autorité qu'elle ait dans l'Eglise & sur nous, ne nous en peut dispenser ; je répondis franchement que je ne pouvois faire ce qu'on desiroit de moi.

C'est ici, mon Dieu, où je dois trembler : car vous aviez mis dans mon cœur l'amour la verité, le zele & le desir de souffrir pour l'amour de vous. Mais comme vous y voyiez aussi un grand orgueil, qui est la seule cause de ma chûte, & que vous vouliez que je reconnusse par ma propre experience ma misere & ma foiblesse, & la puissance de votre grace, qui n'abandonne pas les pauvres pecheurs, vous aviez de toute éternité marqué le cinquième Juillet de cette année 1665. pour me ressusciter, & me dire comme au Lazare : Sortez dehors de votre tombeau ; jour heureux, jour de grace & de misericorde, qu'à jamais vous soyez beni, que le Ciel, la Terre & toutes les creatures sensibles & insensibles vous en rendent, mon Dieu, des actions de graces éternelles.

Je vous confesse, à ma confusion, & avec la douleur qui doit percer une ame, que vous avez frapée pour reconnoître ses pechez & la grandeur de vos graces, que je n'avois pas suivi le précepte de votre Evangile, qui nous avertit, que quand nous voulons édifier une tour, nous devons voir si nous avons dequoi fournir aux dépenses, de peur qu'en ayant posé le fondement, & n'ayant pas dequoi l'achever, tous ceux qui la verront se moquent de nous. Et ainsi, moi miserable, n'ayant pas assez consideré ma foiblesse, & n'étant persuadée que dans l'esprit & non pas dans le cœur, que vous resistez aux orgueilleux, & faites grace aux humbles ; je me mêlois de tout, je craignois pour tout le monde, & je ne craignois pas assez pour moi ; je donnois du courage aux unes, je fortifiois les autres : & quand M. Chamillard nous faisoit des conferences, je m'opposois à ce qu'il nous disoit, je répondois à ses questions, je formois des doutes, pendant que de mes Sœurs, plus anciennes, tres-sages & tres-vertueuses, ne disoient mot, & que les jeunes trembloient en votre presence pour obtenir votre grace.

Ce n'est pas que bien souvent je ne tremblasse aussi moi-même, mais mon tremblement n'étoit pas de ceux que vous formez dans le cœur des humbles : c'étoit une crainte excessive, pleine de troubles, d'inquietudes, d'amour propre, de vûës, de retours, de desirs d'être plus instruite des choses ; & tout cela avec empressement, qui est la marque de la zizanie du Diable. Je reconnois en votre sainte presence que je ne voyois pas toutes ces fautes avec les mêmes yeux que vous me les avez fait voir du depuis par votre grace, couvrant tout de zele & de l'amour de votre verité sainte. Enfin je maniois les choses saintes avec des mains prophanes, & j'étois au nombre des Vierges sages, quoique je ne fusse qu'une folle ; mais par votre grace vous me donnez du temps pour remplir ma lampe, afin que je puisse entrer au festin celeste : & vous sçavez, mon Dieu, que je ne puis marcher, avancer, poursuivre, ni achever ma penitence & ma course sans vous. C'est pourquoi je vous conjure de tout mon cœur par les merites infinis du Sang precieux de Jesus-Christ votre Fils & mon

Sauveur, de me donner la perseverance jusqu'à la fin de ma vie, & de faire la même grace à mes sœurs qui sont tombées & que vous n'avez pas encore relevées.

Je reconnois pour un bienfait de votre grace, celle que vous m'avez faite de signer à tous les Actes que nous avons faits pendant ces deux mois que nous eumes de terme ; & en particulier je vous remercie tres-humblement de la faveur que vous me fites de signer de bon cœur, & avec une vraye reconnoissance de ma foiblesse, l'Acte où nous desavoüyons par avance les Signatures que nous pourrions faire par foiblesse, par surprise ou tentation, en quelque lieu que nous fussions dispersées, & en quel temps que ce fût : ce que j'ai souvent renouvellé en votre sainte presence, même depuis mes deux méchantes Signatures.

Le 21. du mois d'Août de la même année 1664. M. l'Archevêque arriva à notre Monastere, où il nous parla encore à toutes : & comme il vit que par votre grace, nous demeurions fermes à ne point blesser notre conscience, il nous commanda la Signature sur peine de desobéissance ; & vous sçavez, mon Dieu, que quoique vous m'eussiez donné une veneration toute particuliere pour la vertu d'obéissance, je ne fus point ébranlée par cette seconde sécousse, ni par la privation que l'on nous fit de vos saints Sacremens : parce que vous aviez affermi notre Foi, & nous aviez fait sentir au fond du cœur par votre grace, que l'on ne devoit pas nous commander une chose dans laquelle nous ne pourrions obéir sans vous déplaire ; puisqu'elle étoit contre notre conscience, après tous les Actes que nous avions passez, où nous témoignions assez notre soûmission & l'amour que nous avions pour votre Eglise. Toutes ces veritez étoient profondement gravées dans mon cœur, & vous m'avez nourrie long-temps de ce pain celeste avec cette joye interieure dont vous remplissez les ames qui vont confiance qu'en vous, & dont vous m'aviez privée avec justice cinq mois & quelque jours, & que maintenant, nonobstant mes ingratitudes, vous seul par votre grace renouvellez dans moi, sans l'assistance ni l'exhortation d'aucunes créatures.

Le 26. du même mois d'Août 1664, dès le matin, nous eumes quelques nouvelles que M. l'Archevêque pourroit venir à notre Monastere, & que l'on pourroit bien emmener nos Meres & quelques-unes de nos Sœurs. Je confesse en vôtre sainte presence, que sans avoir égard à ma foiblesse, & à mon peu de vertu, je souhaitois de tout mon cœur d'en être une ; & que quand je m'entendis nommer, ce n'étoit que joye & jubilation dans mon cœur d'avoir été trouvée digne de souffrir quelque chose pour votre nom, & pour la justice ; ce que je dis avec bien de la confusion, puisque je devois être si malheureuse que de perdre cette grace. Je vous demande tres-humblement pardon de toutes les suffisances que je fis à ma sortie, en témoignant par paroles ma joye interieure ; au lieu de m'approfondir dans l'abyme de mes miseres & dans la connoissance de votre bonté, qui nonobstant mon indignité, m'avoit fait une si grande faveur, que de m'associer à cette bande choisie. Mais avec quelle reconnoissance pourrai-je jamais publier vos loüanges ; puis qu'après vous avoir tant offensé depuis ma sortie, vous n'avez pas laissé de m'attendre à penitence, de me ramener avec celles qui ont combattu & soûtenu courageusement jusqu'à la fin, quoique j'en fusse si indigne.

Au sortir de notre Monastere, on nous mena ma sœur Candide & moi au Faubourg saint Antoine, dans un Monastere de l'Ordre de S. Benoît, chez la Mere d'Arbouze. Vous sçavez, mon Dieu, les consolations avec lesquelles vous arrosiez les larmes que je répandois en votre presence, en vous offrant la rude separation que l'on venoit de faire de nous toutes. Car je ne sentois pas moins l'éloignement de nos Meres & de nos Sœurs, que l'on eût separé les membres de mon corps, n'y étant pas moins unie par l'esprit, que mes membres le sont à mon corps : mais l'amour de votre mente fortifioit ma foiblesse, & à chaque jour je me sentois plus forte pour souffrir toutes choses, ce me sembloit ; ce qui n'étoit pas, & vous le voyiez, mon Seigneur : car rien ne vous est caché.

M. l'Archevêque nous y vint visiter au bout de 15. jours, pour sonder si nous étions toûjours fermes, avant que de nous faire transporter ailleurs; car la bonne Mere d'Arbouze ne s'étoit chargée de nous que pour deux jours, n'ayant pas de lieu pour nous loger. Nous y fumes pourtant trois semaines. M. l'Archevêque nous ayant vûës chacune à part, & reconnu que nous étions toûjours les mêmes, c'est-à-dire, resoluës de ne point blesser notre conscience par une fausse Signature, il nous quitta; & le 14. Septembre à six heures du matin, sans en être aucunement averties, arriva un carosse pour nous mener à Saint-Denys. Mon obedience étoit pour les reverendes Meres Annonciades celestes.

Aussi-tôt que je fus entrée, & que la porte fut fermée, je me jettai aux pieds de la reverende Mere, & je lui dis que je la suppliois tres-humblement de ne point craindre de me dire tous les ordres que M. l'Archevêque avoit donnez pour moi ; & que quels qu'ils fussent, j'esperois que Dieu me feroit la grace de les accomplir, & ceux qu'il lui plairoit elle-même de me donner ; & qu'elle reconnoîtroit qu'il n'y avoit que la conscience qui nous empêchoit de nous soûmettre dans une seule chose qui regardoit les Commandemens de Dieu, pour lesquels nous avions tout exposé, plûtôt que d'offenser sa divine Majesté ; & que si cela ne contrevenoit point aux ordres de M. l'Archevêque, je la suppliois de me permettre d'assister à l'Office divin. Elle me dit que non : & dès le même jour j'assistai à leurs Vêpres, & j'ai toûjours continué, quand mes maladies ne m'en ont point empêchée ; & elles ne craignoient point de me donner cette satisfaction spirituelle, ayant autant de gardes que de Religieuses qui étoient au Chœur ; & puis M. l'Archevêque avoit laissé cela à leur volonté & à notre devotion. Hors cela j'ai été tres-gardée & tres-captive, ainsi que toutes mes sœurs ; & je me puis mettre au nombre de celles qui l'ont été le plus, n'ayant pas même la nuit libre. Car la Sœur qui me gardoit couchoit aussi dans la même chambre : & cela jusqu'au troisiéme Juillet de cette presente année 1665. que j'en suis sortie ; & le premier jour a été comme le dernier, dont je vous remercie tres-humblement, mon Dieu ; & de ce qu'après avoir signé, vous n'avez pas permis que l'on me fît aucune grace pour une action pour laquelle je meritois bien plûtôt un rude châtiment, pour satisfaire à votre divine justice, que j'ai tant offensée par ce peché.

D'abord les Superieurs me venoient voir de jour à autre, pour m'exhorter à vous desobéir & à obéir à mon Superieur : & ce qui me touchoit le plus, c'est que ces reverendes Meres m'assuroient, comme des choses tres-vrayes, toutes les menteries qu'on leur avoit débitées. il y avoit plus de vingt ans; ou au moins, si elles les sçavoient depuis peu, on ne leur avoit dit que de vieilles impostures ; & les papiers les plus nouveaux qu'elles m'alleguoient, étoient ceux de M. Peau. Enfin elles ne me repaissoient d'abord que des plus noires calomnies, que l'on avoit semées aussi-tôt après la prison de M. l'Abbé de S. Cyran, & de toutes celles qu'on avoit vomies contre Port-Royal. Ce n'est pas qu'elles ne fussent vertueuses : car j'en ai été édifiée, & reçû beaucoup de charité dans toutes mes infirmitez ; & c'est ce qui faisoit que je leur ai fait autrefois de petits reproches, en leur disant que j'eusse beaucoup mieux aimé étre un peu plus rudement selon le corps, mais que l'on fût un peu plus doux pour l'esprit, en me disant pour le moins quelque chose qui me pût servir. Car je n'y ai presque appris que des menteries depuis le commencement jusqu'à la fin, non pas que ces reverendes Meres les inventassent, mais c'est qu'on les leur debitoit pour des veritez. Ainsi de tout ce qu'on leur disoit, elles m'en disoient ce qui leur sembloit plus propre pour me servir selon leur pensée. Vous sçavez, mon Dieu, avec combien de force je renversois tous les faits qu'elles me disoient, étant assez instruite de ces choses: car pour la Doctrine je n'y ai jamais voulu entrer, la dispute sur ces questions n'étant pas l'affaire des filles. Je me suis toûjours contentée de ce que vous avez éclairé & nourri mon ame des plus pures veritez de l'Eglise dans tout le cours de ma vie: & dés ma plus grande jeunesse vous avez fait sentir au fond de mon cœur de tres-sensibles effets de la force de votre grace toute-puissante. Je m'humilie aux pieds de votre majesté, & je reconnois que d'abord je repoussois toutes ces choses par le contraire, en disant tout le bien qui se pratiquoit dans notre Monastere: & en cela je faisois contre l'ordre qui nous étoit prescrit par nos Meres, & que je m'étois imposé comme une loi, que nous souffririons en silence; & qu'il n'y avoit plus rien à dire, après tous les Actes que nous avions faits avant notre sortie, qui faisoient assez voir à toutes les personnes sans passion, que nous avions rendu tout ce que nous avions dû rendre à l'Eglise & à notre Prélat; outre que nous nous étions proposé pour exemple celui que notre Seigneur Jesus-Christ nous en avoit donné en sa passion, qui avoit tout souffert sans rien répondre à ses calomniateurs.

Au commencement d'Octobre il plut à M. l'Archevêque de prendre la peine de venir à Saint-Denys & de nous demander. Dieu me fit la grace de demeurer ferme, & de n'avoir aucun ébranlement pour tout ce qu'il avoit bien voulu me dire, & je lui répondois le moins que je pouvois, & le plus humblement qu'il m'étoit possible: car j'ai grand respect pour la personne sacrée des Pontifes du Seigneur. Comme la conference finissoit, il me tira un billet de sa poche, qu'il prit la peine de me lire, & qui devoit (à ce qu'il me disoit) lever nos scrupules. Je confesse ici mon indiscretion & ma promptitude, qui est, que comme Sa Grandeur me le lisoit, sans l'avoir bien compris, je dis que pour ce papier seul & separé, je le signerois bien. Mais comme M. l'Archevêque en poursuivoit la lecture, je dis quelques mots qui témoignerent que j'avois regret d'avoir avancé cette parole; mais je ne m'expliquai pas assez, & M. l'Archevêque se leva & me dit qu'il me vouloit donner une après-dînée pour moi seule & lever tous mes doutes. Il ne fut pas sitôt sorti, que je commençai à être troublée & inquietée pour la parole que j'avois dite, que je signerois bien ce papier, & ce furent mes premiers troubles: car auparavant j'avois joüi d'un entier calme d'esprit, nonobstant toutes nos afflictions; & je vous confesse avec le plus de douleur qu'il m'est possible, mon Dieu & mon Createur, que je n'eus pas recours à vous avec assez de confiance & d'humilité, côme je devois en cette rencontre. Mais comment l'aurois-je fait avec humilité, puisqu'il n'y en avoit point dans mon cœur? Et vous ne m'en donniez pas, afin que j'éprouvasse par ma malheureuse experience ce que je pouvois sans vous.

Je me jettai à vos pieds sacrez avec beaucoup de larmes, apprehendant que ma parole ne fût une occasion de faire venir M. l'Archevêque, par la crainte que j'avois de m'engager davantage: car je sçavois qu'il n'épargnoit pas ses peines, pourvû qu'il pût avoir quelque Signature de nous. Je priai & pleurai bien deux heures seule, car je ne disois ma peine à qui que ce soit. Sur le milieu de la nuit je pensai que pour dégager ma parole honnêtement, & empêcher cette visite de M. l'Archevêque, il valoit mieux que je me donnasse l'honneur de lui écrire pour lui demander ce billet, ce que je fis à la même heure, où je lui mandois qu'il se passoit en moi tout le contraire de ce qu'il m'avoit dit qui se passoit en mes sœurs. Car Sa Grandeur m'avoit dit qu'elles étoient dans un parfait repos aussitôt qu'elles avoient signé, & que pour moi depuis l'avoir quitté, j'étois dans un grand trouble & de tres-grandes inquietudes pour la parole que je lui avoit dite : parce que je craignois de prendre part à une chose où je n'en devois prendre que par le silence & le respect; & que je le priois de m'envoyer le papier pour en peser toutes les syllabes devant Dieu. On porta ma Lettre le lendemain, & je reçus par le même Porteur le billet avec une Lettre de Monseigneur, qui m'exhortoit à la Signature, me faisant voir qu'il ne demandoit de moi qu'un acte de soûmission, & me recommandoit fort de mettre toute opiniâtreté & prévention d'esprit sous les pieds, & me repetoit qu'il me verroit bientôt; ce qui redoubla mon trouble & mon inquietude.

Vous êtes, mon Dieu, le seul témoin de mes larmes & des gemissemens de mon cœur, & combien je vous demandois pardon de mon orgueil & de ma suffisance, afin d'obtenir de votre misericorde les graces qui m'étoient necessaires. Je lûs & relûs cette Déclaration & la Lettre de M. l'Archevêque plusieurs fois en votre presence, & vous me fîtes connoître clairement & nettement, que je ne pouvois signer, ni sur le Mandement recevant cette Déclaration, ni même cette Déclaration en particulier; & je pris resolution d'écrire le lendemain à M. l'Archevêque, car il étoit fort tard. Comme je me couchois, il me vint une crainte, que si je mourrois la nuit, puisque c'est un article de notre Foi, que nous n'avons pas une heure d'assurée, & que si on trouvoit ce papier & cette lettre sur moi, cela feroit croire que j'aurois consenti à quelque chose. C'est pourquoi je me levai, & écrivis la Protestation suivante sur la même Lettre.

Au nom de la tres-sainte & adorable Trinité, Pere, Fils & saint Esprit, de la tres-sainte Vierge, de S. Michel, des saints Anges, de saint Augustin & de tous les saints, en particulier de tous mes saints Patrons & Patrones. Je proteste qu'assistée de la grace de Dieu, je me suis trouvée dans la disposition que M. l'Archevêque me demande dans sa Lettre, dégagée de toute opiniâtreté & prévention d'esprit, & de tout respect humain; & qu'il n'y a que la seule crainte d'offenser Dieu qui m'empêche de signer le Formulaire ni cette Déclaration; & que j'aimerois mieux mourir que de le faire, parce que je croirois faire contre les commandemens de Dieu.

Sœur MARGUERITE DE SAINTE GERTRUDE, Religieuse indigne de Port-Royal.

Le lendemain * j'écrivis une Lettre à Mr. l'Archevêque à-peu-près en mêmes termes que cette Protestation, mais un peu plus forte & plus étendue. Et pour finir je lui asseurois que je ne regardois que Dieu au-dessus de lui, & qu'il verroit dans toutes les recontres que je ne mettrois point des bornes à mon obéissance, pourvû qu'il n'y eût rien contre la Loi de Dieu; & que je le suppliois tres-humblement de ne pas prendre la peine de venir: parce qu'il perdroit ses peines, & que je lui renvoyois l'écrit qu'il avoit pris la peine de m'envoyer & d'écrire de sa propre main, aussi-bien que la Lettre. Je mis cette Déclaration dans ma Lettre, & je la cachetai & l'envoyai à la reverende Mere, la faisant supplier de la faire tenir à son adresse, sans rien dire davantage. Cette Lettre lui fut rendue en main propre assez promptement; ce fut le 8. d'Octobre qu'elle fut écrite. Et comme je demandai ce que M. l'Archevêque avoit répondu, la reverende Mere me dit qu'il n'avoit rien dit, sinon qu'il ne paroissoit pas content.

* *Dans ce même temps on faisoit courir le bruit que j'avois promis à M. l'Archevêque, que je signerois le Formulaire.*

Vous sçavez, mon Dieu, qu'après que je fus asseurée que cette Lettre étoit donnée, je rentrai dans mon calme; & vous sçavez aussi avec combien d'actions de graces je vous remerciois de ce que vous m'aviez faite de m'avoir délivrée de ce piege. Le Confesseur du Monastere, & les deux Meres qui me venoient visiter tour à tour, (c'étoit la Mere Superieure & la Maîtresse des Novices, nommée la Mere Marie-Alexis) recommencerent tout de nouveau à m'exhorter, & me faire voir que M. l'Archevêque ne demandant qu'un quiescement, j'y étois obligée en conscience. De temps en temps elles me disoient que des personnes tres-doctes, à qui elles avoient montré ce papier, asseuroient que nous étions en peché mortel de ne pas obéir après cette Déclaration. Toutes ces choses & une infinité d'autres ne m'ébranloient en aucune maniere. Car nous disputions quelquefois deux heures entieres, & cela fort souvent, soit avec le Confesseur, ou avec l'une de ces deux Meres, qui venoient tour à tour. Et je reconnois en cela ma faute en votre presence, mon Seigneur, & je vous en demande tres-humblement pardon, car je ne devois rien répondre: mais mon orgueil étoit si grand que je ne pouvois demeurer vaincue en une chose que je voyois si clairement opposée à toutes sortes de loix; & ne pouvois souffrir en particulier un si grand nombre de mensonges, dont cette affaire est toute pleine. Et d'ailleurs j'avois peine à voir qu'elles croyent toutes ces choses avec la même certitude que si elles les avoient vûës: & comme je croyois le contraire avec la même certitude, ce n'étoit que débats. Quoique nous finissions nos entretiens bien bonnement (car elles sont fort civiles;) cela ne laissoit pas d'abattre furieusement mon esprit: & je commençai à ne pouvoir plus dormir la nuit d'après ces entretiens, dont j'étois fort lasse. Car elles me disoient toûjours quelques nouvelles qui m'affligeoient le cœur, comme &

nos Sœurs qui signoient; & en particulier dans une de ces visites on me dit, que ma sœur Heleine avoit signé: ce qui me surprit & affligea beaucoup, & encore plus de ce qu'elle l'avoit fait si promptement, comme si le peché en eût été bien moindre que de le faire plûtard; & que les bonnes Meres du Calvaire mandoient, que depuis cette action elle recevoit de grandes graces de Dieu. Je répondis que le Diable avoit ses lumieres pour tromper & séduire les ames, & que c'en pourroit bien être de celles-là. Une autrefois on disoit, * qu'il y avoit quatorze de nos Sœurs dedans la Maison qui avoient signé. Une autrefois, qu'il n'y avoit plus d'ordre dans la maison, que tout se renversoit; qu'il n'y avoit plus de silence ni de regularité. Tantôt, que l'on alloit disperser tout le reste de nos Sœurs dans des Monasteres hors de Paris. On me nommoit même des Archidiacres qui mandoient qu'ils en attendoient pour le premier voyage. On me dit une autre fois, que ma sœur Heleine avoit quitté l'habit de Port-Royal, & qu'elle avoit pris celui du Calvaire.

Environ ce temps-là, la reverende Mere vint pour sçavoir l'état de ma santé; parce que la Sœur qui me gardoit, lui avoit dit que je me trouvois mal. Elle me dit qu'il ne falloit plus faire maigre ni jeûner, & qu'il falloit me donner des draps & un matelats. Je lui en fis des excuses, parce qu'effectivement mon mal n'étoit pas tel que je dûsse rien changer à mon ordinaire. Elle me dit d'un ton un peu haut, & contre son ordinaire, car elle a beaucoup de douceur, que je voulois mener une vie chez elle, toute autre que je n'aurois menée dans notre Monastere, de peur de les mal-édifier; & que j'étois la seule qui vivoit de cette sorte; & qu'il étoit venu une personne considerable à leur grille,

* *Cela n'étoit pas vrai, il n'y avoit en ce temps-là que six Sœurs qui eussent signé.*

II. Partie   K

qui lui avoit dit, qu'elle avoit été de Monastere en Monastere où nous étions dispersées, & que partout on disoit * que nous étions des personnes qui ne recherchoient que leurs commoditez; & qu'il n'y avoit point de seculieres à qui il fallût faire tant de façons, ni avoir plus d'accommodemens; que c'étoit une délicatesse qui mal-édifioit tout le monde; & que cette bonne personne qui lui en avoit parlé, en étoit dans un si grand scandale, que cela l'avoit beaucoup touchée; & qu'aimant la vie religieuse, elle en étoit demeurée toute confuse; qu'on lui avoit dit dans les Monasteres où nous étions, qu'il n'y avoit point en nous du tout d'esprit de Religion, point de pieté; & que l'on avoit offert à quelques-unes d'aller à l'Office, qui l'avoient refusé, disant qu'elles avoient bien affaire d'y aller; & que les bonnes Meres de sainte Marie disoient qu'il n'y avoit pas même de modestie ni de façon exterieure. Elle me fit ce narré tout autrement étendu que je ne le mets ici: & il me semble qu'elle me fit voir que cette même personne avoit aussi été parler aux Filles de sainte Marie qui étoient à Port-Royal; mais je n'en suis pas bien assurée. Vous pouvez juger si cela me toucha, & de quel air je le pris. Je commençai à dire que tous ces contes étoient peu charitables, & qu'il n'y avoit rien de si éloigné de la verité; qu'elle sçavoit bien que je lui avois dit, ce qui étoit tres-vrai, que telle que je me voyoit je deshonorois les Religieuses de Port-Royal, étant la plus imparfaite de toutes. Notre entretien fut long; car je lui dis distinctement les âges & les infirmitez de chacune: & comme elle a de l'esprit, & qu'elle a aussi beaucoup d'infirmes, elle me comprit bien. Je lui dis: ma Mere, je vous supplie de considerer que si aujourd'hui, sans

* Il n'y a point d'apparence que les Religieuses qui étoient mes sœurs fissent ces contes: & ainsi cela ne pouvoit venir que de nos ennemis.

(147)

être avertie de rien, on prenoit dix ou douze de vos Religieuses, des plus infirmes & des plus vieilles, & qu'on les transportât dans des Monasteres, sans que vous sçussiez en quel lieu on vous mettroit, (& je lui en marquai quelques-unes, dont elle m'avoit fait le recit des infirmitez, entr'autres leur Mere Superieure,) & que tout cela fût dispersé d'un côté & d'un autre dans des Ordres tout opposez au vôtre, seules & separées. Mettez-vous en notre place, & voyez ce que vous & vos Filles feroient. Quand elle eut envisagé cela, elle dit elle-même : Helas ! si une telle Sœur & une autre, qu'elle me nommoit se trouvoient comme cela, qu'est-ce qu'elles feroient ? Cela les feroit mourir. Hé bien ! ma Mere, voilà l'état de Port-Royal, & je ne m'étonne pas que nos Sœurs n'assistent pas à l'Office à sainte Marie : on ne dit point le Breviaire, que feroient-elles au Chœur ? Je lui dis tout ce que je crus necessaire, & elle demeura convaincue que ce n'étoit pas la charité qui faisoit parler de cette sorte.

Sur la fin d'Octobre on me vint dire que ma sœur Candide, qui étoit resolue de signer, se pressoit fort, & étoit toute en larmes de hâte que Monseigneur vînt vîtement. Il me semble que ce fut le Confesseur du Monastere qui me le dit. Mais, qui que ce fût, on me dépeignoit une grande contrition qu'elle avoit : ce qui me fâchoit beaucoup pour lors, quoique je n'en fisse pas semblant ; & je vous avoue que quoique cette même Sœur soit ceans & bien repentente de son action, je n'ai pas pris la peine de lui en rien demander. Car comme je sçai que l'on m'a fait parler en tant de rencontres, lorsque je ne disois mot ; & que quand j'ai parlé, on m'a fait dire tout au rebours de ce que je disois, cela me fait croire le même des autres : outre que je ne parle à personne & ne vas à aucun exercice de Communauté, hors l'Eglise & le Refectoire, pour les raisons que je marquerai en son lieu.

K 2

La veille de saint Simon & saint Jude, la reverende Mere me vint voir le matin ; & comme j'ai crû, pour me sonder, parce qu'on ne sçavoit point ce qui se passoit en moi, & ce que j'avois écrit à M. l'Archevêque : car je l'avois prié, comme il a été dit ci-dessus, de ne pas prendre la peine de me venir voir. Elle me dit donc que M. l'Archevêque viendroit devant la Fête querir la Signature de ma sœur Candide, qui étoit à sainte Marie, & qu'il viendroit sans doute me voir. Elle déploya son éloquence à m'exhorter. Je vous confesse ici, mon Dieu, mon peu de confiance en vous, & que je fus toute renversée & troublée pour la venue de M. l'Archevêque : car je sçavois ce que m'avoit coûté sa derniere visite ; & j'oubliai ces veritez saintes, que je n'avois que dans l'esprit, & non point dans le cœur, qu'il faut recourir à vous avec humilité & confiance dans tous nos besoins, avec paix & tranquillité ; & que l'on ne vous a pas sitôt invoqué que vous dites : Me voici. Mais au lieu de cela je m'allarmai, & dis à la reverende Mere, que je priois Dieu que M. l'Archevêque fût si tard à sainte Marie, qu'il n'eût point de temps pour moi, & que je la suppliois tres-humblement de ne point faire exhorter à me venir voir ; qu'étant tres resolue, avec la grace de Dieu, de ne rien faire ce qu'il souhaitoit, je respectois trop mes Prélats pour n'avoir pas beaucoup de peine de leur resister toûjours en face. Notre entretien dura près de deux heures à toûjours m'exhorter : & comme elle ne put rien tirer de moi, elle se retira. M. l'Archevêque vint ce même jour à sainte Marie, & ne me vit point.

Le lendemain de la Fête de saint Simon & saint Jude, M. le Confesseur du Monastere me manda & me fit une grande histoire de tout ce qui s'étoit passé à sainte Marie, à l'égard de sœur Candide, qui venoit de signer, que j'écoutai assez paisiblement. A la fin je lui répondis doucement que j'étois fort affligée de la chûte de ma Sœur, & fort réjouie de la grace que Dieu m'avoit faite de ne pas faire la même chose. Ensuite il me dit le mécontentement que M. l'Archêque avoit témoigné avoir de moi, de ce que je lui avois mandé qu'il ne prît plus la peine de venir me voir. Il témoigna être fort surpris que j'eusse écrit cela dans la lettre, & que cela étoit tout-à-fait offensant & indigne du devoir d'une Religieuse. Je lui dis que je croyois que cela étoit encore plus civil que de lui resister en face; puisque je n'étois nullement resolue de faire ce qu'il desiroit de moi. C'étoit au moins la cinquiéme fois que ce M. le Confesseur m'exhortoit. J'en étois tout-à-fait lasse, & je l'avois déja témoigné à la reverende Mere dès la premiere visite que je reçûs de lui. Ce n'est pas que ce ne soit un honnête homme, bien sage & de grand exemple, selon que les Meres m'en ont parlé, & que j'ai pû reconnoître par moi-même, & autant qu'une prisonniere le peut faire; mais cela n'empêchoit pas que nos conferences ne se passassent assez mal : & je ne sçavois comment m'y prendre pour lui répondre, parce que toutes mes réponses étoient des crimes. La raison en est, qu'il est persuadé premierement, que le Pape est infaillible dans les faits. 2. Que M. l'Evêque d'Ipres a enseigné les Propositions de M. Cornet, & qu'il les a, à ce qu'il dit, trouvées dans son Livre, qu'il lit par la permission de M. l'Archevêque. 3. Qu'il fait grand état des reverends Peres Jesuites. 4. Qu'il prend, comme les bonnes Religieuses, toutes les menteries pour des veritez : & je croi qu'il le fait bonnement & qu'il n'en sçait pas davantage, quoiqu'il puisse être sçavant d'ailleurs. Mais c'est peut-être que ne s'étant jamais mis en peine de verifier ces mensonges, il les croit comme on les lui a dits. Quand il me parloit, quoique je prise beaucoup garde à ce que je lui répondois, ne me servant que des mêmes termes dont

K 3

je m'étois servie auprès de M. l'Archevêque, cela lui paroissoit intolerable. Comme par exemple, si je lui disois que le Pape n'étoit pas infaillible dans les faits; il me disoit que j'étois bien hardie de parler de la sorte, que ce n'étoit pas à nous autres filles à dire de semblables choses: & si je lui répondois que l'on nous eût fait grand plaisir de ne nous jamais parler de cette affaire, & qu'il est tres-vrai qu'on ne s'est jamais avisé de troubler la retraite des Religieuses par des Signatures; il reprenoit un ton plus haut, & me disoit qu'il ne falloit que de l'obéissance à des Religieuses, sans aucun raisonnement. Si je lui representois, que nous avions montré que nous ne mettions point de bornes à notre obéissance par la facilité & la douceur avec laquelle nous étions sorties; il relevoit encore plus ses invectives, & me disoit que nous n'avions fait que notre devoir & que si nous ne fussions sorties de bon gré, on nous auroit bien chassées dehors. Je lui fis réponse tout doucement, comme des chiens, Monsieur. Il me dit une fois en me quittant: Hé bien! peut-être que vous n'êtes pas du nombre des Prédestinez, ainsi il n'y a rien à faire à vous. Comme je lui alleguois un jour l'exemple de ceux qui n'ont pas voulu souscrire à la condamnation de saint Athanase, quoique le Pape Libere l'eût condamné; il ne fit pas semblant de comprendre ce que je disois touchant le Pape, & il me donna le change en me disant: Ils n'en faisoient pas mieux. comme je lui dis: Mais après que saint Athanase fut absous, qu'auroient fait ceux qui l'avoient condamné? Il me répondit: Ils auroient changé, comme cela ils auroient toûjours bien fait en suivant l'Eglise, condamnant quand elle auroit condamné, & ne condamnant plus quand elle ne condamne plus; & je lui fis réponse: Et ainsi par avis condamner les innocens. Il me dit ensuite une chose du Livre de M. d'Ipres, qu'il condamnoit comme un blasphême touchant la mort de Jesus

Christ pour tous, que je trouvois tres-orthodoxe, & même tout-à-fait conforme au saint Concile de Trente; mais je ne lui dis pas un mot. Enfin il me faisoit des propositions si dures, que je m'en suis plainte à M. l'Archevêque & à la Mere plusieurs fois, comme j'ai dit ci-dessus. Et je sçai bien qu'à une de ses visites, & je croi que ce fut à celle-là, je lui dis que je le remerciois de la peine qu'il prenoit ; que je ne l'avois jamais demandé; & que l'on m'obligeroit de me laisser dans ma solitude; & qu'il sembloit que c'étoit assez de nous avoir reduites en l'état où nous étions, sans nous venir encore accabler par des paroles si dures. Je croi qu'il ne fut pas satisfait de moi; mais je ne pouvois en faire moins pour m'en délivrer, après ce que j'en avois dit à la reverende Mere, & par les réponses que je lui avois faites dans tous les autres entretiens que j'avois eus avec lui.

La reverende Mere des Novices me venoit rendre assez souvent des visites en ce temps-là ; mais ses visites m'étoient bien plus rudes que celles de la reverende Mere Prieure : car elle poussoit les choses bien plus avant, étant tout-à-fait accoûtumée d'attribuer des heresies à ceux qui sont les plus catholiques. Elle me dit à une, que l'on nous alloit excommunier. Je lui répondis, selon que j'en croiois & en crois encore, que l'excōmunication ne tomberoit pas sur nous ; & que les excommunications injustes ne lioient point au Ciel. Et environ le même temps M. leur Confesseur me demanda, & me parla aussi de l'excommunication ; & je lui fis les mêmes réponses que j'avois faites à cette Mere, & que S. Gregoire, qui étoit Pape, nous avoit montré comment ce passage de saint Matthieu se doit entendre : *Ce que vous lierez en terre, sera lié au Ciel* ; & que dans un livre de saint Augustin, qui étoit traduit en François, j'y avois lû moi-même un passage que j'avois écrit, qu'*il y a des personnes qui sont excommuniées que Dieu couronnera en secret*.

K 4

Je lui dis ce passage tout entier. Il fut surpris que S. Augustin eût dit cela; & moi j'étois encore plus surprise qu'il ne le sçût pas. J'avoue que ces conferences m'étoient insupportables, je n'avois plus d'esprit quand j'en sortois; car mes moindres paroles étoient relevées comme des crimes. Je lui demandois d'abord sa benediction: & comme je vis qu'il ne me la donnoit pas, je n'en faisois pas semblant; mais à la fin je le voulus pousser jusqu'au bout, pour en sçavoir la raison, & il me dit, que s'il me la donnoit, il avoit crainte que l'on dît qu'il m'approuvoit, & qu'on le pourroit dire à M. l'Archevêque. Je ne lui donnai plus la peine de me la refuser, parce que je ne la lui demandai plus, quoique cette fois il me la donnât, en me disant: Vous ne vous relâchez de rien, & moi je me relâche, car j'avois proposé de ne vous la pas donner.

Je passai la Fête de la Toussaints avec grande joye, d'être délivrée de la visite de M. l'Archevêque & de toutes les exhortations qu'il m'auroit pû faire, & de ce que j'avois si bien expliqué mes intentions. Vous sçavez, mon Dieu, après que ces tempêtes étoient passées, avec quelle reconnoissance je vous rendois graces des misericordes que j'avois reçûes de vous, d'avoir évité de si grands perils. Je demeurai en paix jusqu'environ la saint Martin, que je reçus une visite de M. le Superieur du Monastere où j'étois: & j'en avois déja reçû une de lui dès le mois d'Octobre, dans laquelle il m'avoit appris la Signature de ma sœur Flavie, & que M. l'Archevêque lui avoit dit, qu'elle disoit qu'elle étoit dans un grand repos, & qu'elle étoit prête de déclarer en plein Chapitre, qu'elle n'en avoit jamais joüi d'un plus grand. Sa Signature ne me surprit pas: car j'avois vû sa chûte dès avant que de sortir de Port-Royal, & je ne voyois pas la mienne. O aveuglement de mon esprit! mais je ne pouvois comprendre son repos.

Dans cette derniere visite il m'apprit aussi la Sinature de deux autres de mes sœurs, qui me toucha sensiblement, pendant que j'étois insensible à mes propres blessures. Il m'exhortoit beaucoup à obéir à son exemple, & sur l'exemple des bons Peres Chartreux, dont il me disoit avoir levé les scrupules dans les autres Signatures précedentes qu'ils avoient faites. Et dans une autre visite que j'eus encore de lui, il me dit que toutes nos affaires étoient faites, & qu'après la Déclaration que M. l'Archevêque avoit faite pour lever nos scrupules, & qui étoit publique, il n'y avoit plus rien qu'à obéir ; & que pour lui, quand il s'en alloit aux pieds d'un Confesseur, aux pieds d'un pauvre Cordelier, il faisoit ce qu'il lui disoit : & que pour nous à plus forte raison devions-nous faire ce que notre Prélat nous disoit ; puisqu'il s'en chargeoit pour en repondre devant Dieu. Je lui dis que je craignois, si je faisois cette Signature, que nous n'en demeurassions tous deux chargez ; & que j'aimois mieux ne l'en point charger ni moi aussi. Il me dit que M. l'Archevêque offroit la sainte Communion à celles qui se mettroient dans l'indifference. Je lui fis expliquer tout ce que l'on desiroit de nous par cette indifference : & comme je vis que cela m'engageoit, je le remerciai tres-humblement. Il me dit que c'étoit trop resister, & que je sçavois bien qu'il nous aimoit ; mais que maintenant il ne nous pouvoit plus excuser, & qu'il ne voudroit pas répondre de ma conscience ; & que si je voulois, il m'envoyeroit un papier, par lequel je verrois qu'un Chartreux ayant consulté M. l'Evêque de *** sur ce qu'il avoit à faire sur le commandement que son Superieur lui avoit fait, ou qu'il apprehendoit qu'il ne lui fît de signer le Formulaire ; & sur ce que son Superieur lui avoit défendu d'avoir communication avec de ses amis, qu'il aimoit & estimoit beaucoup, à cause qu'on les croyoit approuver la Doctrine de M. d'Ipres, ce qui étoit vrai : M. l'Evêque de *** avoit répondu pour le premier chef, que quoiqu'il fût lui-même tres-persuadé [que] M. d'Ipres n'avoit point enseigné les heresies [des] cinq Propositions ; il croyoit que lui Chartreux qui ne l'avoit pas lû, étoit obligé d'obéir à son [Su]perieur, & de signer, s'il le lui commandoit [:] sur le second chef, qu'il devoit aussi obéir à [son] Superieur, en n'ayant point de communication [avec] ses amis, quoiqu'il ne dût rien diminuer de l'estime & de l'affection qu'il avoit pour eux. Je ne me souviens pas s'il me dit que ce papier étoit écrit [de] la main de M. l'Evêque de *** ou du Pere Chartreux ; mais il me dit que le Pere Chartreux le [lui] avoit mis entre les mains, afin qu'il pût faire voir à qui il voudroit les raisons qui l'avoient porté à signer, & que cela lui servît de décharge, comme [il] n'avoit signé que par obéissance, & que j'étois obligée de faire la même chose. Je le remerciai tres-humblement de son billet : car je ne voulois m'engager à rien ; & je lui dis que je ne devois pas preferer en cette rencontre le sentiment de M. de *** à ce que je devois à Dieu ; & que M. l'Archevêque me pourroit dire la même chose, car il ne me demandoit que de de signer par obéissance, & qu'après cela je ne croyois pas le devoir faire. Il me dit qu'il falloit suivre le torrent, & qu'il l'avoit suivi. Je lui dis que je craignois que ce torrent ne me noyât. Il ajoûta bien d'autres choses, & tout ce qu'il voulut pour m'exhorter. Et comme il le faisoit avec grande bonté & douceur, ses visites ne m'étoient point penibles ; au contraire je les souhaitois pour apprendre quelques nouvelles : car encore qu'il ne m'en dît que de mauvaises, j'étois cependant bien-aise de les sçavoir ; puis qu'elles étoient vrayes, sçachant qu'il ne me disoit que la verité.

Je reçus un peu après une lettre de ma sœur Candide, qui avoit signé & qui m'exhortoit à faire la même faute qu'elle. Cette lettre me pensa percer le cœur, & encore plus de ce qu'elle me di[t] oit que la Mere Agnés * alloit le faire, & qu'elle eſperoit que nous ſerions bientôt réunies. La reverende Mere qui me donna cette lettre, l'accompagna de tout ce qu'elle put pour faire l'affaire bonne: ce qui me toucha ſi ſenſiblement que je me mis à pleurer; & je dis que ſi cela étoit vrai, que je croyois que l'affliction & la vieilleſſe lui avoient affoibli l'eſprit; & que ſi elle le faiſoit, j'eſperois que Dieu me feroit la grace de ne pas faire la même faute. Je recrivis une lettre à notre ſœur, qui faiſoit bien voir qu'il n'y avoit rien à eſperer en moi.

Ces nouvelles m'affligeoient beaucoup & trop, parce que je ne regardois pas aſſez, ô mon Dieu, toutes ces choſes en vous avec la paix, la douceur, & la confiance en vos miſericordes, qui ne permet rien que pour le bien de vos Elûs, & qui permettiez que je fuſſe accablée de toutes ces tentations pour m'éprouver. Mais comme ma maiſon ſpirituelle n'étoit bâtie que ſur le ſable, les vents ſont venus & elle a été renverſée par terre, & je ſuis même demeurée accablée de ſes ruines. Qu'à jamais ſoyez-vous beni, de ce que par votre grace vous m'en avez retirée, pour louer à jamais vos miſericordes infinies.

Je commençois à peine à reſpirer de cette affliction, que l'on me vint dire en grande hâte que M. l'Archevêque me demandoit au Parloir: ce qui fut un rude coup pour moi. Car j'avoüe, à ma confuſion, que depuis cette nouvelle de la Mere Agnés, mon eſprit commença à s'affoiblir & à trop raiſonner, & le Diable ſemoit ſa zizanie dans mon cœur, & commençoit à obſcurcir mon entendement, ſe couvrant du prétexte de l'obéiſſance. Je fus donc au Parloir & écoutai tout ce qu'il plut à

* *La Mere Agnés n'y a jamais penſé. Mais on ne faiſoit point de ſcrupule d'employer toutes ſortes de menſonges pour nous affoiblir.*

M. l'Archevêque de me dire, sans qu'il me fît aucune mention de son mécontentement precedent, ni qu'il me dît rien de ce que je l'avois prié de ne plus revenir me voir. Il prit la peine de me faire une grande exhortation. Je lui répondis peu, car je me sentois affoiblie; & je commençai à craindre interieurement & à me recommander à Dieu de tout mon cœur. Je me jettai à genoux, car il ne vouloit jamais me parler que je ne fusse assise, & je le conjurai d'avoir pitié de mon ame & de ne la plus troubler. Il me dit que c'étoit moi-même qui me la troublois par ma rebellion. Je le conjurai d'éprouver mon obéissance en toute autre chose; & que pourvû qu'il me voulût décharger du poids de cette obéissance, * j'abandonnerois tout; qu'il m'envoyât au bout du monde, qu'il me reduisît à tout ce qu'il lui plairoit, enfin qu'il éprouvât mon obéissance en toute autre chose. Il me dit que je devois demander d'être instruite & de ne pas toûjours demeurer dans mon opiniâtreté; que j'avois de la raison, qu'il falloit s'en servir. Il me fit encore la même offre qu'il m'avoit faite l'autre fois, qui étoit de venir une après-dinée entiere pour moi. Je le remerciai tres-humblement, & je lui dis qu'il y avoit trop loin, & qu'il feroit bien mieux de me faire retourner à Paris dans quelque Monastere, que le chemin ne seroit pas si long à faire, & je le l'en suppliai même beaucoup; & j'avoue que j'eusse souhaité de sortir du Monastere où j'étois & être à Paris, parce que j'esperois par ce changement recevoir quelque lumiere pour me fortifier. Car une seule parole m'eût beaucoup servie en ce temps-là. Il m'exhorta encore, & ce qui

* Sur ce que j'avois dit que j'abandonnois tout pour être déchargée de la Signature, on fit aussi-tôt courir le bruit que j'abandonnois nos Meres, & que je renonçois à tout, sans donner aucune autre explication à ces paroles.

n'étoit le plus fâcheux, est que la reverende Mere & la Mere des Novices étoient toûjours presentes dans toutes ces visites, & qu'elles se mêloient de parler, tantôt l'une & tantôt l'autre, avec M. l'Archevêque, en me disant aucune-fois: Voïla qui est clair, votre esprit doit être convaincu. D'autre-fois elles disoient: Monseigneur, ce que vous dites me fait trembler; Je ne vivrois pas un moment en repos, après que mon Superieur m'auroit dit toutes ces choses. Enfin, tout autant de fois que M. l'Archevêque disoit quelque chose sur quoi elles pouvoient appuyer, elles le faisoient: ce qui faisoit que M. l'Archevêque se fâchoit quelquefois contre moi. J'avoue que cette fois je commençai à craindre, à cause de l'obéïssance: & comme Dieu retiroit un peu sa main de moi, je me trouvai bien affoiblie; je n'en témoignai pourtant rien à personne. La reverende Mere commença à dire du bien de moi à M. l'Archevêque, qui n'y étoit qu'en apparence; puisqu'il y avoit si peu de solidité dans toute mon affaire. M. l'Archevêque se leva, & dit à la reverende Mere: Je vois bien qu'elle est bonne Religieuse, & qu'elle obéïra. Il faut que je lui donne une journée pour la convaincre & lever tous ses scrupules.

Quelques jours après je dis à la reverende Mere, que je la supplios tres-humblement de ne plus rien dire quand M. l'Archevêque me parloit; que c'étoit assez de lui, & que comme j'esperois que Dieu me feroit la grace de ne lui jamais obéïr pour la Signature du Formulaire, que cela ne faisoit que le mécontenter davantage contre moi. Mais encore que je paruffe fort ferme devant la reverende Mere, je me trouvai beaucoup affoiblie. Vous sçavez, mon Dieu, que quand je fus seule, je commençai à vous répandre mon cœur, & à vous parler comme si vous ne m'eussiez pas connue, & à vous dire qu'il n'y avoit que la crainte de vous offenser qui m'empêchât de rendre à mon Superieur ce qu'il desiroit de moi. Le jour & la nuit je vous disois toutes mes raisons, comme si vous ne les eussiez pas mieux connues que moi-même. Je répandois en votre presence un torrent de larmes. Je fus cinq jours ou environ dans cette douleur. Ce qui me faisoit peine, c'est que je ne pouvois empêcher que la *** qui me gardoit ne s'apperçût des larmes que je répandois la nuit : car pour le jour je les lui pouvois mieux cacher, quoiqu'avec peine, parce qu'elle étoit assez souvent dans la chambre où j'étois, sans que je m'en apperçusse, le lieu lui étant libre parce qu'elle y couchoit. Cela m'a été fort rude, & je me suis souvent plainte de n'avoir pas au moins la nuit libre. Je priois donc Dieu de me faire connoître sa sainte volonté & ce qu'il demandoit de moi. Ce que je faisois le plus instamment que je pouvois. Je m'adressois à la sainte Vierge, lui representant que je lui avois mis toute cette affaire entre les mains il y avoit quatre ans; & je m'étois même obligée de lui faire quelques prieres particulieres à toutes les heures du jour & de la nuit, & aussi-tôt à mon reveil je disois celles que j'avois ômises durant mon sommeil.

Comme je priois Dieu dans cette crainte & dans l'apprehension que M. l'Archevêque ne vînt, ainsi qu'il me l'avoit dit; je pensai qu'il ne me falloit plus commettre : c'est pourquoi j'écrivis encore à M. l'Archevêque, pour le prier de ne pas prendre la peine de venir, comme il m'avoit promis ; & que je serois fâchée que Sa Grandeur prît tant de peine pour rien, n'étant nullement dans la resolution de rien faire pour lui satisfaire : parce que j'aimois mieux lui desobéir qu'à Dieu ; & que je le suppliois tres-humblement de ne trouver pas mauvais que je misse Dieu au-dessus de lui ; & je lui confessois ma foiblesse, qui est que comme j'avois un profond respect pour l'autorité de mes Superieurs ; & que quand elle étoit jointe à la personne sacrée des Evêques, elle étoit encore toute autre, je me craifois moi-même; & que peut-être cette autorité pourroit bien m'étourdir & faire que je fisse quelque chose que je ne voudrois pas; mais que cela ne seroit pas de durée & qu'il ne seroit pas sitôt parti que je m'en repentirois. Je lui dis encore bien des choses pour lui faire voir la peine de conscience que c'étoit de se voir toûjours pressée de faire une action que nous ne pouvions pas faire en conscience. Dans toutes ces lettres que je rapporte, je diminue bien plûtôt que d'y ajoûter, & je les mets ici plûtôt plus foibles que plus fortes. J'en avois gardé les copies, mais je ne sçai où elles sont: car les Gardes du Roi fouillerent tout à nos portes. Je fis donner cette lettre à la reverende Mere par la Sœur qui me gardoit, la suppliant de l'envoyer le plûtôt qu'elle pourroit. Je ne me fiois point aux bonnes Meres, c'est pourquoi je cachetois si bien les lettres que je leur donnois pour M. l'Archevêque, qu'il leur étoit impossible de les voir, & je ne leur disois rien de ce qui se passoit en moi; au contraire, plus je me sentois foible, & plus je leur témoignois de force: & cela sans feintise, parce que je voyois bien que c'étoit une tentation, & je craignois d'y succomber.

Après que cette lettre fut partie, vous sçavez, mon Dieu, que vous remplîtes mon ame d'un grand repos, & que je vous rendois des actions de graces le plus humblement que je pouvois, de m'avoir délivrée d'un si grand peril, & que je vous disois que si jamais vous me faisiez la grace d'être parmi nos Sœurs, je ne manquerois pas de leur dire mes foiblesses, afin de m'humilier, & qu'elles m'aidassent à chanter vos merveilles de m'avoir retirée des portes de l'enfer.

Je passai le reste de l'Avent dans cette disposition, nonobstant quelques petits troubles qui s'élevoient de temps en temps dans mon cœur, formez par le Demon, qui tout doucement s'insinuoit dans mon ame sous prétexte de l'obéissance, ne se souciant pas par quel moyen il me prît, pourvû qu'il me renverfât par terre. Je reconnois avec humilité en votre fainte prefence, que je multipliois trop mes prieres & oraifons & avec quelque forte d'empreffement. Je faifois neuvaines fur neuvaines, & jufqu'à neuf par jour. Je m'appuyois fur ces prieres & m'y confiois avec amour propre, croyant qu'après tant de prieres je ne pouvois tomber; ne me fouvenant pas affez que vous n'avez que faire de nos biens, mais bien d'un cœur humilié, ce que vous ne trouviez pas en moi.

Le jour de votre fainte Naiffance vous ne laiffâtes pas de me confoler, & de me faire fentir que ceux qui font privez des faints Sacremens fans leur faute, ne laiffent pas de participer à votre Efprit. Le jour de faint Etienne la reverende Mere me vint voir, me difant qu'elle n'avoit ofé interrompre ma retraite durant l'Avent, & elle commença à m'exhorter. Je vous confeffe, ô doux Enfant, que j'oubliai bientôt ce que vous aviez fait fentir à mon cœur la veille : car au lieu de m'humilier & de répondre peu, je lui fis voir avec trop de hauteur la force que je croyois avoir reçûë de Dieu. Et comme elle me témoignoit avoir compaffion de ce que je n'avois point cõmunié en un fi bon jour, je lui dis que Dieu ne fe bornoit point à répandre fes graces; & que quand nous étions privées injuftement de recevoir fon precieux Corps, il nous répandoit fon Efprit avec plus d'abondance. Elle me dit que toute fa Communauté avoit beaucoup prié Dieu pour moi. Je l'en remerciai tres-humblement, difant que j'en avois reffenti les effets ; & que je me fentois fi forte que je ne craignois plus rien, (je vous fupplie de remarquer ma fuperbe, qui ne craignoit plus rien lorfque je devois le plus craindre,) & que je lui avois témoigné apprehender la venue de M. l'Archevêque ; mais que maintenant je ne l'apprehendois plus, & que je me fentois tellement fortifiée, que j'étois prête de rendre compte

de

de ma foi & de mon obéissance à qui que ce fût ? Que si on nous lioit en terre, nous serions d'autant plus libres dans le Ciel : Que si on nous appelloit opiniâtres, desobéissantes, rebelles à l'Eglise, &c. nous en serions d'autant plus imitatrices de notre Seigneur Jesus-Christ, qui avoit bien voulu être appellé Béelzebut : Que l'on nous maudiroit, & que nous benirions, &c. Ne dois-je pas mourir de confusion en votre sainte presence, mon cher Jesus, & arroser de mes larmes vos pieds sacrez, en vous disant ce que vous avez connu & ce que vous avez vû, même avant que je le fisse : & vous avez bien voulu souffrir toutes ces suffisances de mon propre esprit ? Toutes ces choses étoient vrayes ; mais en ce temps-là un humble silence n'eût-il pas été plus convenable, & un tremblement interieur à la vûe de tant de foiblesses, qu'il y avoit peu de temps que j'avois éprouvées.

J'oubliois bien cette leçon de notre Pere saint Bernard, Qu'il faut toûjours baiser vos deux pieds, ensemble votre misericorde & votre justice ; mais je faisois tout le contraire. Car si je regardois votre justice, elle étoit si seule, que je n'y envisageois que l'enfer, que la colere d'un Juge irrité, qu'une sentence prête à être exécutée sur moi sans aucune misericorde : ces paroles de vos saintes Ecritures qui portoient à la crainte, me venoient en foule ; & puis j'entrois dans le trouble & dans l'inquietude (remarquez l'œuvre du Diable.) Que si d'un autre côté je baisois le pied de la confiance, ce n'étoit que hauteur & présomption d'esprit ; & l'exemple ci-devant dit en est un terrible pour moi : car cela ne dura guere.

Je me trouvois déja fort mal, & je n'en disois rien. Mais le jour des saints Innocens je ne pus si bien cacher mon mal, que la Sœur qui me gardoit ne s'en apperçût. Elle le dit aux deux Meres, qui ne manquerent pas de me venir voir aussi-tôt pour me faire accepter les soulagemens qui me seroient

II. Partie L

accessaires. J'acceptai tout, car j'étois fort mal du côté droit, où il se formoit de temps en temps des abcès, & je sentois bien qu'il y en avoit un prêt à crever. Cette maladie fut cause que je recevois plus souvent des visites, & par ce moyen des exhortations à l'obéissance. Le diable, qui dès long-temps avoit conjuré ma ruine, ne me mettoit que l'obéissance à la tête. Il sembloit que tout ce que je sois, & ce que je pensois n'étoit qu'obéissance. Le mal qui me pressoit me rendoit moins soigneuse de recourir à vous, mon Dieu, qui en punition de mon orgueil, non seulement de celui que j'avois commis dans toute cette affaire, où toutes mes sœurs, qui ont soûtenu jusqu'aujourd'hui, se sont comportées si humblement & si discretement, & moi au contraire si indiscretement ; mais aussi en punition de tout l'orgueil de 47. ans de ma vie si negligente & si peu religieuse, vous vous retirez de moi & me laissiez à moi-même. Et comme vous m'aviez laissé bâtir la tour de mon orgueil bien haut, vous vous retirâtes de moi avec justice dans ce même temps ; afin que ma chûte fût plus grande & que les effets de votre grace me fussent plus sensibles au temps que vous aviez ordonné de me faire. Toutes mes lumieres commencerent à s'obscurcir : & quoique d'un côté vous m'ayez toûjours fait la grace d'aimer la verité, & de voir qu'elle étoit attachée à cette affaire, d'honorer, d'estimer & d'aimer tous ceux qui la soûtenoient, de reconnoître pour vrai tout ce que je sçavois des faits, tant de ce qui s'étoit passé à Rome durant Clement VIII. contre Molina, & ensuite sous le Pontificat d'Urbain VIII. aussi-tôt après la publication du Livre de M. l'Evêque d'Ipres, & de ce que se M. l'Archevêque de Malines avoit souffert pour cette même cause, & de ce que tant d'autres personnes de tres-grande science & vertu avoient aussi souffert, pendant que j'ai sejourné dans les villes de Gand, de Bruxelles & de Malines ; & que j'eus aussi été tres-informée des horribles faussetez & calomnies que les mêmes personnes, qui ont entrepris de ruiner notre Monastere, avoient inventées contre le Grand Vicaire de M. l'Archevêque de Malines, qui est un homme de science & de grande vertu, & irreprochable en ses mœurs ; & que je sçavois aussi tout ce qui s'étoit passé dans la Sorbonne, après que M. Cornet eut fabriqué & proposé ses Propositions, & depuis ce qui s'étoit passé durant Innocent X. pour ce même sujet ; & aussi toutes les injustices que l'on avoit faites dans la même Sorbonne pour condamner la Lettre de M. Arnauld : tout cela n'empêcha pas que je ne commençasse à douter, si étant fille je ne devois pas obéir, veu que mon Superieur me le commandoit, & que toute l'Eglise voyoit bien que ce n'étoit que par force, (voyez le renversement de mon esprit & ma folie,) & que par sa Déclaration il se chargeoit de tout ; que c'étoit un Livre latin, que ma Signature ne lui nuisoit pas, & que mon refus de signer ne lui profitoit pas ; que mon Prélat ne me demandoit point de creance, mais seulement un acquiescement, & que cet acquiescement n'étoit pas condamnation ; & que peut-être tous nos amis étoient d'avis que nous devions nous soûmettre avec cette Déclaration ; & que même outre cette Déclaration, qui étoit commune à toutes mes sœurs, Monseigneur m'avoit si bien expliqué ses intentions, comme il ne me demandoit que la soûmission, & non la creance, que je n'en pouvois douter, que je ne sçavois pas le sentiment de nos Meres, & de nos sœurs, & que l'on m'avoit dit * que la Mere Agnés étoit toute prête à le faire, & qu'elle avoit dit qu'elle le feroit aussi-tôt que ma sœur Angelique auroit signé ; & que ma sœur Angelique avoit dit reciproquement qu'elle devoit ce respect à la Mere

* C'étoit un pur mensonge, la Mere Agnés, ni ma sœur Angelique n'ont pas pensé à le faire.

Agnés ; qu'aussi-tôt qu'elle auroit signé, elle le [feroit] ; & que pour marque de cela il y avoit deux mois que ma sœur Angelique-Therese avoit signé, & qu'elle ne se retractoit point ; & que deplus M. de Hodeny, qui n'étoit pas une personne passionnée, asseuroit que nous devions signer après cette Déclaration, & qu'il tenoit pour certain que nos affaires s'alloient terminer. Tout ceci m'avoit été dit par la reverende Mere, qui disoit tenir ce qu'elle m'avoit dit de la Mere Agnés, d'une des Tourieres de sainte Marie du Faubourg saint Jacques, & pour le reste M. Hodeny l'avoit dit à la reverende Mere & à moi.

Toutes ces choses & bien d'autres de cette nature me venoient dans l'esprit ; le contraire se montroit à moi, mais bien plus foiblement qu'il n'avoit accoûtumé. Le combat qui se donnoit dans mon esprit, étoit si grand que je ne sçavois plus à qui donner la victoire, tant j'étois affoiblie de corps & d'esprit. Je ne dormois que fort peu, tant pour toutes ces pensées que pour les extrêmes douleurs que je souffrois à cause de mon abcès, qui étant tout prêt à crever, me rendoit tout le corps malade, & me donnoit de si grands maux de cœur, qu'il me sembloit quelquefois que j'étois toute prête d'expirer. Les inquietudes de mon esprit rendoient encore mon corps plus malade, & les douleurs de mon corps affoiblissoient mon esprit. Personne ne se pouvoit appercevoir de ce qui se passoit en moi, car quand il étoit question de parler & de répondre à l'une de ces deux Meres qui venoient me voir & m'exhorter, je leur parlois avec la même force qu'à l'ordinaire. Vous sçavez, mon Dieu, avec combien de larmes je vous priois de m'éclairer dans mes tenebres, & de me faire connoître votre sainte volonté toute adorable ; mais je ne le faisois pas avec humilité & avec assez de confiance en vous. Je m'amusois à examiner dans mon esprit le pour & le contre, & cela avec tant de violence & d'amermme que je ne sçavois plus à quoi me resoudre. Le Diable venoit à l'aide de tous mes raisonnemens humains, & m'amenoit son obéissance aveugle. Mais quand je me remettois ensuite à considerer les circonstances de cette affaire, la vertu & la solidité des personnes qui avoient autrefois soûtenu cette cause, & ceux qui vivoient encore, je ne sçavois plus de quel côté me tourner.

Le desir commença à me prendre de sçavoir quelques nouvelles veritables de notre Monastere. Car je n'en sçavois aucune, sinon qu'on me disoit sans cesse que tout y étoit renversé; qu'il n'y avoit plus d'esprit de Religion, point de silence, tous les exercices negligez; que celles qui n'avoient point signé se comportoient si mal que cela étoit honteux; qu'elles faisoient des procés verbaux * pleins de menteries, & qu'après qu'ils étoient faits, elles ne pouvoient plus les soûtenir, & qu'elles étoient contraintes d'en demander pardon à M. l'Archevêque; & que celles à qui il étoit resté un peu de pudeur, les desavoüoient. Vous sçavez, mon Dieu, que je n'ai jamais crû toutes ces choses, & avec quelle douleur je recevois & repoussois tout cela : & si votre sainte main ne se fût point retirée de moi, ce que j'avois bien merité, un grain de foi & de confiance en vous auroit transporté toutes ces montagnes de difficultez, qui n'étoient montagnes qu'à cause que j'adherois à mon propre esprit, accablé de peines & de maladie, qui me les faisoit paroître telles.

Voilà l'état de mon pauvre esprit en ce temps-là, & que personne ne connoissoit que vous, mon Dieu : & j'étois bien resolue de ne me découvrir à personne, & de ne demander personne, pour ne donner aucun lieu de m'affoiblir; outre que j'avois encore des peines que je n'avois garde de dire, & qui étoient les plus fâcheuses, que je ne veux pas seulement écrire.

* M. l'Archevêque m'a lui-même dit ceci.

Il me sembloit donc que c'étoit assez faire que de ne rien faire, ce qui étoit vrai, si j'eusse été assez heureuse pour ne point signer, & que M. l'Archevêque ne fût point venu me tourmenter. Avec cela je devenois toûjours plus malade : & le Medecin qui venoit pour traiter mon corps, se mêloit aussi de me donner des rémedes, pour me faire obéir aux hommes & desobéir à Dieu.

Enfin m'étant trouvée une nuit fort mal, la reverende Mere me vint voir, & je ne sçai même si je ne la fis point prier de venir ce jour-là : la crainte de la mort m'avoit tout-à-fait saisie, parce que dans ces sortes de maladies d'abcès on ne peut pas répondre de sa vie. Je lui dis que j'avois pensé de prier tres-humblement M. l'Archevêque, qu'à tout le moins dans l'état où j'étois, me fit grace, & qu'il eût pitié de la foiblesse de ma conscience, me permettant au moins la Confession. Elle fut bien aise de cette proposition & commença à m'exhorter ; mais elle ne put rien tirer de moi, qui lui pût faire connoître les troubles dont mon esprit étoit agité. Elle me promit d'y envoyer promptement, & je redoublai auprès d'elle les plaintes que je lui avois souvent faites, * & aussi à M. l'Archevêque, que cela étoit bien rude de me laisser à Saint-Denys avec un corps accablé d'infirmitez, dans une Maison où je ne pouvois pas me confier au Confesseur dans quelque necessité que ce fût. Si vous m'eussiez affermie, mon Dieu, comme je l'étois dans le commencement, toutes ces choses ne m'auroient pas touchée. Mais j'avois merité par mes infidelitez que vous vous retirassiez un peu de moi, pour me faire connoître ma foiblesse.

Toute mal que j'étois, j'écrivis assez brievement

* *Dès le mois d'Octobre on faisoit courir le bruit que j'étois fort liée avec ces bonnes Meres ; & je n'y ai aucune confiance, mais une tres-grande opposition.*

M. l'Archevêque. Mon mal fut que je la priois très-humblement de me permettre de me confesser & de m'envoyer M. Cheron, ne sçachant personne que je crusse qu'on me voudroit permettre de voir sinon lui. Je m'étois resolue de m'y confesser, si on me le permettoit : & selon que je l'aurois trouvé disposé, lui dire une partie de mes doutes, sans lui témoigner que je branlois; afin que cela ne donnât aucun lieu de me tenter davantage. J'écrivis le soir cette lettre, & elle fut envoyée le lendemain matin. La nuit je fus fort mal; & comme mon esprit étoit plus que dans le trouble & mon corps dans la douleur, je craignis de ne pas passer la nuit. C'est pourquoi je pris ma Profession de Foi selon le Concile de Trente, que je portois sur moi, & la renouvellai en la presence de Dieu. Et comme ma Foi étoit bien foible, je crus que ce n'étoit pas assez d'avoir Dieu pour témoin. Outre cela je craignois que si je venois à mourir, l'on prît la demande que j'avois faite d'un Confesseur, comme si j'eusse été resolue de signer; & il n'y avoit que de l'irresolution dans mon esprit. C'est pourquoi j'écrivis cet Acte au bas de ma Profession de Foi.

O tres-sainte & divine Trinité, Pere, Fils, & saint Esprit, prosternée tres-humblement aux pieds de votre Trône adorable, & du saint Enfant Jesus mon Sauveur & mon Dieu, de la sainte Vierge, de saint Joseph & de toute la Cour celeste. Je Sœur Marguerite de sainte Gertrude, Religieuse indigne de Port-Royal, votre pauvre chétive servante & esclave de vos Grandeurs, me trouvant aujourd'hui tres-mal des douleurs du côté droit, causées par un abcès qui ne me donne pas une heure d'asseurée, pouvant mourir dans un instant, & me trouvant éloignée de Monseigneur mon Archevêque, & ne sçachant pas si je ne serai point morte avant que j'aye la réponse de la lettre que je me donnai hier l'honneur de lui écrire; & me trouvant privée des saints Sacremens depuis cinq mois, & dans un exil & bannissement tres-fâcheux à cause de la privation de tous

L 4

les secours spirituels, par l'ordre de mondit Seigneur, parce que je ne puis me resoudre à signer le Formulaire sans aucune distinction ; je proteste à votre divine Majesté, qu'assistée de votre sainte grace, je veux vivre & mourir fille de votre sainte Eglise, selon cette Profession de Foi ci-dessus écrite, que je viens de renouveller ; & que je ne m'attache à aucune Doctrine particuliere qu'à celle de l'Eglise Catholique, Apostolique & Romaine ; & que si je refuse de signer le Formulaire sans aucune restriction, c'est à cause de toutes les contestations qui en ont été élevées dans l'Eglise, dont j'ai été tres-informée, & par personnes sçavantes, irreprochables, & même par quelques-unes qui n'ont point de part dans ces disputes, n'ayant jamais écrit, & n'ayant aucun caractere dans l'Eglise de Dieu : ce qui fait que je ne puis pas croire de cœur & de bouche un fait dont il demeure de grands doutes dans mon esprit : ainsi je regarde cela comme un tres-grand peché contre les Commandemens de Dieu, parce que c'est un mensonge en une chose de tres-grande importance ; puisque je me mets au hazard de condamner une personne innocente ; & qu'étant incapable de lire un livre latin & d'entendre sa Doctrine, je suis aussi incapable d'en donner un témoignage public par une Signature ; outre que j'en ai déja fait une sur le Mandement de M. l'Archevêque, avec ces paroles : Je soussignée promets soumission & créance sincere pour la Foy ; & sur le fait, comme je n'en puis avoir de connoissance par moi-même, je n'en forme point de jugement, & je demeure dans le respect & le silence conforme à notre condition & à notre état, & je suis prête de le faire autant de fois qu'il plaira à Monseigneur mon Archevêque, à qui je suis entierement soumise en tout ce qu'il lui plaira me commander, & que je pourrai accomplir, ne regardant que Dieu seul au-dessus de lui.

Sœur MARGUERITE
DE SAINTE GERTRUDE.

Ce 21. Janvier 1665.

Après avoir fait cet Acte, je l'attachai à mon col; afin que si l'on me trouvoit morte, on vît que je mourrois fille de l'Eglise, & que je n'avois point dessein de rien faire contre l'innocence de M. l'Evêque d'Ipres. Le lendemain je reçus réponse de M. l'Archevêque. Je couche ici sa Lettre tout du long, l'ayant encore écrite & signée de sa main.

Ma bonne Sœur. Je suis bien marri du mal que vous souffrez dans votre corps, & je le suis encore davantage de celui dont vous blessez votre ame par la longue resistance que vous faites de rendre à vos legitimes Superieurs l'obéissance que vous leur devez & que vous ne pouvez leur refuser que vous ne pechiez mortellement, quelque sentiment contraire qu'on vous ait pû donner. Je ne puis pas vous envoyer M. Cheron, parce qu'il est parti pour Bourges il y a plus de 15. jours. Je vous verrai bientôt, & si je puis vous être utile à quelque chose, j'en aurai bien de la joye, ne desirant rien plus ardemment que de vous témoigner que je suis, ma tres-chere Sœur, Votre tres-affectionné HARDOUIN *Archevêque de Paris.*

Cette lettre redoubla mes peines de voir que dans l'état où j'étois on me menaçoit de pecher mortellement. Et la peine m'avoit tellement aveuglée, (ce que je ne dis pas pour m'excuser, mais au contraire pour me condamner) que je commençois à trouver plus de seureté (étant dans le doute) de me jetter entre les bras de l'obéissance.

Deux jours après cette lettre reçuë, M. l'Archevêque vint au Monastere, & je fus au Parloir. Car encore que je fusse bien mal, cette sorte de mal n'empêche pas que l'on ne puisse faire un effort, & puis le Parloir étoit fort proche, & ainsi je fus mise dans un fauteuil le mieux qu'on put, & je priai la reverende Mere de sortir : car je n'avois pû encore parler seule à M. l'Archevêque & je voulois être libre, pour le porter davantage à compassion; & puis je n'étois pas en état d'entendre tout ce que ces reverendes Meres lui disoient, cōme je l'ai dit ci-dessus. J'écoutai tout ce qu'il plût à Sa Grandeur de me dire, & je lui répondis sans lui faire aucun semblant de mon affoiblissement, car tout ce qu'il disoit ne me convainquoit pas. Mais je sentois encore cette peine, si de deux doutes dans lesquels j'étois si j'obéirois ou non, lequel des deux je prendrois. C'est pourquoi je le suppliai tres-humblement de me faire retourner à Paris, lui disant que cela étoit bien rude d'être éloignée de son Superieur dans un état de maladie, de privation des saints Sacremens, & dans un lieu où je ne pourrois avoir de confiance ni tirer aucune assistance du Confesseur. Je le pressois d'autant plus que je ne pouvois plus resister aux craintes que j'avois dans l'esprit : & la tentation étoit si forte, qu'il me sembloit que la mort me prendroit aussi-tôt qu'il seroit sorti. Et enfin j'étois presque resolue, & j'eusse bien voulu obtenir ce petit changement, esperant d'avoir quelque petite lumiere exterieure sur mes doutes. Comme M. l'Archevêque n'esperoit rien de moi, il se leva sans vouloir entendre en aucune sorte de me faire retourner à Paris, dans quelque Monastere que ce fût. Il me dit qu'il voyoit bien qu'il n'y avoit rien à faire avec moi ; qu'une autre fois je serois peut-être en meilleur état ; qu'il ne pouvoit pas permettre de me confesser en cette disposition & qu'il n'y avoit aucun Prêtre qui pût absoudre une rebelle ; & enfin il me dit bien des choses semblables qui ne faisoient que m'accabler. Il dit, Appellez la reverende Mere. Je l'appellai. Car je me doutois bien qu'elle étoit à la porte, & puis je n'avois pas la force d'aller bien loin. M. l'Archevêque dit à la reverende Mere, que j'avois grande envie de les quitter ; & elle lui répondit qu'il étoit vrai, car je ne leur avois pas celé ; & même je me fâchois tout doucement contre elles pour cela même. Mais elles ne se rebuttoient de rien, & tâchoient de me faire voir dans toutes les rencontres, que pour être éloignée de Paris je ne manquerois de rien, ni pour le spirituel ni pour le temporel: ce qui n'étoit pas vrai pour le premier; & pour le temporel je ne m'en souciois guere. Il est vrai qu'elles ont fait tout ce qu'elles ont pû pour me soulager dans mes infirmitez, & cela avec charité: & si je n'avois pas fait une si lourde faute chez elles, toutes les afflictions qu'elles m'ont données pour m'y exhorter, seroient couvertes par leur charité. Mais ayant fait dans leur Maison une si méchante action, je ne puis que je ne regarde leur Monastere comme un lieu de Babylonne pour moi. Elles ont un grand desir d'obliger M. l'Archevêque, & j'eusse bien voulu que ce n'eût point été à mes dépens.

Pendant que M. l'Archevêque parloit à la reverende Mere sur mon sujet & en ma presence, jamais je ne fus dans une telle détresse, car il me sembloit que tout au sortir de devant M. l'Archevêque j'allois mourir, & j'étois si troublée que je ne voyois que l'enfer. Je me levai du fauteuil où j'étois, & je m'accottai contre la muraille, tant j'étois foible, & M. l'Archevêque me dit: Hé bien, ma bonne fille, ne voulez-vous donc point signer? Voulez-vous être toûjours opiniâtre? Je lui fis cette malheureuse réponse: Je n'en suis pas éloignée, Monseigneur. Aussi-tôt il reprit son siege avec bien de la joye, & commença à m'exhorter & à me faire voir encore, qu'il ne me demandoit qu'un simple acquiescement; & enfin, pour parler en bon François, Monseigneur ne demande que notre nom, & pour tout le reste il ne s'en met pas en peine: car il m'accordoit tous mes doutes en la maniere que je les proposois, & que je les voulois. On passa à M. l'Archevêque de l'ancre & du papier pour écrire cette Déclaration qu'il nous donne pour notre décharge, & qui ne déchargea jamais personne, & qui m'a beaucoup chargée. Je dis à M. l'Archevêque que je ne le faisois que par une obéissance aveugle, & que j'avois encore tous mes doutes dans l'esprit; mais qu'il me restoit cette crainte, si lui qui étoit mon Superieur, persistant à me le commander, je devois toûjours lui resister, & que de deux doutes j'avois pris celui qui me paroissoit pour lors le plus seur, qui étoit de me jetter entre les bras de mon Superieur. Il me dit que c'étoit comme devoit faire une bonne Religieuse, & que je le ravissois; & moi je dis que j'étois bien triste. Il me dit que si je voulois encore du temps pour m'affermir, il m'en donneroit; & qu'il reviendroit dans quatre ou cinq jours. Je lui dis qu'il n'étoit pas nécessaire, puisque je ne regardois que l'obéissance. Il me lut quelque chose du Mandement & du malheureux Formulaire: & j'avoue à ma confusion, avec la douleur & la contrition que je dois avoir d'une si méchante action, que pendant qu'il me le lisoit, je ne voulus pas l'entendre lire, de crainte que l'horreur que j'en aurois ne m'empêchât de le signer, & ne me fît sortir de cette obéissance aveugle où le diable m'avoit précipitée.

Ensuite M. l'Archevêque me passa cette Déclaration, qu'il avoit pris la peine d'écrire tout du long & de la signer. Je la lus, & ensuite il me passa son Mandement & il me dit: Ma bonne Sœur, faites le de bonne grace ou de bon cœur. Dans le moment je le pris & le repliai assez froidement, & le lui voulus rendre en lui disant: Monseigneur, je ne le fais nullement de bonne grace ni de bon cœur. Je le fais par obéissance, comme par contrainte & par necessité; & s'il vous plaît de m'en exempter, il n'y a sorte de penitence que je ne sois prête de subir. Je vous ai demandé de retourner dans notre Monastere; mais s'il vous plaît de me décharger de cette obéissance & m'envoyer au bout du monde, je suis prête, & j'abandonne tout pour être délivrée de cette signature; je vous promets que vous n'entendrez jamais parler de moi. Il me dit plusieurs choses pour me faire voir qu'il ne pouvoit m'en exempter, & qu'il étoit obligé de me la demander, & moi de lui obéir; qu'il ne faisoit cela que par obéissance à l'Eglise. Il m'éclaircit tellement les choses, que si tout eût été écrit sur son Mandement, je croi qu'il n'y a personne qui ne le pût signer. Outre cela, j'avoue que j'étois dans un aveuglement & un obscurcissement d'esprit si grand, que je ne voyois goute. Je me mourrois de douleur de faire cette action, & si je ne pouvois m'empêcher de la faire ; & je ne consideroit pas qu'il y a bien de la difference entre ces paroles verbales qui passent & ne se peuvent montrer, & mon nom qui est attaché à une place tres-visible qui porte la condamnation d'un saint Evêque. Je vous en demande tres-humblement pardon, mon cher Sauveur, ayez pitié de mon aveuglement & de ma chûte. Je souhaiterois qu'il plût à votre bonté de me donner des larmes de sang pour pleurer ce peché & tous ceux de ma vie qui vous ont obligé de vous retirer de moi dans un temps où j'avois si grand besoin de votre secours.

Je pris ce Mandement * & me mis à genoux & j'écrivis mon nom en une place où il ne devoit jamais être, si je vous étois demeurée fidelle. Vous sçavez, mon Dieu, que ce que je me mis en cette posture, n'étoit pas pour faire mon action plus devotement, mais pour protester à votre divine Majesté, que je ne faisois cette action que par obéissance. Vous sçavez ce que je vous dis & que je ne puis pas dire à tout le monde, & que je vous conjurai que si mon action ne vous étoit pas agreable, vous me fissiez la grace de m'en relever. Je rendis le Mandement à Monseigneur, & lui dis, qu'il m'avoit dit que mes sœurs qui avoient signé, disoient qu'elles s'exposoient à tout, & que pour moi qui l'avois fait, je ne m'exposois à rien, & que je connoissois trop la charité & la bonté de nos Meres;

* L'on fit courir le bruit aussi-tôt que j'eus fait cette Signature, que j'avois tout abandonné & renoncé à toute cabale, ce que j'ai honte de dire.

& qu'asseurément si Sa Grandeur les avoit laissées au Monastere, tous ces desordres qu'il m'avoit dit y être, n'y seroient jamais arrivez. (M. l'Archevêque m'avoit dit dans l'entretien de devant celui-ci beaucoup de desordres, qu'il disoit qui étoient dans la Maison & être arrivez, à ce qu'il disoit, par nos Sœurs qui n'avoient point signé, que je ne rapporte pas, parce que j'abrege le plus que je puis) & j'ajoûtai qu'elles n'auroient point forcé la volonté des Sœurs. Que j'en avois l'exemple en ma sœur Marie-Dorethée, qui branloit dés avant notre sortie; & qu'à moi-même elle m'avoit tenu ce langage, qu'elle s'exposoit à tout pour sa conscience, & que je l'avois dit à notre Mere Abbesse, qui m'avoit dit qu'elle n'empêchoit personne de faire ce que sa conscience lui disoit; & que si ce n'étoit de crainte de lui faire peine, elle lui parleroit. Monseigneur me dit : Cela est-il vrai? Et je lui répondis : Oüi, Monseigneur, cela est tres-vrai; c'est à moi-même à qui notre Mere a dit cela, & je l'ai dit à ma sœur Marie-Dorethée plusieurs fois pour la mettre en repos. M. l'Archevêque me répondit : Cela est bien chrétien ; & il me dit ensuite qu'il avoit été tout-à-fait édifié de la Mere Agnés sur le sujet de la Signature de ma sœur Marie-Angelique-Therese, laquelle lui ayant dit, qu'elle avoit peine à signer, veu qu'elle qui étoit si vertueuse, ne le faisoit pas, la Mere Agnés lui avoit répondu, qu'elle fît ce que Dieu lui inspireroit, & qu'il ne falloit pas s'appuyer sur un bras de chair.

Il demanda ensuite à la reverende Mere, si elle avoit sa lettre à M. d'Angers. Elle lui dit qu'oui. Il lui dit de me la montrer. Je lui dis que je l'avois lûe. Et puis il me dit : Hé bien qu'en dites-vous? Je lui dis : Monseigneur, vous y témoignez avoir de la bonté pour nous; mais il y a quelque chose qui m'y a fait de la peine. Et quoi, ma bonne Sœur? Et comme je ne répondois rien, il me pres-

Dites, dites, ma bonne Sœur, il n'y a pas de danger. Je lui répondis: Monseigneur, dans un endroit de votre lettre vous dites, que ce seroit une chose horrible, qu'il y eût des personnes qui permissent de tuer, de voler, de calomnier, & autres choses de cette nature. Vous témoignez bien ne le pas approuver, & même douter qu'il y ait des personnes assez méchantes que d'enseigner une si horrible Morale. Mais dans un autre endroit de votre lettre vous donnez des louanges à la venerable ou honorable Compagnie; je ne me souviens pas bien des termes: Comment accordez-vous cela, Monseigneur? Car est-il possible que vous puissiez ignorer & douter que ces méchantes maximes ne s'enseignent; & que ceux-là-mêmes que vous louez, ne les enseignent. Il ne me répondit rien là-dessus. J'oubliois de dire que cette lettre me porta à signer, sur ce qu'il me sembloit que Monseigneur y témoignoit ne demander pas la creance des faits.

Il me dit ensuite qu'il me conseilloit de ne jamais m'embarasser des questions de la grace. Je lui dis que je ne m'en étois jamais embarassée; & qu'il voyoit bien que je n'étois qu'une pauvre ignorante, & que je ne sçavois de la grace que ce que la Foi m'en disoit, & ce que j'éprouvois tous les jours par ma propre experience; & qu'il étoit vrai qu'en lisant autrefois ce que Clement VIII. avoit dit de la grace dans la Congregation *de Auxiliis*; & ce que j'avois lû dans les Epîtres de S. Paul, & dans quelques Livres de saint Augustin qui étoient traduits, que je comprenois bien tout, parce que je portois interieurement tout cela dans mon ame; & que particulierement le discours que le Pere Desmaretz avoit fait devant Innocent X. m'avoit tout-à-fait gagné le cœur, & que c'étoit tout ce que je croyois & comprenois de la grace sans aucune peine. Sa Grandeur me dit qu'il ne l'avoit jamais vû, & je voulus bien m'en défaire afin qu'il le vît. C'est pourquoi je lui dis que je l'avois, & il me dit : Je vous prie, donnez-le moi ; je vous en tiendrai bon compte. Je serai bien-aise de le voir. Je le tirai de ma poche, & il me dit : Vous portez donc votre Bibliotheque dans votre pochette. Je lui répondis : Oüi, Monseigneur, c'est pour vous faire voir qu'elle n'est pas grande. Je le lui passai par la grille & en le lui donnant, je lui dis, que c'étoit ma foi & tout ce que je croyois de la grace, & que si je manquois en quelque chose, il m'obligeroit de me le dire. Je lui dis aussi : Monseigneur, je vous supplie tres-humblement de ne pas dire que Messieurs nos Confesseurs nous donnent des papiers & des instructions ; cela ne vient pas d'eux ni de Port-Royal, je l'ai eu sans leur sçû.

Après il me demanda : Y a-t'il long-temps que vous n'avez vû votre bon Pere Monsieur Arnauld? (Vous remarquerez, s'il vous plaît, qu'il me nommoit comme cela, parce qu'il se rencontre toûjours quelque chose, qui m'obligeoit à parler de lui avec avantage & selon la verité.) Je lui répondis qu'il y avoit plus de cinq ans que notre Communauté n'avoit eu cet honneur. Il me dit : On dit qu'il est fort changé, & tout de suite il ajoûta : Ne sçavez-vous point où il est ? Vous pouvez juger, Monseigneur, que je ne le puis sçavoir. Mais je vous supplie tres-humblement de ne me rien demander de mes Peres, qui m'ont engendrée en Jesus-Christ ; car je ne vous en dirai jamais rien. Il me dit : Hé bien, je vous en veux apprendre des nouvelles, il est à Amsterdam, où étoit M. le Cardinal de Retz. Je lui dis : Je prie Dieu qu'il le cache dans le secret de sa face.

Il me dit ensuite que nous faisions d'étranges choses ; que nous disions & faisions des oraisons & des prieres à notre fantaisie, & contre l'ordre de l'Eglise ; & que les bonnes Sœurs qui avoient signé, & qui étoient les meilleures & les plus candides filles qu'on pût trouver, lui avoient donné bien des choses. Je fis réponse : Je ne sçai pas ce que mes Sœurs

Sœurs ont donné ou dit à votre Grandeur; mais je sçai bien qu'on ne nous a rien donné ni rien appris que de tres-orthodoxe: & si j'ai prié notre Mere Angelique & d'autres personnes, je l'ai fait comme l'Eglise le permet & qu'il est en usage de faire tous les jours, comme on avoit prié saint François de Sales après sa mort, Madame de Chantail, Messieurs de Berules & de Marseille, & ainsi d'autres.

Après il me demanda à qui je me voulois confesser? A qui il vous plaira, Monseigneur: car je sçai bien que vous ne me donnerez pas ceux que je voudrois bien, & à qui j'aurois confiance. C'est pourquoi tout le reste m'est indifferent, pourveu que ce soit un honnête homme, & qui ne soit point Moliniste. La reverende Mere offrit à Monseigneur un nommé le Pere Ange Parfait Capucin, & puis elle nomma le Pere Jean-Damascene; & Monseigneur me dit, que si je le voulois lui-même, il étoit à mon service. Je le remerciai tres-humblement, disant que je ne voulois pas lui donner tant de peine. Il me dit: Laissez-moi faire, je vous en donnerai un dont vous serez contente : c'est Monsieur l'Abbé Bossuet. Il me semble que c'est comme cela qu'il me le nomma. Je ne le connoissois point, & puis tout m'étoit indifferent, n'ayant pas dessein d'entrer en grand discours. Et comme j'étois dans l'aveuglement, je ne voyois pas grandes fautes que j'eusse à dire. M. l'Archevêque me quitta; & comme j'étois assez mal & lasse, on me mena dans une Chambre tout proche du Parloir pour me chauffer & prendre de la nouriture avant que de monter à la Chambre où je logeois; qui étoit dans le grenier. Quantité de Sœurs vinrent me saluer, & me témoigner la joye qu'elles avoient de mon action. Je leur répondois assez froidement, que je ne sçavois pas bien pourquoi je l'avois faite, & que j'étois toujours dans les mêmes sentimens d'amour, de respect & d'estime, tant pour les personnes que pour la doctrine; que tout ce que j'avois fait, c'étoit

II. Partie. M

de mettre mon nom sur un papier, m'aveuglant de tout par obéissance; & que Dieu sçavoit mieux que moi si j'avois bien fait. Il n'est pas necessaire de dire ici ce qui fut dit par ces bonnes Religieuses, à qui je n'avois pas encore parlé, pour approuver une action qu'elles s'imaginoient être necessaire à mon salut, me croyant auparavant en peché mortel, ce que les Meres m'avoient dit bien souvent. Lorsque chacune me venoit saluer, je ne répondois autre chose à tout ce que l'on disoit que ces paroles: Dieu veuille que j'aye bien fait sa sainte volonté en l'action que j'ai faite, je n'ai regardé que lui: & si je n'étois point entrée dans le doute depuis cette Déclaration, & que j'eusse été comme j'étois quand je suis venue chez vous, il n'y auroit rien que je n'eusse souffert plûtôt que de la faire; & je les assurois, ce qui étoit vrai, qu'aucun regard humain ni ennui de mon état ne m'avoit fait faire ce que j'avois fait. La reverende Mere prit la peine de leur dire, que Monseigneur ne m'avoit demandé qu'un Acte de soûmission, & que pour le reste j'étois toujours la même dans l'estime, le respect & l'amour pour tous mes sentimens & pour mes amis: & que Monseigneur ni elle-même ne croyoient pas, quand j'étois entrée au Parloir, ni même après avoir parlé à Monseigneur, que je le dûsse faire. Je lui dis qu'il y avoit déja quelques jours que je balançois tout cela dans mon esprit, sans en avoir voulu rien dire, de crainte de faire quelque chose dont je me dusse repentir après l'avoir fait.

Cependant aussi-tôt après cette action faite, le bruit couroit par-tout *que j'avois renoncé à toute la cabale* (ce qui me fait horreur à nommer;) Que je disois *que j'avois fait cela par une lumiere celeste*, en mettant ma main sur mes yeux, & disant: *il n'y a pas moyen de resister*; Que j'avois dit, que *Arnauld m'avoit instruite dix ans*, & c'étoit tout le contraire. Car dans toutes les rencontres, où j'avois été obligée de parler à M. l'Archevêque, je lui avois jours dit, ce qui est tres-vrai, que Messieurs nos Confesseurs ne nous avoient pas entretenu de ces matieres; mais bien de la maniere de garder l'Evangile & nos saintes Regles, & de pratiquer les vertus chrétiennes & religieuses: ce qui avoit fait que M. l'Archevêque m'avoit dit que je n'étois point sincere, non plus que mes sœurs, qui étoient aussi opiniâtres que moi, & que même il m'avoit appellée menteuse. Enfin l'on disoit cent sottises qui ne meritent pas la peine d'être redites. Car comme cette affaire est un ouvrage du Diable, qui est le Pere de mensonge, elle ne peut être faite ni soûtenue que par les mensonges, qui sont ses œuvres.

Je supplie tres-humblement ceux & celles qui liront ceci, & particulierement nos Meres & nos Sœurs, d'avoir compassion de moi, de pleurer avec moi, de demander pardon à Dieu avec moi, & de lui demander pour moi un veritable esprit de penitence, qui m'en fasse produire de veritables fruits pour une si lourde chûte; & qu'ils considerent dans ce que je dirai d'ici en avant, dans quels égaremens d'esprit l'on tombe, quand on a fait un faux pas, si Dieu par sa grace n'en releve promptement. Il faut pourtant que je confesse à votre gloire, mon Seigneur & mon Dieu, que vous m'avez laissé tomber; mais que vous n'avez pas permis que je fusse toute écrasée. Vous m'avez soûtenue en ne permettant pas que je perdisse toute lumiere: & comme vous ne me vouliez pas abandonner tout-à-fait, mais seulement pour un peu de temps, vous avez permis que je fusse dans des combats continuels, tantôt dedans, tantôt dehors; voulant, ne voulant pas; croyant, ne croyant pas être bien: & ainsi je puis nommer ce temps que je vas couler jusqu'au cinq Juillet, comme une petite image de l'enfer, tant j'ai été comblée de peines & d'afflictions pour les irresolutions qui ont été dans mon esprit, & que je n'ai pas voulu cacher aux bonnes Meres du Monastere où j'étois: afin que si un jour votre grace venoit à reluire dans mon ame pour en chasser toutes les tenebres, je pusse les prendre à témoin que j'avois eu beaucoup de peine depuis ma chûte; & elles sçavent, que je ne les ai pas vûes une seule fois que je ne leur aye témoigné que je n'étois pas en repos.

Ce fut le 24. de Janvier que je fis cette lourde chûte, environ à trois heures après-midi, ce qui a fait que depuis étant dans mes plus grandes peines, je fis vœu à Dieu d'honorer tous les jours à trois heures la mort précieuse de mon Sauveur & ses trois heures d'agonie, en lui disant trois *Pater* & trois *Ave Maria*, les bras en croix, quand mes infirmitez me le pourroient permettre : & cela pour deux raisons ; l'une, pour obtenir de Dieu que par les merites de son cher Fils mon Sauveur, il lui plût me faire connoître & accomplir sa sainte volonté, & que si je ne l'avois pas faite, il lui plût de me donner une veritable conversion ; & la seconde, pour mes sœurs, afin qu'il les soûtînt & leur donnât sa force, & la grace de connoître & accomplir sa sainte volonté. Aussi-tôt que je fus retournée à notre Chambre, il me vint de grandes inquietudes sur le sujet du Confesseur que M. l'Archevêque me devoit envoyer, pensant en moi-même que je ne voulois point voir tant de monde nouveau, que je ne voulois point faire de nouvelles connoissances, & que même cela ne feroit que faire parler de moi davantage, ce que je n'aimois guere ; & que puis que je n'avois fait mon action que par obéissance, il valloit bien mieux que je me confessasse à M. l'Archevêque ; que je lui exposerois encore par ce moyen toutes les difficultez que j'aurois, & lui ferois voir à quoi je m'engageois ; & puis je pensai, il m'a tant de fois appellée menteuse, il verra bien que je ne me confesserai d'aucune menterie, lui ayant toûjours parlé fort sincerement ; & je lui ferai voir aussi que dans toutes mes suffisances & les hauteurs d'esprit que j'ai fait paroître, je n'y étois portée par pere ni par mere : & ainsi bien des raisons me firent arrêter d'accepter l'offre que M. l'Archevêque m'avoit faite. Et comme on me laissa fort peu seule ce jour-là, j'eus la commodité de dire ma pensée aux deux Meres qui me venoient voir, la Mere Prieure & la Mere des Novices, ce qu'elles approuverent beaucoup & m'y exhorterent, me promettant de faire tenir ma Lettre en main propre.

J'écrivis donc un mot, où je témoignois à M. l'Archevêque que je n'avois pas accepté l'offre qu'il m'avoit faite, par respect, & de crainte de lui donner de la peine ; mais que puisqu'il devoit venir à Saint-Denys, j'attendrois sa venue ; & que je le suppliois tres-humblement de ne m'envoyer personne, & que je n'étois nullement pressée, ce qui étoit vrai. Car si j'eusse osé, je n'aurois point communié, ce qui eût été bien le meilleur pour moi; & j'étois mieux de ma santé, car mon abcès s'étoit crevé, ce qui me mettoit hors de danger. M. l'Archevêque me fit réponse par une lettre qu'il prit la peine de m'écrire. Il me mandoit que ce seroit avec joye qu'il me rendroit ce service ; & que quoiqu'il fût accablé d'affaires, ce seroit bientôt.

J'étois toute accablée de tristesse, mais sans grande inquietude. J'étois comme une personne qui est yvre & qui ne sçait ce qu'elle fait. Je fus toute étonnée, que contre la coûtume on venoit pour me divertir. Je les remerciai tres-humblement, & je dis que ce que j'avois fait, n'étoit pas pour avoir davantage de divertissement ; mais au contraire qu'il falloit, s'il y avoit moyen, veiller encore plus sur moi ; & puis que j'étois bien-aise de me préparer à la Confession, ce que je prenois pour prétexte, ayant tout present ce que je devois dire. Car pour de contrition je n'en sentois point, & je me disois à moi-même : Quel personnage est-ici que je joue ? Est-ce moi ou une autre ? Etoit-ce une faute de desobéir ? Où sont donc ces larmes ? où

M 3

est cette douleur, cet esprit de componction ? Si je faisois bien, pourquoi l'ai-je quitté ? Tout cela se passoit dans mon esprit assez legerement, & puis je me mettois à ne considerer dans mon action que l'obéissance. Je le disois souvent à Dieu dans les prieres que je lui faisois continuellement, & particulierement le jour de saint Jean-Chrysostome, faisant reflexion sur ce que M. l'Archevêque m'avoit dit, comme il ne me demandoit nulle créance; je pensai que c'étoit de paroles, mais qu'il falloit que je m'expliquasse.

Je fis donc un Acte en la presence de Dieu, que j'écrivis sur le dos de la Déclaration que M. l'Archevêque avoit pris la peine de m'écrire, pour me décharger; afin que mon Acte fût incorporé avec son écriture, & que l'un fût une explication de l'autre. J'avois resolu de prier M. l'Archevêque de signer, & pour cela j'avois porté de l'ancre & une plume au Parloir; mais je n'osai, pour ce qu'il m'avoit encore tant fait entendre, qu'il ne me demandoit qu'un simple acquiescement, que je crus que c'étoit trop le presser. Voici cet Acte comme je le fis en la presence de Dieu, & que je l'ai encore tout écrit sur la Déclaration de M. l'Archevêque.

O tres-sainte & tres-adorable Trinité, Pere, Fils, & saint Esprit, je proteste, humiliée à vos pieds, en presence de la tres-divine Mere de mon Sauveur, des saints Anges mes Protecteurs, & de toute la Cour celeste, que je ne me suis rendue à faire la signature du Formulaire, qu'à cause que Monseigneur mon Archevêque me l'a commandé en vertu de la sainte obéissance; & que j'ai eu crainte de vous desobéir, ô mon Dieu, en lui desobéissant, m'appuyant sur votre sainte parole, qui m'avez dit par la bouche sacrée de Jesus-Christ votre cher Fils, que qui écoute ses Prélats, vous écoute; & que je ne comprends acquiescer à d'autre condamnation par ma dite signature, qu'à celle des erreurs & des heresies, & à la condamnation de ceux qui auroient enseigné des erreurs ou heresies opposées à la doctrine de saint Augustin touchant la Grace, qui est la doctrine de l'Eglise, tant de fois approuvée par les Papes, les Peres de l'Eglise & les Conciles, laquelle j'embrasse invariablement & de tout mon cœur, étant prête, assistée de votre sainte grace, de répandre jusqu'à la derniere goute de mon sang pour la moindre des veritez de l'Eglise Catholique, Apostolique & Romaine. Fait au Monastere des Annonciades celestes de Saint-Denys ce 27. jour de Janvier, Fete de S. Jean-Chrysostome, l'un de mes Patrons, de l'année 1665. Sœur MARGUERITE DE SAINTE GERTRUDE, Religieuse indigne de Port-Royal.

J'ai prié Monseigneur mon Archevêque de lire ce papier & de l'approuver, ce qu'il a fait en me disant que cela étoit bien, & qu'il ne prétendoit autre chose de moi, & m'a encore protesté, que de la part de Dieu il m'assuroit qu'il n'y avoit point de mal, & que j'étois obligée de lui obéir sur peine de pecher mortellement; & qu'il se chargeoit de tout, m'assurant sur sa parole & sur la part qu'il prétendoit en Paradis, & sur le précieux sang de Jesus-Christ. Ce fut un Samedi 31. Janvier 1665. que je fis lire ce papier à M. l'Archevêque. Sœur MARGUERITE DE SAINTE GERTRUDE.

Le 31. Janvier 1665. M. l'Archevêque arriva à Saint-Denys, & parla aux deux Meres. Une d'elles me vint querir, & il nous fit à toutes trois prendre des sieges, & puis il tira des papiers de sa poche & me dit: Hé bien, ma bonne Sœur, je vous ai apporté des papiers de M. Arnauld, où vous verrez qu'il dit, que les commandemens sont impossibles aux justes; & dans un autre papier, il veut que les personnes ignorantes signent : vous ne le recuserez pas, il est trop de vos bons amis. Il me lut quelque chose d'un Ecrit fait pour répondre à M. l'Evêque d'Alet. Je l'interrompis pour lui dire : Monseigneur, j'ai lû tout ce papier, le S. Esprit me l'a fait voir, & il y a de bonnes choses pour nous : car il dit qu'une personne qui sçait tous les faits &

qui a du raisonnement, verra bien qu'il ne peut signer. Cet endroit que vous prennez la peine de me lire, est pour des personnes qui n'auroient jamais oüi parler de ces disputes ; pour moi j'ai obéi à l'aveugle dans le doute où j'étois, comme je vous l'ai expliqué. Dieu veuille que j'aye fait sa volonté. Il me dit que je n'en devois pas douter, & qu'il sçavoit bien que c'étoit l'intention de M. Singlin. Je lui dis que je sçavois mieux l'intention de M. Singlin que personne. M. l'Archevêque me dit : Et moi je sçai de science certaine, qu'il a dit à son Confesseur, qui l'a confessé le dernier avant que de mourir, que si un Superieur legitime lui commandoit de signer, il le feroit : Et de plus, me dit-il, connoissez-vous M. Paschal ? Je lui dis que j'avois eu cet honneur, quoique je ne lui parlasse point, parce que les Religieuses de Port-Royal ne parloient pas à tant de monde. Il me dit : Hé bien, ma bonne Sœur, M. le Curé de S. Etienne, sur la Paroisse de qui il est mort, & qui l'a confessé, m'a dit après le serment *in pectore*, que M. Paschal lui avoit dit qu'il y avoit déja quelques années qu'il s'étoit retiré de ces Messieurs à cause qu'il voyoit bien qu'ils poussoient les choses trop avant, & qu'ils perdoient le respect pour le S. Siege. Je lui dis : A cela, Monseigneur, je n'ai rien à dire ; mais je suis pourtant assurée, & de science certaine, que M. Paschal n'étoit point d'avis que nous dussions signer, & que pour cela-même il avoit eu quelque prise avec M. Singlin, par la crainte qu'il ne nous donnât quelque conseil foible ; & si avec cela M. Singlin n'a jamais été d'avis que nous signassions simplement le Formulaire.

Il me montra des papiers qui avoient été faits sur l'entreprise de M. Cornet en Sorbonne pour le sujet des cinq Propositions. Et moi je compris que c'étoit ce que M. Arnauld avoit fait pour défendre sa Lettre : & ainsi, sans répondre à ce que M. l'Archevêque me disoit de la Doctrine, je lui dis que nous avions condamné avec l'Eglise les 5. Propositions, & que M. Arnauld les condamnoit, non seulement en elles-mêmes, mais aussi dans quelque livre que ce fût; & je lui dis tout de suite, que c'étoit une honte que la maniere dont on avoit traité M. Arnauld en Sorbonne dans la censure de sa Lettre. Je n'ignorois pas qu'il avoit été à beaucoup d'assemblées qui s'étoient faites, mais je n'en voulus rien témoigner; afin d'avoir plus de liberté de dire ce que je voulois dire, & il ne m'en fit aussi aucun semblant. Je poursuivis & je dis que l'on y avoit censuré S. Jean Chrysostome, & non pas lui, & que cela étoit étrange, que les propres paroles de S. Jean Chrysostome passant par la bouche & par la plume de M. Arnauld, étoient devenuës tout-d'un-coup des blasphêmes, & qu'elles avoient merité des anathêmes. Et en une autre visite d'auparavant, en parlant encore de M. Arnauld, je lui avois dit que tout ce qu'il y avoit de meilleur dans la Sorbonne, en étoit sorti plûtôt que de souscrire à la censure de cette Lettre ; qu'il en étoit sorti 60. Docteurs, & que l'on lui avoit dénié de le laisser parler; qu'on lui avoit donné ses propres ennemis pour ses examinateurs, &c. Il me dit que M. Arnauld étoit terriblement opiniâtre. Je lui dis : Monseigneur, vous me pardonnerez si je vous dis que vous ne le connoissez pas. Il me dit : Je le connois fort bien, & j'ai été avec lui sur les bans en Sorbonne. Et moi, Monseigneur, je l'ai vû bien des fois depuis : si on connoissoit la bonté, l'innocence & la candeur de M. Arnauld, on auroit honte de le traiter comme on fait. Il est humble & déférant à un point qu'on ne le peut comprendre, à moins que de l'avoir éprouvé comme j'ai fait bien des fois : Qu'il étoit vrai que pour ce qui regarde la Foi & la Verité de l'Eglise, il donneroit sa vie ; mais que pour tout le reste il étoit toûjours prêt de se soûmettre comme un enfant : Qu'il estimoit tous les Ouvrages des autres, & étoit

toûjours prêt d'être repris & corrigé ; qu'il étoit toûjours difposé de bien faire à ceux qui lui vouloi[ent]
le plus de mal ; & qu'il n'y avoit que la gloire [de]
Dieu & le falut des ames qu'il regardoit en tou[tes]
chofes. Il me dit : Je vois bien que c'eſt votre b[on]
Pere. Oui, Monfeigneur, & le fera toûjours, [s'il]
plaît à Dieu. Il me dit : Hé bien, êtes vous prê[te?]
Vous voyez que je ne vous ai pas voulu laiſſer [lan]-
guir. Il fortit pour aller mettre fon rochet, [il]
n'étoit qu'en robe de chambre, parce qu'il fa[ifoit]
grand froid. Il revint, & avant que de me co[nfef]-
fer, je lui montrai mon acte, qui étoit inco[pié]
fur le dos de fa Déclaration, comme j'ai dit ci-[deſ]-
fus. Enfuite je me confeſſai, dont je demeurai [fatis]-
faite : car il fe chargeoit de tout & approuvoi[t tout]
ce je lui difois.

Ma confeſſion fut aſſez courte. Après ma [con]-
feſſion je lui dis que pour mon retour ce fe[roit]
quand il lui plairoit, & que j'étois toute prêt[e à]
partir : mais que je ne le voulois point preſſer[; &]
que dans les penſées differentes où l'on étoit d[e]
la Maiſon, les unes ayant crû devoir obéir, & [les]
autres non ; je le fupplioịs tres-humblement d[e me]
permettre de n'y avoir aucun emploi, & de n[e me]
mêler de rien que de prier Dieu dans notre [Cellu]-
le ; & que je ne parlerois que le moins que je p[ourrois]
aux Filles de fainte Marie qui étoient dans la Mai[ſon ;]
que je n'avois pas tant de choſes à dire, & qu[e je]
ne voulois point faire de peine à mes fœurs ;
qu'il ne falloit rien tant craindre dans cette [divi]-
ſité (les unes faifant & les autres ne faifant p[as]
que la defunion ; & qu'il me fembloit que cel[les]
qui lui avoient rendu ce qu'il fouhaitoit, devoi[ent]
plûtôt fe joindre & s'unir aux autres qui ne [l'a]-
voient pas fait, que de s'unir elles-mêmes enſemble : & que moi je parlerois plûtôt & témoign[e]-
rois plus de credulité à celles qui ne s'étoien[t pas]
foûmiſes, qu'aux autres, ne defirant travailler q[u'à]
l'union, ou bien me taire & prier Dieu, laiſſan[t]

chacune d'agir selon sa conscience. Il me dit que cela ne seroit guere bien que je ne voulusse pas dépendre des Filles de sainte Marie. Je lui fis réponse que je ne disois pas que je ne voulois pas en dépendre, que je le ferois en tout ce qu'il faudroit ; mais que je n'avois pas tant de choses à dire, & que je craignois les partis & les separations. Il me dit : Nous referons toutes choses. Je lui dis aussi, que je ne pouvois pas me confesser au Confesseur du Monastere, qu'il étoit trop Jesuite & trop passionné. Il me dit : Hé bien, n'y allez pas. Il est vrai que je n'eus pas l'esprit present pour lui demander à qui j'irois ; outre que je crus que je ne demeurerois peut-être là que 15. jours ou trois semaines, & que cela ne valoit pas la peine de l'importuner. Et puis il me dit : Je vous verrai bientôt ; faites appeler la Mere. Je lui dis : Hé bien, Monseigneur, vous avez pris la peine de lire mon papier, suis je bonne Catholique ? car c'est ma Foi sur la Grace ? Il me répondit : Je ne l'ai pas encore tout lû : Ne craignez pas, je vous en tiendrai bon compte. Il me dit ensuite de communier à la Fête de la Purification, qui étoit deux jours après. Il donna sa benediction à toute la Communauté, & promit de leur venir dire la Messe, & y donner le saint Sacrement de Confirmation aux enfans ; ce qu'il n'avoit pas encore fait quand je suis sortie.

Les Meres ne manquoient pas de me rendre bien des visites en ce temps-là : & je leur disois, ce qui étoit vrai, que je ne sçavois comme j'étois faite ; qu'il me sembloit que je n'étois plus moi-même ; que je n'avois plus de devotion ; qu'il me sembloit que je venois d'un autre monde, & que j'avois bien de la peine de me resoudre à communier avant nos Meres, parce que si mon action étoit bonne, elle la feroient aussi bien que moi ; & que si elle étoit mauvaise, Dieu les en préserveroit ; & qu'il n'y avoit point de milieu : où elles étoient bien, & j'étois mal : ou j'étois bien, & elles mal :

ce qui m'étoit encore fort douteux, & qu'ainsi j'attendrois au moins jusqu'à Pâques. Je leur dis que j'étois bien-aise d'être un peu seule la veille de la sainte Vierge: car on ne me laissoit point seule en ce temps-là; & je pense que c'étoit afin que je n'eusse pas le temps de faire aucune reflexion sur mes peines. Je commençai à trembler terriblement pour la sainte Communion, repassant dans mon esprit ce que j'ai dit ci-devant, où étoit ma douleur, si c'étoit une faute de si grande consequence, qu'elle eût merité que l'on nous privât de la sainte Communion, que l'on nous chassât de notre Monastere, & que l'on nous tînt prisonnieres & si bien gardées. Enfin j'avois de grandes peines, & je fis vœu à Dieu en l'honneur de S. Joseph pour le reste de mes jours, afin que si j'avois fait la volonté de Dieu, il m'obtînt de sa divine Majesté, qu'il me le fît connoître, en me donnant quelque stabilité dans mon esprit; & que si au contraire je ne l'avois pas faite, il me le fît aussi connoître.

La nuit & le jour se passa comme cela. Le matin de la Fête de la sainte Vierge, la sainte Communion approchant, je ne pouvois m'y resoudre & je pleurai beaucoup, quoique je ne sois pas bien facile à répandre des larmes: & je crois que j'en ai plus répandu pour cette affaire, que je n'avois fait dans tout le reste de ma vie, y comprenant même les larmes de l'enfance. Quand la sainte Messe fut toute prête à commencer, je crus que je devois avertir la reverende Mere, que je ne me pouvois resoudre de communier, me semblant que c'eût été un scandale de n'en pas avertir. J'avoue à ma confusion, que comme Dieu s'étoit retiré de moi, ma crainte étoit toute branlante comme moi; & je n'avois rien de plus solide à dire, sinon que je voulois attendre nos Meres, & que j'avois dit à Dieu que si mon action lui plaisoit, qu'il lui plût me donner une des trois personnes que je lui avois marquées; & aussi que si j'avois mal fait, je l'avois supplié très-humblement qu'il les en préservât par sa grace. La Mere me représenta que j'offenserois beaucoup Monseigneur, qui avoit pris lui-même la peine de venir & de quitter toute affaire, afin que je pusse communier la Fête. Je répondis que je craignois bien plus de déplaire à Dieu qu'à Monseigneur, & que je n'avois pas obéi à Monseigneur, comme à Monseigneur, mais à Dieu en la personne de Monseigneur, & que je craignois que mon action ne lui fût point agréable. Elle me dit que c'étoit le diable qui me tentoit & elle ajoûta: Vous avez encore toute la sainte Messe à prier Dieu; vous verrez que si vous vous faites violence à ce coup, toutes vos peines s'évanoüiront. Je n'en dis pas davantage & n'étois pas plus resoluë; car je n'avois pas grande croyance ni confiance en elle. Pendant la sainte Messe je craignis que ce ne fût une tentation: & ainsi je ne laissai pas de m'approcher de la sainte Communion, & je n'en sentis point l'effet que j'esperois; car je n'eus pas moins de peine qu'auparavant, & je ne pus me resoudre de communier de quinze jours.

Dans ce temps les Meres me firent rendre visite par une bonne Mere de leur Monastere, mais qui est Professe de la Maison de Nanci, nommée la Mere Marie-Joseph, âgée de 73. ans, & à qui je n'avois point encore parlé, quoique je l'eusse souhaité. Mais comme je ne voulois parler à personne, je n'osois demander cette Mere-là non plus qu'une autre, quoique le recit que l'on m'avoit fait d'elle m'en eût donné le desir plusieurs fois. Je goûtai beaucoup son esprit; & ce qui en fut cause, c'est qu'elle n'a jamais eu d'autre Directeur que Dieu seul. Elle est fort éclairée sur la grace, & cela par l'onction du saint Esprit: car elle n'a jamais lû aucun Livre, se contentant des Sermons & des lectures communes de la Communauté. Je lui disois souvent que si elle avoit été à Port-Royal, elle eût été une des plus fermes; mais ayant l'ame si pure, elle ne put pas croire tout ce qui s'est fait de mal dans cette affaire. Et comme elle ne sçait rien de tout cela, & que c'est un livre Latin, si son Superieur le lui commande, elle signera : car jusqu'à present on n'a point encore fait de Signature dans ce Monastere; & j'ai souvent dit à la reverende Mere que j'esperois que l'on ne leur en demanderoit point que cette bonne fille ne fût morte. Je dis à cette bonne Mere les peines que j'avois de mon action, & elle me fortifia : & je goûtois d'autant plus ce qu'elle me disoit, que je la trouvois toute pleine des bonnes maximes que l'on nous avoit enseignées; & qu'elle me portoit à la confiance en Dieu, dont j'avois grand besoin; outre que mes peines n'étoient pas alors trop solides, & que mon action étoit faite. Cette bonne Mere fut cause que je communiai au bout de quinze jours. Et depuis ce temps-là, je fus environ trois semaines ou au plus un mois, satisfaite de mon état. J'avoue que je ne sçai où étoit mon esprit : car je ne voyois plus qu'obéissance, & toutes mes lumieres furent éteintes; & je disois aux deux autres Meres ci-devant nommées qui me venoient voir, que je ne me connoissois plus; que j'étois une pauvre aveugle & dénuée de tout. Elles tournoient tout cela selon leurs lumieres; mais moi, qui l'entendois selon les miennes, je ne trouvois point de bonnes consolations, sinon en me couvrant, comme l'on dit, du sac mouillé de l'obéissance. Car cela est tres-certain, que si la balance n'eût été plus forte dans mon esprit, que je devois obéir, je ne l'aurois jamais fait : parce que j'eusse mieux aimé mourir que de déplaire à Dieu. Et ainsi Dieu s'étant retiré de moi pour punition de mes pechez, & du mauvais usage que j'avois fait de tant de graces qu'il m'avoit departies si liberalement, je me resolus d'approcher de la sainte Communion, & petit-à-petit mon esprit se calma un peu; mais non pas tant que je puisse avoir regret d'avoir desobéi, ni reconnoissance envers Dieu de l'action que j'avois faite, ne l'en ayant jamais pû remercier. Pour ce qui étoit de mes autres fautes de suffisance & d'orgueil, j'en avois grande douleur; mais c'étoit tout comme je l'ai maintenant.

Je vins donc en temps à être, comme j'ai dit, ces trois semaines ou un mois tout-à-fait contente de mon état, tant j'étois tombée dans l'aveuglement. Et je considere souvent cet état, comme celui d'une personne qui est sur la pointe d'une montagne fort roide, au haut de laquelle il y a une pleine assez asseurée. Pourvû que l'on ne mette pas le pied dehors, on est bien; mais si une fois on descend un pas, on roule jusqu'en bas, d'aveuglement en aveuglement, à moins qu'un miracle de grace ne nous arrête tout court, comme il vous a plû, mon Dieu, de me faire d'une maniere si extraordinaire, en ne me donnant que tres-peu de repos, jusqu'à ce qu'il vous a plû ouvrir les yeux de mon entendement pour voir mon précipice. Que vous en soyez à jamais beni & loué.

Pendant ce temps d'intervalle, ou plûtôt d'endurcissement, le Diable ne manqua pas de me susciter des occasions pour se servir de moi à affoiblir de nos Sœurs, si elles n'eussent pas été plus solidement à vous que moi, mon Dieu. Car leurs maisons étoient fondées sur le roc, & quelques vents qui ayent soufflé contre elles, elles sont demeurées inébranlables; au lieu que la mienne n'étant bâtie que sur le sable mouvant, les vents & les pluyes sont venues & elle est tombée par terre. Ces occasions furent que des Superieures d'autres Monasteres où étoient de nos Sœurs, m'écrivirent de leur part, disant qu'elles souhaitoient que je leur mandasse les raisons qui m'avoient portée à changer mes premieres resolutions.

La premiere qui le fit, ce fut la Mere Superieure des Filles de sainte Marie de la ruë Montorgueil. Elle le fit au nom de notre Mere Prieure de Paris, qui demeuroit chez elle : ce que je fis en lui témoignant qu'à moins qu'elle ne m'eût fait écrire, j'étois bien resolue de ne dire mot à personne. Car quelque contente que je fusse pour lors de ce que j'avois fait, je ne voulois pas me mêler d'exhorter personne, outre que je craignois fort qu'on parlât de moi. C'est pourquoi je ne donnai cette lettre qu'à la charge qu'elle seroit rendue en main propre, ce qui fut exécuté fidelement ; & elle me fit réponse sur le champ : car nos autres Sœurs n'ont pas été si captives que nous l'avons été trois ou quatre. Et je croi que ma sœur Angelique de S. Jean & moi, l'avons été le plus avec ma sœur Briquet & ma sœur Eustoquie.

Toutes les fois que je parlois aux Meres, je recommençois toûjours la même chose, & les prenois à témoin comme je n'avois fait que mettre mon nom par obéissance, & que j'étois dans la même créance & les mêmes sentimens qu'auparavant; que j'aimois & estimois Messieurs nos Confesseurs, nos Meres & nos Sœurs autant que jamais ; & que je les priois de ne point parler de moi, mais que s'il étoit necessaire je les priois de bien dire comme j'étois. Elles m'asseuroient bien qu'elles rendoient par-tout ce témoignage, ce qui fait que je ne sçai pas d'où sont sortis tant de mensonges que l'on a dits de moi.

Pendant ce même temps ma sœur Mechtilde, qui étoit aux Filles de sainte Marie m'écrivit, & m'envoya sa lettre imprimée, ce qui me blessa beaucoup. Aussitôt que je l'eus lûë, je ne pus m'empêcher de le témoigner à la reverende Mere qui me l'apporta, lui disant que pour moi je ne disois pas comme ma sœur Mechtilde ; qu'il n'y avoit lieu que je goûtasse comme Port-Royal, & que je croi qu'elles ne trouveroient pas mauvais, si je ne leur disois pas que je serois bienheureuse de finir mes jours avec elles, & que j'étois toute prête de m'en retourner dans notre Monastere, & avec bien de la joye;

joye, & qu'asseurement cette lettre nuiroit plûtôt à nos Sœurs qu'elle ne leur serviroit. Car il faut que j'avoue à ma confusion, que quand j'étois satisfaite de mon action, j'eusse souhaité que toutes mes sœurs eussent fait le même, quoiqu'avec cela je n'aye jamais pû, même durant ce mois, faire à Dieu d'autre priere, sinon que si c'étoit sa sainte volonté qu'il le leur fît faire ; & aussi que si ce ne l'étoit pas, qu'il les en détournât. Je fis réponse à ma sœur Methilde sans lui rien dire de ses lettres, sinon que je les avois lûes. Je ne lui dis point si je les approuvois ou non ; mais seulement je lui faisois remarquer que sa reconnoissance pour les Filles de sainte Marie ne devoit pas aller jusqu'à vouloir vivre & mourir dans leur Maison, &c. & je lui disois par un sentiment de douleur : Quoi, ma Sœur, avez-vous oublié ces saintes Maximes, dans lesquelles vous & moi avons été élevées ; lui voulant par-là marquer le pain solide avec lequel nos Confesseurs nous avoient nourries, & les bonnes Instructions que nos Meres nous ont données. Pour moi je ne dis pas comme vous, & je suis toute prête à retourner au Monastere, &c.

En même temps une Religieuse Ursuline du Fauxbourg saint Jacques, qui avoit deux sœurs Religieuses au Monastere où j'étois, écrivit à la reverende Mere, afin que j'écrivisse à la sœur Françoise Claire qui étoit chez elles. Elles disoient qu'elle le souhaittoit, ce que je n'ai pû sçavoir, car elle ne m'a fait aucune réponse : & depuis ayant voulu voir la Lettre de l'Urseline, il ne paroissoit pas qu'elle en eût prié, la Lettre ne parlant pas en son nom. Cela ne me plaisoit pas trop, quoique j'eusse grande joye d'apprendre où elle étoit, car je ne le sçavois pas. Ce fut au saint temps de Carême. Je dis à la reverende Mere qu'il falloit prier Dieu.

Le lendemain les Peres Jesuites vinrent pour entendre leurs confessions extraordinaires des Quatretemps, & la Sœur qui me gardoit me vint deman-

II. Partie. N

ter, si je ne voulois pas aller à confesse. Je pensai un peu à moi, & puis je dis: Oui, ma Sœur, j'irai. Je ne voulus pas faire semblant que je sçavois bien que c'étoit de ces Peres. En allant à l'Eglise j'entrai dans le Confessionnal, sans donner le loisir que personne y pût entrer pour avertir que c'étoit moi; & la Sœur qui étoit dedans ne m'avoit pas vûe. Je dis trois fautes & rien plus. Il me demanda si je n'avois point de peine. Je lui dis que je n'avois rien à dire, & que je le priois de prier Dieu pour moi. Il ne me dit pas un mot & je sortis du Confessionnal. La Mere des Novices me vit le même jour, & me dit que toute leur Communauté avoit été édifiée de sçavoir que j'eusse été à confesse. Je lui dis que l'on avoit bien vû que je n'avois pas grand chose à dire par le peu de temps que j'étois demeurée au Confessionnal; & que j'y avois été à dessein, pour leur faire voir que j'honorois le caractere & la puissance de Jesus-Christ en quelque Prêtre que ce fût, & que je n'avois rien sur le cœur contre personne. Mais que je la suppliois bien de remarquer que j'y avois été à confesse cette seule fois, & que j'esperois que ce seroit la derniere de ma vie; & que si jamais on nous reduisoit dans notre Monastere jusqu'à ce point que d'en introduire, pour peu que ce soit, je n'irois pas, afin que mon exemple ne servît pas à introduire ces personnes dans notre Maison, ayant une extrême horreur de leur Doctrine, & de leur méchante Morale, qui étoit une peste dans une Communauté: Mais que je ferois remarquer que pour témoigner le respect que je porte à leur caractere, j'y avois été une fois chez elles.

J'écrivis le lendemain ma lettre pour ma sœur Françoise-Claire à peu près en la même maniere que celle que j'avois écrite à la Mere Prieure; & je ne leur donnois point d'autre raison de mon changement, sinon que je m'étois aveuglée pour obéir.

A peine le mois (qu'il y avoit que je jouissois

comme j'ai dit, de cette fausse paix, étoit passé, qu'il vous plut, mon Dieu, par votre sainte grace, me reveiller & me faire manger un pain de larmes & de douleur, en commençant à me troubler & à ne me plus donner que des intervalles de repos; & je puis dire que ce repos même étoit mon plus grand mal. Mais comme mon orgueil étoit profond, vous vouliez me faire sentir par toutes sortes d'experiences la grandeur de mon mal par le sentiment de mes propres foiblesses: car vous m'alliez laisser dans une inconstance continuelle, dans un je veux & je ne veux pas, sans me permettre d'avoir aucunes lumieres seures pour éclairer mes tenebres. La nuit que j'eus écrit cette lettre à ma sœur Françoise-Claire, je ne pus que peu dormir, pensant en moi-même que je ne devois point envoyer ma lettre, mais seulement dire que je n'écrirois à personne tant que je serois hors de notre Monastere. Je dis le matin à cette bonne Mere Marie-Joseph que je ne voulois point envoyer ma lettre, & que j'en avois eu de grandes peines. Je lui dis à dessein mes peines : car j'étois bien-aise que l'on sçût tout-d'abord les premiers troubles que j'avois. Je les dis aussi aux deux autres Meres, & cela pour deux raisons; la premiere, afin qu'elles ne fissent pas courir le bruit que j'étois en repos, comme je voyois que l'on me disoit qu'étoient mes sœurs; & la seconde, afin que quand je serois retournée, si Dieu me faisoit connoître que je devois renoncer à tout, j'eusse des témoins comme je n'avois eu que tres-peu de repos.

Monsieur leur Superieur vint le même jour. Il me demanda & me dit que la reverende Mere l'avoit averti que j'avois une lettre à lui donner. Je lui dis que je n'avois plus envie de l'envoyer; & même je ne la lui voulus pas montrer, & je lui dis que cette lettre m'avoit toute troublée la nuit, & que pour marque je l'avois dit le matin à la bonne Mere Marie-Joseph, & que je n'avois eu que tres-peu de repos depuis cette signature ; & qu'à l'heure que je lui parlois, je serois aussi-tôt prête de me retracter que d'approuver mon action. Il me dit bien des choses pour me mettre en repos, & qu'avant que de faire une chose il y falloit bien regarder ; mais que quand elle étoit faite, il falloit être ferme à y demeurer, & n'avoir point d'inconstance. Je lui dis : Hé quoi, Monsieur, s'il arrive par malheur que l'on n'ait pas assez consideré une chose, ou quand même on y auroit bien pensé, mais qu'on se seroit trompé & que l'action ne fût pas bonne, faudroit-il y demeurer de peur de paroître inconstante & legere ? Dieu me préserve de cela. Si je le sçavois & étois bien assurée & ferme dans la croyance que j'ai fait du mal, je suis prête à le quitter tout presentement, quelque confusion qu'il m'en pût arriver. J'aimerois bien mieux porter ma confusion en ce monde qu'en l'autre. Hé, mon Dieu, il eût donc fallu que saint Pierre eût perseveré en son reniement pour ne pas paroître inconstant. Il commença à me fortifier dans ce que j'avois fait. La seconde Mere vint, & il dit que je ne voulois point donner ma lettre. Et comme elle m'y exhortoit, je dis d'un ton douloureux, qu'on me laissât en repos, & que la signature que j'avois faite, je l'avois faite comme mourante ; & que si j'avois crû avoir encore quelque temps à vivre, je ne l'aurois pas faite, parce que j'aurois voulu prendre du temps pour m'éclaircir davantage. Il m'exhorta encore devant la Mere à lui donner ma lettre, mais je ne le fis pas. Je me retirai, & quelque temps après il s'en alla. La Mere & la Maîtresse des Novices me vinrent trouver pour me dire que c'étoit le diable. Entre autres la Mere des Novices se mit deux fois à genoux devant moi pour me conjurer par tout ce qu'il y a de plus saint de donner cette lettre, & la derniere fois elle demeura à genoux près d'un quart-d'heure, disant qu'elle ne se leveroit pas que je ne la lui eusse donnée. L'on fit venir aussi cette bonne Mere que je respectois qui me la prit. Je la laissai aller, à la charge qu'elle seroit donnée en main propre de M. Hodeing leur Superieur, qui m'avoit promis qu'au cas que je la lui voulusse donner, il ne la donneroit qu'en main propre. Et puis Dieu ne m'éclairoit pas encore, & il ne permettoit ces peines qu'afin que je ne me précipitasse pas plus avant jusqu'au jour qu'il avoit destiné de me retirer tout-à-fait de ma misere. Car je voulois & ne voulois pas, & j'étois si fort renversée, que comme j'avois craint la signature comme un tres-grand mal, & que même je la regardois encore comme cela, je ne pouvois non plus envisager la desobeïssance que comme un autre mal, & ainsi j'étois agitée entre deux précipices.

Le jour de saint Joseph je fus obligée d'écrire une autre lettre, parce que la Superieure des Religieuses Celestes de Paris m'avoit écrit de la part de ma sœur Angelique de saint Jean, afin que je lui écrivisse mes sentimens, ma disposition & les raisons qui m'avoient portée à signer. (Ma Sœur Angelique ne l'en avoit pas priée, comme je l'ai sçû d'elle-même,) & aussi ne lui a-t'elle pas donné ma lettre, parce qu'elle n'étoit pas comme elles eussent souhaité: car entre autre chose que je mandois, je disois qu'il étoit vrai que j'avois fait une action que je croyois qui la surprendroit, & que je priois tous les jours Dieu que si mon action lui étoit agréable, il fît la même grace à mes sœurs; qu'au contraire, si je ne l'avois pas dû faire, il détournât ce malheur de dessus la tête de mes sœurs; qu'il les soûtînt & qu'il me fît la grace de me reconnoître, & d'en faire une salutaire penitence; mais qu'en attendant d'autres lumieres, je demeurerois dans l'obeïssance que j'avois renduë &c. On n'avoit garde de lui donner cette lettre, parce que dans ce temps-là on disoit à ma sœur Angelique que j'étois dans un parfait repos.

Vous voyez, mon Dieu, ce que je suis capable de faire, aussi-tôt que vous vous êtes retiré de moi. Vous sçavez aussi, mon Dieu, combien je répandois de larmes en votre presence, pour vous prier de m'éclairer & de me faire connoître votre sainte volonté, m'offrant de reparer ma faute en la maniere qu'il vous plairoit, si vous me vouliez faire connoître que mon action vous eût déplû. Et je vous priois en même temps de soûtenir mes sœurs par votre grace, & que mon mauvais exemple ne leur nuisît point. Vous me faisiez cette misericorde de connoître mes autres fautes & d'en avoir horreur & de toute ma vie passée, & de vouloir bien satisfaire à votre divine justice & vous en demander pardon. Vous sçavez aussi que j'approchois le plus rarement que je pouvois de vos saints Autels : & quand je le faisois je vous disois que j'étois dans le doute, & même qu'assez souvent je panchois plus du côté de demeurer dans l'obéissance que j'avois renduë, que non pas d'en sortir, & qu'ainsi j'attendois votre misericorde.

Dans ce temps & encore une fois après Pâques je regardai toutes les voyes par où je pourrois jetter une retractation par la fenêtre ou par-dessus la muraille. Mais vous me fîtes connoître qu'il ne falloit rien faire que comme il faut ; & que cette précipitation & ce grand trouble qui m'agitoit ne pouvoit venir que du diable, & je vois visiblement qu'il me vouloit précipiter à faire cette action, afin que je fusse encore plus gardée, & que l'on redoublât tout ce qui pouvoit me fortifier dans mon obéissance prétenduë, & m'ôter par-là tout moyen de me retirer du précipice où j'étois.

Cette bonne Mere Marie-Joseph me venoit voir deux fois la semaine, & je ne voyois plus qu'elle ordinairement. Je lui dis mes pensées de retractation, parce qu'elle ne disoit rien à personne ; & puis à tout hazard je ne me souciois gueres qu'on sçût tous mes troubles. Cette bonne Mere me consoloit & me portoit à la confiance en Dieu, & elle me disoit avec une force merveilleuse: Confiez-vous en Dieu; quand vous auriez commis les plus grands pechez du monde, ils vous sont pardonnez, vû la douleur que Dieu vous donne. Il n'est pas un homme, il voit la sincerité de votre cœur, c'est lui-même qui forme en vous ces gemissemens. Elle étoit cause que j'allois aucune-fois à la sainte Communion, & toûjours pour vous demander lumiere.

Les jours & les nuits se passoient comme cela, & je recommençois toûjours la même chose quand j'apprenois que quelqu'une de mes sœurs avoit signé, & particulierement quand je sçus que ma sœur Catherine de saint Paul l'avoit fait, j'en reçus de la joye, croyant que puisque vous aviez permis que cette bonne Religieuse l'eût fait, c'étoit votre volonté, & que vous n'eussiez pas permis qu'une si bonne ame, si humble & si simple, eût fait une action qui vous dût déplaire. Mais comme vos jugemens sont incomprehensibles, je ne sçavois pas vos desseins dans cette chûte de ma sœur, que vous ne laissates pas long-temps sans lui faire connoître & pleurer sa faute, ce qu'on ne me disoit pas.

Environ ce temps-là on me montra un papier, dont on m'avoit parlé il y avoit quelque temps. On l'avoit fait pour ma sœur Angelique, à ce qu'on me disoit, & qu'il n'y avoit plus rien à dire après cet Ecrit, ce qui me rendit curieuse de le voir, & je pressai la reverende Mere de me le montrer. C'étoit bien la plus pauvre chose du monde. Je le renvoyai bien promptement, pour faire voir que je n'en faisois pas grand compte. La premiere fois que je vis la reverende Mere, je lui dis: Hé bien, ma Mere, est-ce là cette belle piece qui a été faite pour ma sœur Angelique? Elle est plus capable de me dégoûter que de me fortifier. Vous sçavez que je n'ai pas grand esprit; & si avec cela il me semble que j'y répondrois bien, tout au moins je le confondrois de bien de fauffetez, & de peu de fincerité. Il nous ramene des chofes qui ont été renverfées par des volumes entiers.

J'avois auſſi été fort touchée, & je l'avois dit aux Meres, de la maniere offenfante dont on bleſſe la memoire de feu M. de S. Cyran dans la vie de M. Vincent: & cela fit que je leur fis voir fon portrait, pour leur montrer l'eſtime que je faifois de fa vertu & de fon amour pour l'Eglife. Je leur montrai auſſi une image de M. l'Evêque d'Ipres, qui étoit auprès de notre lit. Avant ce temps-là je cachois une petite Theologie familiere que j'avois, de crainte qu'on ne me l'ôtât; mais depuis que j'eus fait ma méchante action, je la laiſſois fur notre table en vûë, afin que l'on vît que j'étois toûjours la même. Je la fis lire à la bonne Mere Marie-Joſeph, & je lui dis: C'eſt M. de S. Cyran qui a fait tout ce petit Livre-là, eſt-il heretique? Elle me dit que non, & qu'elle voudroit bien voir fes Lettres, parce que les Meres difoient qu'il y avoit bien des herefies.

Le deſſein de la bonne Mere, en me faifant lire toutes ces chofes, étoit d'affermir mon eſprit; & au contraire tous les jours j'étois plus ébranlée: c'eſt pourquoi ces deux Meres & la Maîtreſſe des Novices me parlerent peu le reſte du temps que j'ai été chez elles. Avec tout cela, mon Dieu, ce n'étoit pas encore aſſez pour me ramener à vous: car je craignois & ne pouvois penfer à vivre dans la defobéiſſance, & je vous difois fondant en larmes: Vous fçavez que j'ai crû vous obéir en obéiſſant à mon Superieur. Mais rien n'adouciſſoit ma douleur: & comme je n'étois que tenebres, je m'égarois dans mes penfées. Je vous difois quelquefois, dans la vûë de ma vie paſſée & de mon orgueil, que vous me laiſſiez dans cet état pour me purifier. Ces deux Meres, comme j'ai dit, me vifitoient peu, fi ce n'étoit pour me dire quelques nouvelles affligeantes, & qu'elles croyoient me devoir affermir, ce qui faifoit un effet tout contraire : car comme je n'avois fait mon action que par obéiffance, & que mon aveuglement me faifoit penfer que ce n'étoit que la crainte de Dieu, ce qui étoit une erreur, rien de toutes les peines temporelles ne me touchoit. Mais ce qui m'affligeoit le plus, eft qu'elles me difoient que toutes les perfonnes les plus fenfées affuroient, que quand il n'y auroit point de fignature, la Maifon alloit perir par la defunion, que l'on difoit venir du côté de celles de mes fœurs qui n'avoient point figné ; & que pour les autres c'étoient les meilleures & les plus finceres filles du monde.

M. l'Archevêque n'eft point venu au Monaftere où j'étois qu'il ne m'ait dit le femblable en prefence des Meres ; & qu'il n'y avoit plus du-tout de regularité ni de filence ; qu'on parloit par-tout & à toute heure, la nuit, le jour, dans les cellules ; & que quand il les en reprenoit, & qu'il faifoit voir à mes fœurs qu'elles ne lui defobéiffoient pas feulement dans la fignature, mais dans tout ce qu'il leur demandoit conforme à leur Regle & Conftitutions, on fe moquoit de tout, parce que la crainte de Dieu & la fincerité étoient bannies de leur cœur ; que pour celles qui avoient figné, elles étoient les meilleures & les plus candides filles que l'on pût trouver, qui fouffroient des autres des chofes intolerables ; & qu'il ne fçavoit pas comme elles pouvoient fupporter ce que les autres leur faifoient. Vous fçavez, mon Dieu, que je n'ai jamais crû toutes ces chofes, & un nombre infini d'autres que l'on me difoit tous les jours ; que je refiftois à tout, en affurant que cela ne pouvoit être. Monfeigneur m'appelloit menteufe, peu fincere, auffi-bien que mes fœurs : & les deux Meres fe moquoient de moi, en me difant qu'elles voyoient bien que je n'en fçavois gueres, & qu'elles avoient vû des Monafteres auffi reguliers renverfez pour moins que ce qui étoit arrivé dans le nôtre. Ma peine, & tous ces contes me faisoient souhaiter de retourner, & tout le Carême de jour en jour on nous donnoit espérance que M. l'Archevêque devoit venir.

Quelque temps auparavant on avoit envoyé deux fois de la Maison un homme exprès pour sçavoir de mes nouvelles. Et comme je me vis mieux, je crus en devoir remercier & faire moi-même réponse aux lettres qu'on m'écrivoit, pour empêcher la reverende Mere de tant écrire qu'elle faisoit. Car c'étoit un continuel commerce de la Mere Eugenie & de la sœur Dorothée avec elle, ce qui me déplaisoit, ne sçachant pas ce qu'elles avoient tant à faire, & je croi avoir écrit cinq ou six fois. Ce n'étoient presque que des Billets : deux fois seulement je me suis plus étendue, mais particulierement dans une j'écrivois que j'avois quelques pensées d'union, que je proposerois à la Mere Eugenie; & mes pensées étoient les mêmes que ce que j'ai écrit ci-dessus, que j'avois dites à M. l'Archevêque dans le temps que je croyois qu'on me feroit retourner. Dans cette lettre & dans tout ce que j'ai écrit à notre Monastere depuis ma chûte, jamais je ne leur ai mandé que j'étois en repos de mon action, ni que j'en étois satisfaite, ni que j'en remercios Dieu, ni pour elles ni pour moi; quoique leurs lettres fussent toutes pleines de choses qui m'y devoient porter, s'il y eût eu quelque sentiment dans mon cœur de reconnoissance envers Dieu de l'action que j'avois faite; & je m'étonnois moi-même comment elles me redisoient toûjours la même chose. Je vois bien presentement que ce qu'elles m'en disoient, n'étoit que pour tirer quelque parole de moi, dont elles pussent tirer avantage. Après Pâques ma sœur Flavie m'écrivit, qui est la seule fois qu'elle l'a fait, & c'étoit comme je croi pour me sonder. Elle me témoignoit les grandes reconnoissances qu'elles croyoit que j'avois à Dieu de m'avoir fait tant de graces; & que pour elle, elle en avoit un grand sentiment. Mais pour moi, qui étois dans le trouble & dans le doute si j'avois bien fait, je lui fis une réponse fort courte & fort séche, lui disant seulement à tous ses beaux propos, que je ne manquois pas de prier Dieu pour elle, & que je la priois de le faire pour moi. Que si j'eusse sçû au vrai l'état des affaires de la Maison, & que j'eusse osé penser ce que je ne puis dire sans une douleur qui me perce le cœur, que ma sœur Flavie & ma sœur Dorothée fussent changées comme elles sont, & qu'elles eussent perdu la crainte de Dieu & l'amour & le respect pour nos Meres, je n'eusse jamais souffert une marque de leur souvenir, ni je ne leur eusse jamais écrit, à moins que de croire que mes lettres leur eussent servi pour les faire sortir de leur aveuglement. Si j'eusse sçû que les Meres de sainte Marie disoient, que ce n'est rien que la Signature, & qu'il faut oublier Peres & Meres & tout ce que l'on nous a appris, je les aurois eu en horreur, comme je les ai si elles ne changent. Car mes sœurs ni moi ne pouvons oublier ce qu'on nous a appris, si nous ne voulons oublier l'Evangile, & ne nous plus souvenir que nous sommes Chrétiennes. Si Dieu ne m'avoit point touché le cœur & fait connoître ma faute, cela seul seroit capable de me reveiller de mon aveuglement, & je ne m'étonne plus pourquoi on me faisoit faire si bonne garde. Mais qu'à jamais ce qui est au Ciel & en la Terre vous remercie, mon Dieu, de la grace que vous m'avez faite de me retirer d'un si grand précipice.

Mon trouble & mon inquietude continuant, & voyant que M. l'Archevêque ne venoit point, je pensai qu'il falloit que je fisse prier M. Chamillard de venir à Saint-Denys. Je ne lui avois point parlé ni écrit depuis que j'étois dehors, & je ne le faisois que par necessité, quoique je ne le connusse pas comme il est. Car encore que je sçusse qu'il étoit porté pour la Signature, je croyois que c'étoit pieusement, charitablement & par un bon zele. Je le croyois même moderé, cela m'ayant paru dans le temps qu'il nous avoit confessées avant notre sortie du Monastere. Mais je ne puis, quoi qu'à mon grand regret, que je ne dise, ce que je voudrois cacher si ce n'étoit point faire tort à la verité, que j'ai trouvé tout le contraire, comme on le verra en ce que je dirai doresnavant. Car comme j'agissois fort simplement & veritablement en ce que j'avois à faire, je parlois de même. M. Chamillard vint donc à Saint-Denys la semaine de la Passion, & il me dit tout d'abord qu'il falloit que j'écrivisse à la Mere Prieure qui étoit à la rue Montorgueil pour l'exhorter, & qu'il en seroit le porteur, parce qu'il y iroit le même jour, & qu'elle devoit signer, & qu'elle lui en avoit donné parole. Je lui dis que je n'écrirois plus à personne que je ne fusse de retour & que je n'eusse vû comme les choses alloient, & que j'avois attendu de jour en jour M. l'Archevêque; & que voyant qu'il ne venoit point, je m'adressois à lui pour sçavoir si je ne retournerois pas bientôt; que si je n'eusse point été obligée de m'approcher des saints Sacremens, je ne presserois pas, mais que M. l'Archevêque sçavoit bien que je n'avois nulle confiance au Confesseur. Il est vrai que d'abord je ne voulus pas lui dire toutes mes peines, de crainte que ce ne fût un sujet de ne me pas retirer, & je ne voyois point d'autre voïe pour m'éclaircir entierement. Car, comme j'ai dit, j'étois autant pour demeurer dans mon état que pour en sortir, ce qui rendoit mon état plus penible à porter: parce que si j'eusse tant soit peu balancé plus d'un côté que d'un autre, je me serois arrêtée à celui qui m'auroit paru le meilleur; mais je ne pouvois me déterminer, & nul ne sçait qu'elle peine d'esprit c'est, que celui qui y a passé, particulierement quand Dieu laisse encore un peu de sa crainte & de son amour dans l'ame, si elle peut demeurer avec le mensonge & le peché; mais enfin je croyois en avoir. M. Chamillard s'étendit à me representer le desordre qu'il y avoit dans la Maison, à ce qu'il disoit, & qu'il n'y avoit aucune regularité ni obéïssance. Comme je le priois de me dire les faits en particulier, il me dit qu'on parloit par-tout, & il me repeta tout ce que M. l'Archevêque m'avoit déja dit tant de fois, & que je ne repete pas. Je lui dis : Cela est bien étrange. On fait donc tout autrement que quand nos Meres y étoient. Il me dit : Ce n'est pas de même. Et je lui dis : Voilà ce que c'est que de les avoir ôtées. Elles n'auroient pas empêché celles qui auroient crû devoir rendre cette marque de soûmission à M. l'Archevêque, & elles auroient conservé l'ordre & la discipline dans la Maison. Il y a quelques jours que je disois, ajoûtoit-il, qu'il n'y a pas même de vertu humaine parmi elles. Je l'ai dit à la Mere Prieure, qui en a été tout-à-fait fâchée & étonnée. Il est vrai qu'il falloit qu'il lui eût bien persuadé toutes ces choses; car elle-même m'avoit mandé, qu'elle étoit toute affligée de ce que M. Chamillard lui avoit dit que nos Sœurs ne faisoient rien qui vaille dans leur resistance; & que cela étoit honteux, & qu'elles deshonoroient plus la verité qu'elles ne la soûtenoient. Je lui dis pour conclusion : Monsieur tout ce que vous me dites m'augmente le desir que j'ai de retourner : car si cela étoit vrai, il n'y auroit rien qui me persuadât davantage que mon action est bonne, puisque les affaires de Dieu ne se font pas en lui étant contraire. Il me dit que ma sœur Angelique avoit eu grand tort, & qu'elle avoit empêché la paix de la Maison en refusant la signature qu'il avoit proposée, & il m'en fit resouvenir. Je lui dis que ma sœur Angelique n'étoit pas seule de ce sentiment ; que c'étoit celui de toute la Communauté, & que pour moi je ne l'aurois pas faite. Je me plaignis qu'on me tenoit dans une tres-grande captivité dans le lieu où j'étois, & que ce n'étoit pas à cause de la signature, puisque je l'avois faite. Il me promit d'en parler à M. l'Archevêque.

Je le preſſai fort, afin que ce fût devant Pâques qu'on me fît retourner à notre Monaſtere, & je le fis d'une maniere ſi preſſante, que j'en eus peine après. Il me témoignoit le deſirer, & trouvoit l'affaire aſſez facile d'abord, ce qui me faiſoit croire que l'on me viendroit querir la Semaine ſainte. Mais je ne ſçavois pas que l'on jouoit toutes ſortes de perſonnages pour nous attraper, ou au moins, quoique je l'euſſe ſçû, je l'avois oublié; & le diable, qui me vouloit retenir, me couvroit de tenebres, en m'empêchant d'être prudente comme le ſerpent. Il me demanda les perſonnes avec qui j'étois plus liée. Je lui dis qu'à Port-Royal nous n'avions point de liaiſon particuliere, ſinon avec nos Superieures. Mais encore, me dit-il, on ne peut empêcher l'eſprit de ſe lier, encore que cela ne paroiſſe pas. Je lui dis qu'il étoit vrai, & qu'outre nos deux Meres, que c'étoit à la Mere Prieure des Champs & à ma ſœur Angelique, avec qui je me ſentois plus liée en la maniere qu'il me le diſoit. Il me dit que je ne me plaçois pas mal, ou quelque mot comme cela. J'ai bien reconnu depuis qu'il voyoit bien que je n'entendois point de fineſſe; mais auſſi que je ne pourrois pas avoir aucun détour, & que je ne prendrois pas de part au mal. Il me demanda enſuite ce que j'eſperois de ma ſœur Angelique, & ſi je croyois qu'elle ſigneroit? Je lui dis que ſi mon action étoit bonne & agreable à Dieu, que j'eſperois qu'elle le feroit; mais que ſi elle ne l'étoit pas, qu'elle ne le feroit jamais, parce qu'elle craignoit Dieu & étoit humble, & qu'il ne permettroit point qu'il l'offenſât mortellement. M. Chamillard ſortit aſſez promptement, parce qu'il diſoit qu'il falloit qu'il allât à la rue Montorgueil à la Mere Prieure, pour voir le jour qu'elle ſigneroit. Avant de s'en aller, il me demanda ſi je ne lui voulois rien mander. Je lui repetai que je ne manderois rien à perſonne que je ne fuſſe retournée; & au ſortir d'avec moi il lui fit dire, car il ne lui parla point, que je lui mandois qu'elle étoit obligée de signer, sur peine de pecher mortellement. Ces menteries me font horreur.

Je n'entendis aucunes nouvelles qu'après Pâques, que l'on me manda l'extrémité de ma sœur Françoise de sainte Claire, & toutes sortes de mensonges avec; qu'elle avoit signé le Mandement de M. l'Archevêque avec un plein jugement, si franchement, & si volontairement, qu'elle avoit reconnu avoir manqué à son devoir autant de temps qu'elle n'avoit pas obéi; & qu'il y avoit tant de particularitez à dire là-dessus, que l'on verroit bientôt paroître quelque chose en public. J'avoue à ma confusion que je croyois ce que l'on me disoit, & que j'en fus joyeuse: parce qu'il me sembloit que c'étoit une marque que Dieu approuvoit mon action, & qu'il n'auroit pas abandonné à une derniere heure ma sœur Françoise, qui avoit paru toute sa vie si vertueuse, & qui l'étoit veritablement. Je ne voulus point faire de réponse, afin de ne donner aucune prise sur moi; & puis je ne voulois pas faire connoître mon état, ni rien dire sur son sujet. C'est pourquoi je suppliai tres-humblement la reverende Mere de dire que j'étois malade, & trop affligée de cette cher Sœur, & que je ne pouvois écrire: & effectivement j'étois tombée malade la seconde Fête de Pâques, & j'avois la fiévre.

Remarquez, s'il vous plaît, qu'on ne me disoit pas, qu'elle avoit une si grande horreur du Formulaire & de la Signature, qu'elle avoit dit il n'y avoit que deux jours à Monsieur de saint Nicolas, qu'elle renonceroit aussi-tôt à son Baptême, que de signer; & que M. de saint Nicolas avoit dit qu'il n'y avoit rien à faire avec elle, & qu'elle ne signeroit rien; & que comme on avoit horreur de la laisser mourir sans Sacremens, étant d'ailleurs si vertueuse, que les reverendes Meres Ursulines ne se peuvent lasser de louer sa vertu, l'ayant en une singuliere estime; & que l'on voyoit bien que cela crioit vengeance à Dieu, ils ne lui oserent jamais parler de Mandement ni de Formulaire ; mais ils lui demanderent seulement une marque de sa soûmission sur un petit écrit qu'on lui fit. Et comme elle étoit si malade, elle n'a cru faire autre chose sinon de dire qu'elle étoit soûmise à M. l'Archevêque en tout, hormis la Signature. Car il n'y a rien de si clair que si elle eût pensé devoir signer le Formulaire, il ne lui eût non plus coûté de mettre son nom sur le Mandement de M. l'Archevêque, ce qu'elle n'a jamais voulu faire, & ne l'a pas fait par la grace de Dieu. Les reverendes Meres Ursulines ont écrit une lettre depuis sa mort à nos Sœurs, & on ne la leur a jamais voulu montrer, non plus qu'à moi, quoique je l'aye demandée à ma sœur Marie-Dorothée qui m'écrivit d'une façon embrouillée. Je n'y pris pas garde pour lors, mais je vois bien maintenant qu'il n'y avoit que de la feintise & de la dissimulation.

J'eus quelque peu de fausse paix après la mort de ma sœur Françoise ; mais cela ne dura pas huit jours, & je recommençai à être troublée, & à avoir quelque crainte pour ma sœur Françoise de sainte Claire ; & toutes ces afflictions augmenterent de beaucoup mon mal, ce qui fit que je me resolus de m'adresser à M. l'Archevêque, & je lui écrivis pour obtenir mon retour à notre Monastere pendant que je pourrois être plus facilement transportée, mon mal le permettant, & que je croyois être obligée de l'en prier, puisqu'il sçavoit bien que je n'avois point de confiance au Confesseur du Monastere où j'étois. Je lui disois encore, pour le presser davantage, que je ne l'aurois pas importuné, mais que je craignois que d'attendre davantage, ce ne fût trop m'exposer à la tentation dans une aussi grande extrémité que celle de la mort, & que M. Chamillard, à qui j'adresse cette lettre, lui diroit le besoin que j'avois de retourner à Paris. Et j'écrivis aussi à M. Chamillard, où je le pressois encore

core plus fort & d'une maniere, que s'il n'eût point eu d'autre interêt que la gloire de Dieu, & le salut des ames, j'aurois dû avoir des réponses bien favorables.

Je montrai ces lettres à la bonne Mere Marie-Joseph qui les trouva bien, & qui croyoit aussi-bien que moi, qu'asseurément je m'en retournerois auplûtôt. M. Chamillard m'écrivit huit jours après assez brievement, que ma sœur Helene ne vouloit pas s'en retourner que l'ordre ne fût établi, & que nous retournerions ensemble ; & que si je sçavois en quel état étoit la Maison, je n'y voudrois pas rentrer ; que ce n'étoit que desordre ; & qu'aussitôt que l'ordre que M. l'Archevêque y vouloit établir y seroit, il m'y recevroit de bon cœur, & m'y donneroit toute la satisfaction possible, mais que pour le present je n'y aurois nul contentement.

J'avois remarqué, comme je l'ai déja dit, que la reverende Mere étoit fort prompte à écrire pour moi, & à accompagner toutes mes lettres des siennes : & ainsi je m'imaginai que peut-être je pourrois découvrir quelque chose par elle. Je lui parlai donc, & lui demandai si M. Chamillard ne lui avoit point écrit. Elle me dit qu'oüi, & qu'il lui mandoit que le lendemain il verroit M. l'Archevêque. C'étoit assez pour me faire voir que M. Chamillard me faisoit réponse par lui-même, & qu'il n'étoit pas seulement Agent de M. l'Archevêque, mais qu'il parloit par lui-même, & faisoit comme s'il eût été le maître, en me donnant des resolutions: outre que j'avois remarqué que dans sa lettre il parloit tout pour moi; je vous recevrai, je le ferai auplûtôt. Je dis à cette bonne Mere Marie-Joseph, à qui je le fis remarquer : Monsieur Chamillard parle en Superieur. Elle me dit : Il est vrai que je trouve sa lettre un peu séche, & les vôtres demandoient une autre réponse. Je lui dis : Je suis bien-aise qu'il sçache que je ne le reconnois pas pour Superieur; & qu'encore que je lui parle respectueu-

II. Partie. O

sement comme à un Prêtre de Jesus-Christ, ma Signature ne me rend pas sa sujette ; & quoique je sois captive, mon esprit n'en est pas moins libre.

Je lui écrivis que c'étoit à M. l'Archevêque que j'avois écrit, & que je demandois si Sa Grandeur avoit reçû ma lettre, s'il l'avoit lûe & quelle réponse il avoit pris la peine de me faire : parce que je ne mettois ma conscience en repos que sur la parole de mon Superieur, & non sur d'autres ; & que ce qui m'avoit fait lui adresser ma lettre, & lui donner la peine de la porter, étoit à cause que M. l'Archevêque étoit malade, & qu'il pouvoit avoir une réponse de bouche ; & aussi que j'étois bien-aise de lui mander que mon affaire n'avoit rien de commun avec ma sœur Heleine : & je lui en marquois les differences, qui étoient ; qu'elle étoit saine, moi malade ; elle à Paris, moi à Saint-Denys ; qu'elle étoit libre pour la Confession, moi point du tout ; qu'elle avoit peut-être quelque dessein, puisqu'elle reculoit de retourner, & que pour moi je n'en avois point d'autre que de vivre & de mourir avec mes Meres & mes Sœurs. Je ne lui disois pas encore ma principale raison, & qui me faisoit presser, qui étoit mon trouble de conscience, afin que cela ne mît point d'obstacle à mon retour : car je ne lui avois touché cela que comme en passant quand je l'avois vû.

Il me fit réponse par le même porteur. Il m'écrivit environ cinq ou six lignes ; qu'il avoit donné ma lettre à Monseigneur ; qu'il avoit répondu qu'il falloit avoir patience que l'ordre fût établi ; & que ma sœur Heleine & ma sœur Melthide reviendroient avec moi, & toutes celles qui avoient signé. Il me repetoit encore, que si je sçavois le desordre qu'il y avoit dans la Maison, je ne serois pas si pressée d'y retourner. Vous sçavez, mon Dieu, que je ne me pressois de retourner à notre Monastere, que pour recevoir quelque lumiere qui me fit connoître votre sainte volonté. Et comme je ne recevois point d'autre lumiere, & qu'il ne vous plaisoit point de m'en donner, je demeurois toûjours dans mes tenebres, assurant ma conscience sur mes tenebres mêmes, & que c'étoit peut-être que je devois demeurer en l'état où j'étois. J'avoue à ma confusion que je me tuois la tête à penser & repenser toutes choses, & que je me trouvois souvent si accablée, tant de ces peines que de mes infirmitez, & du peu de repos que je prenois la nuit, que je m'étonne que la tête ne m'a point tournée: & je vous rends de tres-humbles actions de graces de ce que par votre même grace, vous me donnez un jugement sain pour reconnoître mes folies. Je les dois appeller telles, vû les extravagances dans lesquelles j'ai été, & le long-temps que j'ai demeuré en cet état. Mais vous m'avez voulu faire connoître par une longue experience, que ce n'est ni celui qui veut, ni celui qui court qui gagne la victoire, mais celui à qui vous la faites gagner; & que notre volonté est bien forte pour le mal, mais qu'elle est bien foible, & la foiblesse même sans votre grace, tous ses efforts étant vains & inutiles pour faire un veritable bien, si elle n'est attirée & conduite par vous, qui êtes l'auteur & la source de tout bien. Je me servois de ma maladie pour approcher le moins que je pouvois de votre Autel, & vous me donniez confiance que vous ne m'abandonneriez pas ; puisque vous mettiez dans mon cœur un desir de suivre la voye que vous me montreriez être la meilleure, & en quelque temps que ce fût. Je vous priois aussi, comme vous sçavez, qu'il vous plût de soutenir mes sœurs.

Cette bonne Mere Marie Joseph commença à me venir rendre visite tous les jours, & je ne lui parlois que de la vertu de nos Meres & de nos Sœurs, & des miracles qu'il avoit plû à Dieu de faire dans notre Monastere. Elle admiroit tout, & me consoloit & fortifioit à esperer en Dieu ; & elle

O 2

me disoit avec une tres-grande fermeté : Ne craignez point, si vous n'êtes pas en bon état, vous n'y mourrez pas, je vous en assure ; & elle me repetoit depuis ce temps-là ces mêmes paroles. Elle me fortifioit aussi en me parlant de la grace d'une maniere fort haute, pour me montrer les desseins de Dieu sur ses Elûs, & les renversemens qu'il fait dans les ames; & elle me disoit souvent, que l'on ne sçavoit pas assez combien il faut d'humilité pour être tout à Dieu. Une fois, en me parlant de la chûte de saint Pierre, elle se servit des mêmes termes dont M. Arnauld s'est servi dans sa Lettre après S. Jean Chrysostome. Je la pris par le bras, & je lui dis : O ma Mere, à ce coup vous ne pouvez plus échapper; vous voila à la censure avec M. Arnauld, vous ne sçauriez plus vous en défendre. Elle me dit : Ce que je dis est-il censuré ? Oui, ma Mere, & condamné de blasphême. Aussi-tôt elle éleva les yeux au Ciel avec son recueillement ordinaire, & elle dit : Mon Dieu, seroit-il bien possible qu'une pauvre fille qui n'a jamais parlé à personne, qui n'a été instruite que de vous, & qui ne lit dans aucun livre, puisse avoir des sentimens qui ne soient point catholiques ? & elle ne laissa pas de parler encore plus fortement de la puissance de la grace de Jésus-Christ.

J'étois donc dans une extrême affliction de ne voir aucun jour à mon affaire, & que je ne pouvois plus presser ma sortie après tout ce que j'avois fait : car je souhaitois fort de retourner à notre Monastere avant que la nouvelle Bulle, que l'on m'avoit dit être venue de Rome, fût publiée. J'avois fort pressé la reverende Mere de m'en faire avoir une, afin que je la pusse considerer à loisir; mais je ne pus en avoir. La reverende Mere me disoit seulement, que tout le monde la signoit ; qu'il y avoit déja cinquante Evêques qui l'avoient signée. On m'assuroit que M. d'Alet & M. de Beauvais l'avoient signée sans aucune restriction ni explication, je craignois fort d'être surprise : car je prévoyois bien que je ne pourrois resister si Monseigneur venoit, parce que je sentois bien que je n'avois plus aucun raisonnement ni discernement, tant Dieu s'étoit retiré de moi, & m'avoit laissée à moi-même. Mais j'aime bien mieux le confesser humblement, en rougir & en être confuse devant les hômes, que d'en rougir devant Dieu & ses Anges.

Mon pauvre esprit étoit toûjours dans cette agitation, tantôt un peu mieux, tantôt plus mal. Je ne disois jamais un seul mot au Confesseur de mes agitations; mais une fois je le voulus faire, & cela pour avoir autant de témoins, & ç'a été la derniere fois que je me suis confessée à lui. Il me dit ce qu'il put pour me fortifier, & m'assura sur sa part de Paradis, que j'étois obligée de demeurer en repos; mais que pour m'y mettre encore davantage, je devrois demander des personnes sçavantes pour lever tous mes doutes. Je lui dis qu'il n'y avoit rien à faire que de me faire retourner à notre Monastere, & que je ne prefererois nuls Docteurs à ceux que j'honorois, & que je sçavois bien qu'on ne me donneroit pas. C'est pourquoi je ne les voulois dire qu'à M. l'Archevêque, & que je ne le ferois jamais à Saint-Denys, parce que je sçavois bien qu'il ne me retireroit pas si je lui disois mon état; & qu'une visite, ni deux, ni trois ne me suffiroient pas. Car tout aussitôt que j'étois dehors de devant les personnes, j'étois plus troublée qu'auparavant.

Le Mercredi 20. Juin M. Chamillard arriva au Monastere à six heures du soir fort pressé. Il demanda la reverende Mere, qui y fut avec la Mere des Novices, pendant que l'on me vint querir pour lui parler. Aussi-tôt que je fus entrée au Parloir, il me dit tout-d'abord que M. l'Archevêque lui avoit donné commission de me faire signer la Bulle de notre saint Pere le Pape. Je ne voulus pas lui dire un mot devant les Meres, sinon ces paroles : Monfieur, je vous dirai mon fentiment quand je ferai feule avec vous. Il me dit qu'il falloit qu'il fît la lecture de fon Mandement devant les Meres. Il commença à le lire & je n'y compris pas grand'chofe. Il me femble même qu'il ne leut pas au Formulaire du Pape ces paroles : *Et ainfi je le jure fur les faints Evangiles* ; je ne voudrois pas pourtant en affeurer. Car j'étois dans un étrange trouble & dans une étrange douleur de voir, qu'après toutes les prieres que j'avois faites, on ne m'avoit fait aucune réponfe ni donné aucun foulagement; & que fans m'en avertir, & me vouloir donner un moment de terme, on me pouffoit à faire une chofe d'une fi grande importance. J'eus recours à vous, mon Dieu ; mais comme vous ne vouliez pas encore me montrer votre vifage juftement irrité contre moi, je ne fçavois ce que je faifois, & craignois autant de fortir de l'obéiffance que j'avois rendue, que d'y demeurer; & je prenois les tentations pour infpirations, & les infpirations pour des tentations. Pendant cette agitation de mon efprit, les Meres parloient chacune à leur tour, en me difant, qu'il ne falloit avoir aucune peine de figner quelque chofe quand on voyoit le nom de fon Prélat; & difoient à M. Chamillard, qu'elles le fupplioient treshumblement de dire à Monfeigneur, qu'elles étoient toutes prêtes ; & elles me difoient des merveilles de l'obéiffance, & combien tout le Ciel fe réjouiffoit de mon action. Je vous confeffe, mon Dieu, avec humilité, que l'impatience me prit. Car je n'avois pas dit un mot à toutes ces chofes, ce qui fit que je dis d'un ton qui marquoit même mon émotion : Ma mere, par la grace de Dieu, nous fçavons bien le merite de l'obéiffance ; il fe fait tard, & j'ai befoin de parler à M. Chamillard. Elles fe retirerent, & je dis : D'où vient, Monfieur, que vous me dites, qu'il faut figner ; puifqu'il y a trois mois de terme, ne faut-il pas voir ce que nos Meres feront ? Il me dit, qu'il n'en iroit pas comme je je penſois ; que M. l'Archevêque vouloit que chacune ſignât à part, & qu'il y en avoit qui avoient déja ſigné. Je dis qu'elles n'avoient pas bien fait de commencer. Il me dit que M. l'Archevêque le vouloit ainſi ; & que ma ſœur Methilde l'avoit ſigné, ſans vouloir qu'on prît la peine de le lui lire, ſe contentant que c'étoit de la part de M. l'Archevêque & d'y voir ſon nom ; & qu'une bonne Religieuſe ne devoit rien craindre, quand le nom de ſon Prélat étoit devant. Je lui dis que ma ſœur Melthide n'avoit peut-être pas de peine, mais qu'il ne pouvoit pas douter que je n'en euſſe ; puiſque je lui en avois témoigné quelque choſe ; que j'étois bien étonnée de la maniere dont on me tenoit captive, de n'avoir pas ſeulement la liberté d'avoir une perſonne à qui j'euſſe confiance pour la Confeſſion ; & qu'il ſçavoit bien tout ce que j'avois fait pour cela, puiſque je m'étois adreſſée à lui-même. Je lui repetai tout ce que je lui avois dit & écrit, tant à M. l'Archevêque qu'à lui-même, pour mettre mon eſprit en état, ou de refuſer, ou de faire une Signature avec une diſpoſition libre & hors de doute. Il me dit qu'il avoit eu tort de ne me pas procurer du ſoulagement ; mais que ſi je ſçavois le deſordre qu'il y avoit dans la Maiſon cauſé par mes ſœurs qui n'avoient pas ſigné, que je ne penſerois pas à y retourner qu'il n'y eût de l'ordre établi. Je lui dis que je le ſupplioit de ne me plus parler de ces deſordres, pour ce que tout ce qu'il me diſoit étoit autant d'aîles que l'on me donnoit pour deſirer d'y aller ; parce que d'une part je ne croyois pas qu'ils y fuſſent ; & que de l'autre, ſi je les trouvois tels qu'il me le diſoit, il n'y auroit rien qui m'affermiroit davantage l'eſprit dans ce que j'avois fait, lui repetant ce que je lui avois dit, que les affaires de Dieu ne ſe ſoûtenoient point par le mal : & que je le ſupplioit, nonobſtant tous ces deſordres, de me faire retourner, & que je ne ferois tort à perſonne ; qu'il y avoit neuf mois que j'étois priſonniere ;

O 4

que je la ferois bien encore dans notre Monastere jufqu'à ce que cet ordre fût établi; & qu'il fçavoit bien que je m'étois même offerte d'aller dans un autre Monastere, pourvû que ce fût à Paris, afin d'avoir plus de moyen de lever mes doutes. Il me dit qu'il n'avoit garde, & pour quelle raifon aller dans un autre Monastere que dans le nôtre, & qu'il ne demandoit pas mieux que de m'y voir; mais que je ne le pouvois pas avant que d'avoir figné, & qu'il n'avoit garde de demander ma fortie à Monfeigneur, parce qu'il fçavoit bien qu'il ne l'accorderoit pas; & qu'il étoit refolu, que pas une des Meres ni des Sœurs ne rentreroient jamais dans le Monastere, fi elles n'avoient figné. Je lui demandai fi on avoit fait fignifier le Mandement à notre Mere. Il me dit que non, & que M. l'Archevêque ne fe mêleroit plus d'elle; qu'il l'avoit donnée à M. fon frere; que c'étoit à lui à en faire ce qu'il lui plairoit, mais qu'elle ne rentreroit point à Port-Royal qu'elle n'eût figné fon Mandement. Je lui demandai fi notre Mere avoit une Compagne; il me dit qu'il le croyoit, mais qu'il n'en étoit pas affeuré. Je lui demandai ce qu'avoit dit la Mere Agnés; il me dit qu'elle l'avoit reçû bien doucement. Je lui demandai fi mes deux fœurs d'Andilly avoient figné; il me dit, qu'elles le feroient avec la Mere Agnés. Je lui dis: Et moi après. Il me dit: Il n'en ira pas comme cela, & on ne vous fera pas retourner avant que d'avoir figné. Je lui demandai auffi ce qu'avoit dit ma fœur Angelique: Elle a dit que ceci étoit bien plus doux que l'autre (ce qui étoit tres-faux; ma fœur Angelique avoit dit tout contraire.) Me voyant dans cette extrémité, je me mis à genoux, & vous fçavez, mon Dieu, que je vous demandois avec larmes la lumiere de votre grace; mais vous ne vouliez pas encore me l'accorder, parce que vous voyïez dans mon cœur la profondeur de mon orgueil, & qu'il étoit neceffaire, pour le guerir, d'une profonde humiliation,

Car après toutes les peines que j'ai souffertes, je ne vous puis rendre raison de cette seconde chûte, sinon que comme il y avoit de mes sœurs qui avoient fait la premiere Signature, j'aurois trouvé des compagnes ; mais qu'étant seule qui en ai fait deux, j'ai un double poids d'humiliation. Voilà, mon Dieu, ce que votre grace me fait connoître de cette seconde chûte, & dont je vous remercie tres-humblement. Etant encore à genoux, & ne recevant de vous aucunes lumieres, car j'étois toûjours dans mes tenebres, je pensai enfin : Me voilà captive si je ne signe point, on ne me délivrera point pour m'éclairer ; & au contraire on me resserrera davantage. Car on a bien plus de peur que celles qui ont signé se dédisent, que l'on n'en a que celles qui n'ont rien fait demeurent toûjours fermes. Si je prens du temps, les trois mois se passeront, & puis au bout il me faudra peut-être signer toute enfermée, & le temps que j'aurai eu ne me servira qu'à me condamner encore plus. Il vaut bien mieux le faire, & même sans y faire davantage de reflexion, & demander promptement de sortir : je ne ferai pas plus de mal en l'une qu'en l'autre. Je raisonnois bien humainement. Si j'eusse esperé en vous, mon Dieu, vous m'auriez secourue ; mais je m'étois retirée de vous par ma premiere chûte. M. Chamillard me passa le Mandement ; & quand j'eus vû celles qui avoient signé, je lui dis : En verité, Monsieur, vous n'avez que faire de vous gloirifier de vos Signeuses. Sur quoi ayant dit plusieurs choses, qu'il n'est pas necessaire de rapporter, je pris le Mandement & je dis à M. Chamillard avec douleur : Cela est bien cruel que l'on nous presse de signer, sans nous donner aucun lieu de lever nos peines. Je vous déclare que je le fais dans le doute : & si je n'y étois point, & que je fusse assurée que je fisse mieux de resister, j'aimerois mieux mourir au lieu où je suis que de le faire ; ne m'ennuyant de ma prison, qu'à cause que ma conscience n'est point en repos. J'ai fait la premiere signature par la pointe de l'esprit, & en danger de mort, par la seule vûe d'une obéissance aveugle, & ne pouvant faire autrement ; je fais encore celle-ci tout de même. Après cela je protestai tout-bas à Dieu que je ne regardois point l'action que je faisois, pour ce que j'étois resolue, si elle étoit mauvaise, d'y renoncer aussi-bien qu'à l'autre, & que je le priois de m'éclairer le plûtôt qu'il lui plairoit ; que jusqu'à present il ne lui plaisoit point de me donner d'autre connoissance, & qu'il voyoit bien que j'étois aussi prête de demeurer dans l'obéissance que j'avois rendue, que d'en sortir, & que c'est ce qui faisoit que je l'allois faire ; & que si aussi je ne faisois pas bien, il n'y avoit sorte de confusion & de penitence que je ne voulusse porter avec l'assistance de sa grace pour rentrer dans son amour, si mon action l'avoit offensé. Et puis je dis à M. Chamillard : Monsieur, je vous supplie tres-humblement que je puisse sortir au-plûtôt, & s'il y a moyen avant la Pentecôte. Il me fit de belles promesses, mais il ne m'en a tenu pas une. Il sortit bien vite, car il étoit fort tard.

Toute la nuit je commençai à ruminer sur ce que j'avois fait & de la maniere que je l'avois fait, & comme on poussoit le monde, & que quand on étoit engagé dans une obéissance aveugle, qu'il falloit de l'une s'engager à une autre, & que de cette sorte on iroit bien loin. Le lendemain j'envoyai prier la reverende Mere de me prêter la Bulle que M. Chamillard lui avoit donnée : car je n'y avois pas fait grande attention quand il nous l'avoit lûe ; & j'avoue même que j'étois fort aveuglée, & que cette autorité du Pape m'avoit frappée. Mais lorsque je vis qu'il y avoit jurement sur les saints Evangiles, je me troublai. Je disois : Jurer par obéissance qu'on est assuré d'une chose qu'on ne sçait pas, & dont on est incapable de juger, je commençai à être fort affligée. Je laisse beaucoup de choses qui se passerent dans mon esprit tout ce jour-là, & la nuit qui suivit, qui étoit celle du Jeudi au Vendredi: car il faudroit beaucoup de temps & de papier pour les écrire, tant j'étois accablée de toutes sortes d'afflictions. La bonne Mere Marie Joseph me vint voir, & je lui dis tout ce qui me faisoit peine ; & que ce qui la redoubloit, étoit que nous n'étions qu'à deux jours de la Pentecôte, & que je ne pouvois plus approcher des saints Sacremens en l'état où j'étois ; & qu'il m'étoit venu en pensée que pour ne point scandaliser personne de la Maison, je demanderois un Pere de l'Oratoire de Notre-Dame-des-Vertus, me servant de la permission que M. l'Archevêque m'avoit donnée de ne point aller au Confesseur du Monastere ; & qu'il me donneroit quelque raison qui me satisferoit, ou que je ne communierois pas ; & qu'il me sembloit que cela étoit mieux que de ne se point confesser ni communier à une si grande Fête. Cette bonne Mere, qui ne cherchoit qu'à me soulager, l'approuva, & elle le fut dire à la reverende Mere, qui lui dit qu'elle n'avoit pas permission, sinon du Confesseur de leur Monastere, ou du Pere Jean Damascene, où j'avois été deux fois ; & que si je voulois, elle écriroit à Monseigneur, & qu'elle auroit réponse avant la nuit. On me fit cette réponse, & je suppliai cette bonne Mere de prier la reverende Mere de ne point écrire à M. l'Archevêque ; que j'étois bien-aise de le faire moi-même, & que je la priois de dire aussi à la reverende Mere, qu'il étoit bien étrange qu'elle ne m'offrît que ceux qu'il lui plaisoit ; qu'elle m'avoit offert autrefois le Pere Ange Capucin, & un autre, le Pere Bernard Recolet, qui étoit leur Prédicateur ; & que je n'irois à personne de Saint-Denys. Je fus bien-aise après de ce refus : car cela faisoit que j'étois dégagée d'approcher des saints Sacremens, puisqu'on m'avoit refusé un Confesseur. Cette bonne Mere Marie Joseph approuva fort que je ne cōmuniasse plus que je n'eusse l'esprit plus en repos, & que j'écrirois à M. l'Archevêque le jour de la Pentecôte. Car elle croyoit, autant qu'une personne de bon sens peut juger, qu'après tout ce que j'avois dit à M. Chamillard, il ne se pouvoit qu'il ne me vînt querir, sinon devant la Fête, au moins immédiatement après.

La reverende Mere & la Maîtresse des Novices ne sçavoient point tout ce qui se passoit dans mon esprit (car j'étois assurée du secret de cette bonne Mere,) & ainsi elles étoient fort en peine ce que je ferois pour la Fête, au moins je le crus ainsi: car le Samedi la Sœur qui me gardoit me demanda si je n'irois pas à confesse. Je lui dis que non: & je ne communiai point le jour de la Fête, ni long-temps après, sans qu'elles m'en osassent plus rien dire.

J'écrivis donc à M. l'Archevêque le jour de la Pentecôte. Je mettrai ici une partie de la lettre que je me donnai l'honneur de lui écrire, parce que j'en ai trouvé un fragment dans notre écritoire que Messieurs nos Gardes y ont laissé.

Monseigneur, je suis dans la derniere confusion de vous être encore importune: & sans M. Chamillard, qui m'a donné quelque hardiesse de me jetter encore une fois tres-humblement aux pieds de votre Grandeur, je ne sçavois plus à quoi me resoudre, ma peine étant augmentée jusqu'à un tel point, que je n'ai pû me resoudre d'approcher de la sainte Communion, nonobstant la grande Fête qui est aujourd'hui; & je ne puis aussi demeurer dans cet état sans vous le mander. Car vous, Monseigneur, qui êtes chargé de mon ame devant Dieu, devez le sçavoir pour y mettre ordre. Et moi, pour appuyer ma conscience, je vous dois être fidelle, sincere & soumise: & il me semble que Dieu par sa grace a mis dans mon cœur ces fondemens; & je vous en ai donné des preuves, nonobstant toutes les tentations dont j'ai été & suis attaquée en plusieurs manieres depuis le mois d'Octobre, qu'il a plû à votre Grandeur de me montrer le papier qui devoit lever nos scrupules, & qui ne me les a pas levés. Avant ce temps je n'avois nulle peine: car homme, je ne mettois que Dieu au-dessus de vous, je me trouvois trop heureuse de souffrir pour une si bonne cause. Mais comme ce papier mit mon ame dans le doute, j'ai prié par plusieurs fois votre Grandeur de me faire retourner à Paris, esperant d'avoir plus de moyen de les éclaircir. La seule crainte de mourir dans la desobéïssance fit que je me soûmis à l'aveugle, esperant que Dieu me fortifieroit ; mais au contraire j'ai été autant & plus peinée que jamais, pour avoir beaucoup de scrupule, & n'avoir personne à qui me confier, n'ayant pas même la liberté de me confesser ouvertement. Cela me met dans un trouble & dans un embarras tres grand qui m'ôte le repos que doit avoir une ame qui n'aime & ne cherche que Dieu, sans vûe d'aucune creature, que pour son honneur & pour sa gloire. J'eusse souhaité d'être éclairée avant cette seconde signature : & c'est ce qui a fait que j'ai pressé M. Chamillard d'obtenir de votre Grandeur mon retour à Paris ; car je ne puis être soulagée céans, parce qu'une visite ne me suffiroit pas. J'ajoutai encore qu'il étoit temps de finir une vie si languissante, & je finissois en disant : Si vous voyiez mes peines, vous verriez qu'il faut qu'elles soient grandes ; puisque j'ose dire tant de raisons, n'ignorant pas vos grandes affaires &c.

J'écrivis au même temps une lettre à M. Chamillard de la derniere force, & par pure necessité : car je voyois bien qu'il avoit attrapé ma signature par finesse, & qu'il n'alloit pas droit ; mais je ne voyois point d'autre voye pour être soulagée que la sortie, & je voulois que ce fût avant que les trois mois fussent expirez.

Il est bon de faire ici remarquer que je parlois sincerement à M. l'Archevêque : car encore que j'eusse beaucoup de peine de ce que j'avois fait, ce n'étoit que dans le doute, & je ne voulois en sortir que comme il faut, & bien à propos, & étant bien assurée dans ma conscience que je le devois faire ; & bien souvent j'esperois que nos Meres & nos Sœurs feroient le semblable, si mon action étoit bonne. Comme aussi sçachant leur vertu, j'espérois qu'il les en préserveroit, si elle étoit mauvaise : & j'étois bien résolue de me retracter de mon action, si elle avoit déplû à Dieu.

Voila donc l'intention que j'avois en demandant d'aller en notre Monastere ; premierement, d'y aller soûmise à M. l'Archevêque, en lui tenant ce que je lui avois promis. Je n'avois point dessein d'exhorter mes sœurs, ni de leur servir d'épionne en aucune maniere, ni m'amuser à remarquer les actions, ni de celles qui n'avoient point signé, ni de celles qui avoient signé, pour en rien rapporter; mais j'avois dessein d'abord de ne parler à personne, de remarquer comme tout y alloit, pour m'en servir & voir si tout ce qu'on m'avoit dit du desordre de mes sœurs qui n'avoient point signé, étoit comme on me l'avoit dépeint ; de considerer tout devant Dieu, de dire à M. l'Archevêque toutes les peines que j'avois sur le sujet de la signature, & de me confier à quelques-unes de mes sœurs de celles qui n'auroient point signé, des plus sages & des plus discretes, afin de voir si je ne pourrois point avoir quelque avis secret ; & que j'agirois selon le conseil qui me seroit donné, le tenant comme de Dieu; & que le premier à qui je ferois ma déclaration, seroit à M. l'Archevêque, avant que je me retractasse de mes signatures, afin qu'il fût libre de faire de moi tout ce qu'il lui plairoit : & qu'après lui avoir fait cette déclaration, je me joindrois du côté de mes sœurs & m'humilierois en leur présence. Je croyois aussi que peut-être il auroit pitié de moi & de me voir si peinée ; & qu'à la fin il me laisseroit en repos comme un esprit foible ; & je ne me souciois point par quelle voye d'humiliation je fusse délivrée d'un état que je croyois dangereux pour mon salut. Voila le sens de la lettre que j'écrivis à M. l'Archevêque : car je ne lui promettois point que j'exhorterois mes sœurs ; au contraire j'ai toûjours bien prié qu'on ne se servît point de moi ni de mon nom pour les exhorter, puisque moi-même j'étois dans la peine. J'ai bien quelquefois demandé ce qu'elles disoient; mais c'étoit autant, & plus pour sçavoir si elles demeuroient fermes, que si elles se relâchoient. Car comme mon esprit n'avoit rien de solide ni d'arrêté pour moi, il n'avoit aussi rien de ferme pour les autres. Nul ne sçait ce que c'est que cet état, si on n'y a passé; & je prie Dieu de tout mon cœur que je sois la derniere qui l'éprouve, & qu'il fasse la grace à toutes mes sœurs qui sont tombées de revenir aussi-bien que moi d'un si profond égarement.

Les lettres que j'écrivis furent portées & reçûes de M. Chamillard; & la reverende Mere, qui avoit assez de peine de voir que je n'avois point communié à la Pentecôte & toutes les Fêtes, envoya, sans m'en rien dire, le Mercredi à M. Chamillard, qui ne fit point d'autre réponse, sinon qu'il avoit parlé à M. l'Archevêque de mon affaire, & qu'il lui en parleroit encore. Que tous ceux qui ont soin des ames & une vraye charité, considerent mon état, dont je n'écris pas ici la moindre partie, ni de ce que j'ai souffert, ni de ce que j'ai mandé à M. Chamillard : parce que n'osant tant dire de choses à M. l'Archevêque, je le disois à lui; & avec cela il s'en soucioit aussi peu que si on ne lui en eût pas parlé. Ce lui étoit assez qu'il fît trophée d'avoir attrapé une signature, ne se mettant pas en peine que les ames se perdissent, pourvû qu'il achevât une affaire qu'il avoit entreprise. Il faut ajoûter à toutes ces peines d'esprit un corps accablé d'infirmitez, dont on étoit aussi averti.

La bonne Mere Marie Joseph, qui venoit me consoler dans de si extrêmes afflictions, que je ne lui celois pas, me dit d'abord : Ne craignez pas, vous aurez des réponses favorables, & bien promptement. Je lui dis : Ma chere, je vois bien qu'afin qu'on ait une signature de nous on fera bien des pas; mais étant faite, que nous nous damnions, si nous voulons, on ne s'en met gueres en peine. Je ne trouvois qu'un seul repos dans mon état, qui étoit que je ne communiois point, & ainsi je pensois : Au moins je ne prophane point le Corps de Jesus-Christ.

Je passai comme cela toute la semaine de devant la Pentecôte, le jour & toute l'octave du saint Sacrement, & jusqu'à la saint Jean, sans communier : & j'y serois bien encore, si Dieu n'avoit eu pitié de moi plus que M. Chamillard. Car je suis encore dans le doute que M. l'Archevêque ait reçû mes deux lettres, n'étant pas à croire que s'il les avoit reçûes, il m'eût laissée dans de si grandes peines sans me soulager. Et même quand il vint à Saint-Denys pour m'en faire sortir, il ne m'en dit pas un mot.

J'avoue que dans l'affliction où j'étois je vis la porte du desespoir toute ouverte, si Dieu par sa grace ne m'en eût préservée. Car je ne pouvois pas deviner que nous devions sortir, & je regardois cela comme une chose qui ne seroit jamais. Je ne sçavois en aucune maniere l'état de la Maison pour le spirituel : car pour le temporel, par la grace de Dieu, je ne m'en suis jamais mise en peine ; & pour ma personne je ne m'en souciois point du tout. Je n'y pensois seulement pas. Il n'y avoit que ce repos de l'ame que je cherchois, & que j'avois perdu depuis ma premiere signature. Je sçai bien que la foi & la confiance en Dieu remedie à tout ; mais elle étoit bien foible en moi, & bien souvent je craignois que Dieu ne m'eût abandonnée pour un jamais : car les fautes de ma vie passée ne me donnoient que trop de peines, & le diable se mêloit à toute mon affaire pour augmenter mon trouble.

La semaine après l'octave du saint Sacrement, voyant que l'on ne me faisoit point de réponse, & que l'on se mettoit aussi peu en peine de me secourir, que si j'eusse été en un parfait repos ; j'écrivis encore à M. Chamillard, où je lui faisois bien voir que

que je ne trouvois cette conduite ni charitable ni chrétienne, & qu'il y avoit quatre semaines que je n'approchois point des Sacremens. Ce n'est pas que j'en fusse pressée dans mon état; au contraire, c'étoit mon plus grand repos, comme je l'ai déja dit; mais j'étois bien-aise de le lui faire remarquer, & que mes infirmitez augmentoient plûtôt que de diminuer.

A toutes ces lettres, tant à M. l'Archevêque qu'à M. Chamillard, j'eus cette réponse, que Monseigneur ne me retireroit point que l'ordre ne fût établi, & qu'après cela il me donneroit tout le soulagement possible; qu'il n'avoit pas pû plûtôt me faire réponse, & que nos Sœurs qui n'avoient point signé se comportoient si mal, que l'on ne pouvoit prendre de mesure; & que si je voulois un autre Confesseur que celui de la Maison où j'étois, je l'écrivisse à Monseigneur; mais que je ferois un tres-grand acte de vertu de me faire violence. Voilà toute la réponse de M. Chamillard. Et je vous supplie tres-humblement de voir s'il y a du rapport de la réponse à tout ce que j'avois dit & écrit depuis Pâques, & particulierement depuis la derniere signature.

Quand je vis une telle réponse, je connus bien qu'il n'y avoit plus rien à esperer des créatures. Vous sçavez, mon Dieu, que je vous priois nuit & jour de m'éclairer, de me fortifier & de me soûtenir par votre grace. Vous me laissiez une certaine confiance, que vous me retireriez de mon état, s'il n'étoit pas bon; mais vous ne me donniez pas plus de lumiere pour l'un que pour l'autre, comme j'ai repeté plusieurs fois; & même la balance étoit plus forte, que si mon obéïssance étoit bonne, nos Meres & nos Sœurs feroient le semblable. C'est pourquoi je redoublai mes prieres, afin que Dieu leur fît connoître & accomplir sa sainte volonté, & qu'il lui plût de les soûtenir & fortifier si elles étoient bien, ou de les éclairer si elles

II. Partie. P

étoient mal. Car j'étois assurée qu'elles n'avoient que sa gloire & leur salut en vûe ; & je le priois qu'il jettât un regard de ses yeux divins sur ma pauvre ame misérable, accablée & envelopée dans les tenebres.

Comme je vis qu'il n'y avoit plus rien à esperer de M. Chamillard ni de personne, je ne voulus plus rien avoir à démêler avec lui ; mais je pensai que si je ne disois rien, il croiroit que sa réponse m'auroit mise en repos, & que je me serois contrainte d'aller au Confesseur du Monastere selon son avis. C'est pourquoi je lui écrivis un petit billet, où je lui mandois, qu'après tout ce que j'avois dit & écrit, il n'y avoit plus rien à dire, & qu'il en rendroit compte à Dieu ; & que quand je me ferois violence pour aller à confesse, cela n'apporteroit nul rémede à mon mal ; & qu'il n'y en avoit point d'autre que mon retour ; & qu'en attendant cela, je priois Dieu de le combler d'autant de benedictions que je l'étois de douleur & d'affliction.

Quelques jours après je pensai qu'il ne seroit pas mauvais que je visse le Pere Jean Damascene, à qui je m'étois confessée deux fois, m'étant servie de l'occasion de sa venue à Saint-Denys, vû la grande repugnance que j'avois d'aller au Confesseur du Monastere, & que par lui j'apprendrois quelques nouvelles : car je ne sçavois rien. Et vous sçavez, mon Dieu, que si je n'eusse pas été engagée dans ces Signatures, je serois demeurée en repos ; mais je ne pouvois vivre en un état douteux pour mon salut.

Ce Pere vint donc la vieille de saint Jean-Baptiste. Je lui fis en bref un petit recit de ce que j'avois fait pour procurer ma sortie, sans avoir pû rien obtenir, & il me dit qu'il ne falloit pas s'en étonner ; que M. l'Archevêque avoit fait un Synode, qu'il avoit son Chapitre sur les bras, tous les Reguliers & tout Port-Royal contre lui ; qu'il s'étoit taillé bien de l'ouvrage. Il me déduisit toutes ces affaires les unes après les autres, & je dis en moi-même : Ces Chanoines peuvent donc s'élever contre leur Archevêque pour des préséances ; les Réguliers, pour des confessions de Pâques, que j'ai toûjours crûes d'obligation à sa Paroisse. Chacun resiste donc, s'il veut, pour des choses qu'ils peuvent quitter sans que leur conscience y soit interessée en aucune maniere. Il n'y a que les Religieuses de Port-Royal qui soient obligées de renoncer à toutes leurs lumieres & à ce que dit leur conscience, pour obéir à l'aveugle. Toutes ces choses me servoient.

Je déduisis toutes mes raisons à ce Pere, & je lui dis pour conclusion : Dieu soûtient, & donne visiblement sa benediction sur Port-Royal. Je lui fis une déduction des principales vertus de nos Meres & de nos Sœurs. Je lui dis les miracles que Dieu avoit faits en leur faveur. Je lui dis celui de ma sœur Champagne. Je lui fis voir combien de filles, qui selon le cours de la nature, devoient être mortes depuis ce temps d'affliction, & qui vivoient encore ; qu'il n'y avoit que moi qui avoit signé qui étois accablée de toutes sortes d'infirmitez de corps & d'esprit. Pour faire court, il me renversa tout ce que je lui disois, sans convaincre mon esprit. Il me conseilla de ne pas demeurer en l'état où j'étois & que je devois approcher des saints Sacremens. Je lui demandai si étant tout-à-fait dans le doute comme j'étois, & en particulier de ma derniere signature, je pouvois en conscience en approcher ; & que je trouvois plus de repos à demeurer sans communier, & qu'au moins je ne me mettois point au hazard de faire de mauvaises communions. Il me dit non seulement que je ne ferois pas mal, mais que je pechois de m'en priver ; & qu'il répondroit à Dieu pour moi, & que j'avois été obligée de faire ce que j'avois fait ; & que si mes Meres & mes Sœurs étoient aussi vertueuses que je le disois, elles le feroient, si Dieu leur vouloit faire miseri-

P 2

corde ; & que nous étions obligées en conscience d'obéir, puisqu'on nous le commandoit ; & qu'un jour je verrois la grace que Dieu m'avoit faite de me soûmettre. Je lui dis que si mon action étoit bonne, j'avoüois que je serois bien obligée de lui en rendre grace ; mais que comme j'étois dans le doute, je ne pouvois pas avoir de la reconnoissance pour une action que je doutois qui fût bonne ; & que jamais je ne l'en avois pû remercier une seule fois. Je demeurai pourtant convaincue, que jusqu'à ce que Dieu m'eût fait la grace de m'éclairer autrement que je n'étois ; je devois demeurer en repos dans la soûmission que j'avois rendue.

Avec cela je communiai le jour saint Jean-Baptiste, le Dimanche ensuite, & le jour saint Pierre & saint Paul. Je faisois ce que je pouvois pour me fortifier dans la résolution que j'avois prise. Ce même Pere vint encore la sur-veille de la Visitation à Saint-Denys par hazard, & je pris l'occasion & m'y confessai : car je ne voulois plus aller au Confesseur du Monastere. J'eus bientôt fait, parce que je possedois quelque calme, & puis ce Pere n'est pas enquêtant : si on ne lui dit rien, il ne dit rien. On a bientôt fait avec lui, & c'est ce qui avoit fait que j'y avois été. Vous permettiez, mon Dieu, que j'eusse ce calme ; car vous aviez destiné de me retirer bientôt du lieu où j'étois : & encore que j'eusse menti par mes signatures, vous m'avez toûjours donné bien de l'horreur du mensonge. C'est pourquoi si j'eusse été dans une autre disposition, je n'aurois pas parlé comme je fis à M. l'Archevêque : & il faut que je reconnoisse en votre sainte presence, mon Dieu, & que je vous en rende de tres-humbles actions de graces, de ce que vous aveuglâtes aussi M. l'Archevêque pour me parler comme il fit, après tout ce que je lui avois écrit depuis Pâques, & qu'il ne pouvoit pas avoir oublié la disposition où je pouvois être depuis si peu de temps, à moins que M. Chamillard ne lui eût tout celé; & de cela c'eſt à lui à en répondre, & non pas à moi.

M. l'Archevêque arriva donc à Saint-Denys le 3. de ce preſent mois de Juillet. Il vit la reverende Mere & la Mere des Novices enſemble, & je ne puis pas ſçavoir ce qu'elles lui dirent de moi; mais elles ne lui en ont pû parler que par conjecture, car je ne leur diſois rien du tout de ma diſpoſition, & elles n'ont vû aucunes de mes lettres. On me vint querir, & auſſi-tôt que je fus arrivée, M. l'Archevêque me demanda ſi j'avois toûjours bien envie de retourner. Je lui dis: Oui, s'il vous plaît, Monſeigneur, me faire cette grace, vous me ferez plaiſir. Cela ſera plûtôt que vous ne penſez, c'eſt pour Lundi avec la ſœur Melthide. Je lui dis que je ſerois bien-aiſe de parler à ſa Grandeur ſeule. Il me dit: Je ſuis bien-aiſe de vous dire devant la Mere l'état preſent de la Maiſon, car j'agis ſincerement. Il commença en cette maniere: Il y a pluſieurs Sœurs qui ſouhaitent la réunion avant que les trois mois ſoient expirez, afin d'aviſer enſemble ce qu'elles auront à faire. Je dis: J'ai fort ſouhaité cela. Madame de S. Ange en a écrit. Il m'en nomma encore d'autres, mais je les ai oubliées: & que pour cela il en avoit fait partir trente-trois du Monaſtere de Paris pour aller en celui des Champs; que cela s'étoit fait le plus ſagement du monde, ſans bruit, ſans murmure & avec grande douceur. Je lui dis: Helas, Monſeigneur, qu'auroient dit les pauvres filles, vous ne trouverez que douceur dans nos Sœurs. Il me fit taire, & puis il dit: La Mere Agnés, ſes trois nieces, & ma ſœur Briquet ſont parties aujourd'hui; & demain la Mere qui eſt à Montorgueil, deux qui ſont à la Créche, & la Sœur de Bregy. Je lui dis: Et moi auſſi, Monſeigneur, s'il vous plaît. Et vous, on vous viendra querir Lundi ſans faute avec la Sœur Melthide. Voilà votre obedience toute prête. Non, Monſeigneur, s'il vous plaît, que ce ſoit à Port-Royal des Champs que j'aille, je vous en supplie tres-humblement. Mais, Monseigneur, permettez-moi de vous demander pourquoi vous faites aller à Port-Royal des Champs. Et pourquoi non, me dit-il? Parce que repliquai-je, c'est bien de la peine de mener tant de monde à Port-Royal; on est tout porté à Paris. C'est pour faire mourir la Mere Agnés de la faire aller si loin : elle est à la porte de Port-Royal, nous autres nous en sommes assez proche; on n'auroit qu'à en faire venir une carossée tout au plus de Port-Royal des Champs des principales, les autres s'en fieroient bien à elles. Il m'interrompit & me dit : Non, non, cela est bien mieux à Port-Royal des Champs. J'avouë que cela me faisoit bien de la peine, & que je pensois que c'étoit pour faire mourir tout le monde. Car jamais on n'envoye personne de nouveau au mois de Juillet, Aoust, & Septembre à Port-Royal des Champs, parce qu'on y tombe malade. Et moi, qui y ai demeuré dix ans de suite, je sçai que toutes les Infirmeries sont pleines en ce temps-là : & après la guerre de Paris nous en fimes la premiere experience. Car comme nous y vinmes au mois de Juillet, au commencement d'Aoust nous étions seize malades; & pour ma part je la fus un an entier, & toutes les autres eurent des maladies considerables, si bien qu'il y en eut qui moururent, & tous les Automnes il en meurt toûjours quelqu'une. Ainsi je pensois : voilà pour nous faire mourir toutes bien promptement.

Monseigneur me demanda la raison qui me portoit à vouloir aller à Port-Royal des Champs : Je lui dis que c'est que je voulois ouvrir mon cœur à la Mere Agnés, à la Mere Prieure de Port-Royal des Champs, & à la Sœur Angelique. M. l'Archevêque s'écria : Entendez-vous, ma Mere, ce qu'elle dit. Ces trois filles-là ne signeront peut-être jamais. Je répondis : Je n'y sçaurois que faire, on croyoit bien que je ne le ferois pas, & je l'ai pourtant fait. Je disois cette parole, parce que j'étois encore dans le doute de mon action, & que même je possedois un peu plus de calme depuis la saint Jean-Baptiste : & ainsi tout varioit dans mon esprit, & je ne sçavois pas l'intention de nos Meres : c'est pourquoi je ne voulois prendre aucune resolution, & je ne témoignois pas ce que j'étois, ni dehors, ni dedans, parce que j'étois encore dans les tenebres. Je poursuivis : Quand j'aurai ouvert mon cœur à ces trois personnes, selon ce que Dieu fera, je me retirerai à notre cellule, & je ne dirai mot à personne. Il s'écria : Elle me ravit le cœur de l'entendre parler. J'avoue que cette parole me fit peine ; car je voyois bien qu'il avoit d'autres pensées que moi, quoique mes paroles fussent, ce me semble, assez expliquées. Je pensai à lui déclarer encore plus clairement toutes mes peines ; mais je dis en moi-même : Je ne suis pas obligée de répondre des pensées de mon Prélat ; c'est assez que je réponde de mes paroles & de la sincerité de mes intentions : & puis si David a bien contrefait le fou pour se délivrer; à plus forte raison je laisserai passer cette parole. Cela n'empêcha pas que je ne voulusse encore déclarer plus nettement mes sentimens. C'est pourquoi je lui dis : Monseigneur, je vous supplie tres-humblement de bien comprendre ce que je vous dis. Je vous demande d'aller à Port-Royal pour ouvrir mon cœur à la Mere Agnès, à la Mere Prieure de Port-Royal des Champs & à la Sœur Angelique. Je ne vous retracte rien, & ainsi je n'y vas point en vous desobéissant; mais aussi je n'y vas point pour épier mes sœurs ni pour les exhorter. Après leur avoir parlé, selon ce que Dieu fera, je me retirerai, & je prierai Dieu dans notre cellule.

La reverende Mere me dit, que je m'exposois beaucoup. Je ne lui dis rien autre chose, sinon qu'il falloit que j'allasse à Port-Royal des Champs. M. l'Archevêque commença aussi à me dire que je pensasse bien à moi ; qu'il me donnoit le choix, mais que toutes nos Sœurs se viendroient jetter sur moi, & me tourmenter; que je prisse garde à ne le pas tromper, & que je ne fisse pas comme la Sœur Candide, qui étoit la moins candide & la plus fourbe fille du monde, & qu'elle s'étoit moquée de lui. Il dit à la reverende Mere : Voyez-vous, ma Mere, cette fille m'a faussé sa parole; je ne la suis point venu chercher, c'est elle qui m'a envoyé querir pour faire sa Signature : elle m'a pressé, elle m'a fait toutes sortes de promesses, rien que pour sortir : elle m'avoit promis qu'elle gagneroit toutes ses sœurs; & elle n'a pas plûtôt été entrée dans la Maison qu'elle a fait tout le contraire ; elle a mis le trouble dans toute la Communauté : elle a débauché toutes celles qu'elle a pû ; & aussi n'en est-elle pas quitte. Car j'ai grande envie de lui donner une si bonne penitence, qu'elle le sentira long-temps, & je le lui ai bien promis. Elle se dédit de tout ce qu'elle a dit ; & quand je le lui reproche, elle dit tout hardiment : Je ne m'en souviens pas. Je commençai à lui repeter encore ce que je lui avois dit d'abord, en lui disant : Monseigneur, je vous supplie tres-humblement de prendre garde à ce que je vous promets : on ne me trouvera jamais en deux paroles, s'il plaît à Dieu de m'en faire la grace. Je vous dis que je ne m'en vas pas en vous desobéissant, mais aussi que je n'y vas point pour servir d'espionne à mes sœurs, ni pour les exhorter, &c. Il me dit : J'aimerois mieux que vous fussiez à Paris : Nous avons retenu dix ou douze Sœurs que l'on dit être les meilleures & les plus douces; vous nous aideriez à les gagner. Vous pouvez juger que je ne les connois pas, je m'en rapporte à ce que celles du dedans qui les voyent agir, m'en disent : asseurément que vous les serviriez beaucoup. Je dis à moitié entre mes dents : Dieu m'en veuille préserver, & je suis moi-même dans le doute de mon état. J'avoue que je ne pouvois comprendre, comment Monseigneur s'aveugloit : car il répondoit &

parloit selon ses pensées, & non pas selon mes paroles, & selon tout ce que je m'étois donné l'honneur de lui écrire & faire dire par M. Chamillard, il n'y avoit pas quinze jours, ce qui n'étoit pas un temps pour oublier toutes les peines que j'avois dit que j'avois.

La reverende Mere se retira pour me laisser seule avec Monseigneur, comme j'avois demandé. Je n'en avois plus de besoin ; mais comme j'aime la sincerité, je pensai qu'il falloit que je le fisse ressouvenir de tout ce que j'avois dit & écrit de toutes mes peines : & je commençai à dire que je m'étois soûmise, mais qu'il sçavoit bien, que je ne croyois point que M. l'Evêque d'Ipres eût enseigné rien d'heretique. Il me fit un grand discours fort entremêlé pour me faire voir, que ce n'étoit plus qu'un simple acquiescement que l'on desiroit de moi. Et comme au commencement de son discours je voulus lui repartir sur ce qu'il disoit, il me fit taire ; & aussi-tôt je dis en moi-même : En verité je suis trop scrupuleuse en ce qu'il ne faut pas, je n'ai plus besoin de m'éclaircir de mes doutes, puisqu'aussi-bien M. l'Archevêque ne me donnera jamais le loisir de les lever tous. Le plus court moyen de le bien faire, c'est la porte ; la voilà ouverte, je ne sens aucun changement dans mon cœur ; je ne sçai pas en quelles dispositions sont nos Meres & nos Sœurs. Si Dieu me fait connoître que je doive changer de sentimens, je suis prête à le faire ; aussi, s'il me fait connoître que je dois demeurer dans l'obéissance que j'ai rendue, je ne veux pas laisser de vivre avec elles, & souffrir tout ce qu'on leur fera souffrir ; j'ai assez de pechez à expier en autre chose, quand je serois convaincue que je devrois demeurer dans mon obéissance. Vous voyez que je voulois allier ensemble la verité & le mensonge. Et ainsi, quand Monseigneur eut fini son discours, que je n'avois pas écouté, non par manque de respect, mais par l'accablement des raisonnemens qui se formoient dans mon esprit, je lui dis: Monseigneur, en voilà assez, à Port-Royal des Champs, s'il vous plaît. Il me dit: Hé bien vous irez, appellez la Mere. Je croi qu'elle étoit contre la porte, car elle entra, & Monseigneur lui dit: Enfin elle veut aller à Port-Royal des Champs, il l'y faut laisser aller. La reverende Mere recommença à me prêcher, & à me dire que je m'exposois; mais je ne répondis rien, car je ne regardois que la porte. Et il n'y a point, à ce que je croi, de pauvre miserable dans les basses fosses, qui souhaitent plus ardemment d'en sortir que je desirois de sortir de ce Monastere, non pour voir mon corps libre, mais pour donner liberté à mon pauvre esprit de discerner le bien d'avec le mal; & c'est une horrible captivité à une ame qui craint d'avoir offensé Dieu, que d'être en un lieu où elle est reduite à ne pouvoir avoir aucun soulagement, que par des personnes qui vous asseurent sur leur salut, sur leur part de Paradis, & sur le Sang précieux de Jesus-Christ, que vous êtes obligée de demeurer dans une action que vous avez faite, & dont votre conscience ne vous donne aucun repos, & avec cela que Dieu ne permet pas que vous voyïez assez clair pour embrasser le contraire, & que vous craignez de lui déplaire en demeurant ou en quittant; & que vous ne sçavez pas si la captivité où vous êtes durera autant que votre vie. Voilà mon pauvre état, & je disois quelquefois à la Mere Marie-Joseph: Je me trouve dans un état qui est une petite image de l'enfer, sinon que Dieu laisse au fond de mon cœur une ferme esperance en lui, que si je ne suis pas bien, il me fera la grace de m'en retirer. M. l'Archevêque se mit aussi avec la Mere à renouveller ses exhortations, & à me dire qu'il m'aimeroit bien mieux à Paris, & qu'il seroit bien fâché de me perdre; & que je ne manquasse pas de lui écrire bien souvent, & de lui faire sçavoir en quel état seroit mon esprit; que je n'aurois qu'à donner mes lettres à l'Ecclefiaftique qu'il y envoyoit, & qu'il me recommanderoit bien à lui. Je lui dis : Monfeigneur, puifque vous me le commandez, je ne puis pas que je n'obéiffe, mais je ne vous dirai, s'il vous plaît, pas un mot de mes fœurs : je vous ferai feulement fçavoir en quelle difpofition je ferai pour lors. Je lui demandai fi on communioit. Il me dit qu'oui, mais qu'il m'avouoit qu'il n'y laiffoit pas communier les perfonnes qui ne vouloient point fe mettre en aucune difpofition d'obéir. Il me dit : Puifque vous voulez vous en aller aujourd'hui, tenez-vous toute prête & ne faites pas attendre ; ma Sœur de Brégy fera à votre porte avant une demie heure, & prenez bien garde à la parole que je vous vas dire en prefence de la Mere : Affeurez-vous, ce me dit-il, que fi vous m'êtes bonne fille, je vous ferai bon Pere, & que vous reffentirez tous les effets d'une charité & amitié d'un veritable Pere ; mais fi vous changez, vous trouverez une main bien rude. La Mere me dit qu'elle me prioit de bien pefer cette derniere parole de Monfeigneur. Je ne lui répondis rien. Il falua la Mere & dit : Il eft tard, il me faut en aller promptement, ne faites pas attendre après vous. Je lui dis : Tout-à-l'heure, Monfeigneur, s'il vous plaît, je n'ai que notre Breviaire à prendre.

J'étois fi preffée de fortir que je ne fis pas feulement le paquet de nos hardes. Je le laiffai tout faire comme on voulut. Je ne fongeois qu'à mettre mon corps dehors. J'oubliois de dire que la reverende Mere demanda à M. l'Archevêque s'il mettoit à Port-Royal des Champs des Filles de Sainte-Marie. Il répondit : Non, ma Mere ; mais je mets bon ordre afin qu'elles ne puiffent recevoir aucunes lettres, papiers ni paperaffes. C'eft fon propre terme. Je demandai la Mere Marie Jofeph pour lui dire adieu ; & elle me demanda fi Monfeigneur avoit levé tous mes doutes. Je lui dis : Oui, ma Mere ; parce que la porte qu'il me faifoit ouvrir, ouvroit la porte à mon bonheur, & me donnoit jour pour lever bientôt tous mes doutes. En passant j'entrai dans une chambre, où l'on avoit assemblé la Communauté pour me dire adieu. J'étois encore sur le pas de la porte que la reverende Mere se mit à genoux avec bien de la hâte, & moi aussi-tôt. Elle me dit qu'elle me demandoit pardon de tous les sujets de peine que je pouvois avoir eus dans leur Maison; & qu'elle sçavoit bien que je n'avois pas sujet d'être satisfaite de leur conduite, mais qu'elles me prioient de croire qu'elles n'avoient rien fait que suivre l'ordre que Monseigneur leur donnoit. Je ne leur répondis pas un mot là-dessus; je leur dis seulement que je leur demandois pardon de la mauvaise édification que je leur avois donnée. Elles m'assurerent qu'elles n'avoient point été mal édifiées, & me témoignerent bien de la bonté. Au sortir de là nous fumes nous prosterner devant le saint Sacrement, la reverende Mere, la Mere des Novices, & la Mere Marie Joseph. Elles vous demanderent, mon Dieu, comme je le puis croire pieusement, que je demeurasse ferme dans ce que j'avois embrassé; & moi je vous dis: Voila votre pauvre servante accablée d'un nombre infini de pechez, qui meriteroient qu'à jamais vous me laissassiez dans mes tenebres. Mais, mon Dieu, faites-moi misericorde; faites-la moi paroître en me jettant un œil de votre misericorde. Percez mon cœur d'une fléche de votre amour, qui lui fasse connoître & accomplir votre sainte volonté. Je me levai toute la premiere : car on m'avoit dit en entrant que le carosse étoit à la porte. Je sentis du changement en mon cœur : & je voulois en dire quelque chose à la bonne Mere Marie Joseph, mais elle s'étoit retirée quand elle vit que j'approchois de la porte pour sortir. Je pris notre manteau, & j'enveloppai dedans un saint Pierre qui pleure son peché, que j'avois pris pour Avocat, afin d'obtenir de Dieu la grace de connoître ma faute & de la pleurer. Je mis aussi dedans une image de M. l'Evêque d'Ipres en presence de ces deux Meres, avec celle de notre Mere Angelique. Et l'une de ces deux Meres dit : Voyez, s'il vous plaît, comme elle a soin de son Monsieur d'Ipres, elle n'a garde de l'oublier. Je leur dis : je n'ai garde de vous le laisser. je leur avois aussi montré une image de M. de S. Cyran, que j'avois dans notre Breviaire.

Je sortis comme j'y étois entrée, ayant été plus captive le dernier jour que le premier. je n'ai jamais mis le pied dans leur Refectoire, ni en aucun lieu de leur Monastere, sinon aux lieux où on alloit en procession. j'avois une joye tres-grande, & un tel commencement de liberté d'esprit, que je croyois être une autre personne ; ou bien je commençois par votre grace, mon Dieu, à rentrer dans l'état où j'avois été avant ma malheureuse signature. Et vous sçavez que de tout mon cœur je ne faisois que repeter ces paroles par maniere d'aspirations : Seigneur, voici le jour de grace pour moi qui s'approche ; c'est maintenant que j'espere que vous me ferez connoître & accomplir votre sainte volonté. Vous me montrerez votre visage, & je serai sauvée. Un seul regard de votre misericorde, comme vous en jettâtes un sur S. Pierre, me suffit ; & vous sçavez comme je me recommandois à votre sainte Mere, ce qui me fit demander de quel côté étoit Notre-Dame-des-Vertus. Je passai comme cela mon temps sur le chemin, sans faire aucune reflexion sur rien.

Nous arrivâmes à la Visitation de sainte Marie en dehors, car on ne nous logea pas dans la clôture. Il y avoit déja de nos Sœurs d'arrivées. Nous nous saluâmes tout de même que si nous eussions toutes été d'un même sentiment ; & nous l'étions aussi pour le cœur & pour l'union, mais non pas pour l'action : car mes sœurs étoient libres, & moi j'étois esclave. Elles avoient resisté aux hommes pour obéir à Dieu ; & moi en voulant obéir à Dieu

& aux hommes tout enſemble, j'avois deſobéi à Dieu. Nous étions dans un Parloir au-dehors, où il y avoit des Religieuſes de ſainte Marie aux grilles. Je fus avec notre Mere Prieure, qui venoit auſſi d'arriver, ſaluer celle des Filles de Sainte Marie qui avoit la mine de préſider. Et après nos ſalutations faites, comme elle parloit de la joye que nous avions de nous voir, je lui dis: Voyez-vous, ma Mere, c'eſt une union qui ne ſe rompra jamais: & encore qu'il y en ait quelques-unes de nous qui ayent ſigné & les autres point, cela n'empêche pas cette union & cette correſpondance que nous avons toûjours euë & que nous aurons, s'il plaît à Dieu. C'eſt une cruauté de ſeparer ce que Dieu a ſi étroitement uni. Remarquez, s'il vous plaît, comme je parlois ſincerement, & comme une perſonne qui ſort de priſon, & qui ignoroit bien la maniere avec laquelle agiſſent quelques-unes de nos Sœurs qui ont ſigné, particulierement ma ſœur Flavie, & ma ſœur Dorothée. Cette Mere me dit: N'êtes-vous pas ma Sœur Marguerite de ſainte Gertrude? Je lui dis: Oüi, ma Mere, je la ſuis. Mais vous ne devez pas venir, ce me dit-elle; c'eſt une mépriſe, & Monſeigneur vous a comptée pour demeurer à Paris; & pour marque, n'avez-vous pas de la voix: car on diſoit que vous ſoûtiendriez bien au Cœur. Il eſt vrai, ma Mere, que j'ai une tres-grande voix, mais je ne ſçai rien, je ne fais que ſuivre les autres. Mais je dois aller à Port-Royal des Champs, voilà mon obedience, ſi vous la voulez voir. Elle me dit: Je vous croi, mais j'en ſuis toute étonnée. Car ce n'étoit nullement l'intention de Monſeigneur. N'avez-vous pas ſigné la deuxiéme fois? Je lui dis: Oüi, ma Mere. Mais vous avez bien fait & vous voulez aller avec celles qui n'ont pas bien fait. Je répondis: Il faut que j'aille avec nos Meres & nos Sœurs. Dieu voit tout, il ſçait ce qu'il veut faire de nous. Des Dames qui avoient amené ma ſœur Eugenie vinrent me dire de ſemblables choſes, &

se joignirent aux Meres ; & je difois toûjours la même chofe : Dieu qui penetre le fond des cœurs voit tout, mais il faut que j'aille à Port-Royal des Champs. Notre Mere Prieure approcha : car elle parloit à M. l'Official pendant que j'avois parlé à cette Mere. Elle me dit : Hé ! vous voilà. D'où vient que vous venez avec nous ? Il falloit qu'elle n'eût pas pris garde qui l'avoit embraffée, car je l'avois fait. Je lui dis : Vous voyez, ma Mere, il faut que j'aille à Port-Royal des Champs.

L'on nous conduifit dans le lieu que l'on nous avoit préparé pour nous coucher. Et quoi qu'à caufe de mon action je leur devois être toute oppofée, nous fimes toutes côme fi nous euffions été d'un même fentiment. Nous nous témoignions la joye que nous avions d'aller à Port-Royal des Champs, dans un temps où, comme j'ai dit, on ne penfoit jamais à envoyer perfonne, mais plûtôt à en retirer celles qui ne pouvoient y paffer les grandes chaleurs fans y être malades.

On nous avoit dit qu'il nous falloit tenir prêtes pour partir à quatre heures du matin : & une des Tourieres nous vint dire que la reverende Mere lui venoit de dire ou mander, que nous ne nous levaffions pas fi matin, & qu'il n'y avoit rien qui nous preffât ; que nous aurions le loifir de faire tout ce que nous aurions à faire fans empreffement. Ma fœur Anne Eugenie étoit couchée dans une chambre feule, & notre Mere Prieure, ma fœur Euftoquie & moi, nous étions dans une autre toutes trois enfemble. Comme ma confcience n'étoit pas bien, j'étois la plus facile à prendre l'alarme. C'eft pourquoi je dis : Affurément c'eft pour moi, penfant que cette bonne Mere qui m'avoit parlé, avoit écrit à M. l'Archevêque, qu'il ne me falloit pas laiffer aller, & que c'étoit dommage : car elle m'avoit tenu ce langage. Nos Sœurs commencerent à dire : Ils nous renfermeront dans des Convens, ils fe font ravifez. Je leur dis : Ce n'eft point pour vous; c'est pour moi seule, assurément on me retiendra. La Mere Prieure dit: Adressons-nous à la Mere Angelique; promettons quelque chose à Dieu, afin que nous allions avec nos Sœurs. La Mere Prieure fit notre vœu à Dieu tout haut, & nous promimes d'être les plus pauvres que nous pourrions; moi j'ajoûtai, & de travailler à nous unir de plus en plus ensemble.

Le lendemain, environ les six ou sept heures du matin, on nous dit: Voila M. l'Archevêque; je m'écriai: C'est pour moi, on me menera à Port-Royal de Paris. je me recommandai à Dieu de tout mon cœur, afin qu'il ne le permît pas. Nous ne vimes pas M. l'Archevêque. je ne sçai à qui il parla; mais nous sçumes tout-aussi-tôt que c'est qu'il devoit encore sortir de nos Sœurs de Port-Royal de Paris pour venir avec nous. Aussi-tôt il arriva deux de nos Sœurs qui étoient à la Crêche. Nous montames toutes six en carosse, & je choisis une portiere, pour être seule, & penser un peu à moi durant le chemin. Je saluai nos deux Sœurs, que nous n'avions point vûes, & elles me dirent: D'où vient que vous venez? sans me dire autre chose; ensorte que je ne pouvois pas même discerner si elles approuvoient ou desapprouvoient mon action. Je leur dis: je ressemble à Ruth la Moabite, Votre Dieu est le mien, & ce lieu où vous serez sera aussi le lieu où je serai; je suis unie avec vous, je vivrai & j'y mourrai, s'il plaît à Dieu. Je leur disois ce qui étoit vrai, & ce que j'avois dit bien de fois, mais particulierement quelques jours avant que sortir des Annonciades. je l'avois dit à la Sœur Infirmiere, & à la Sœur qui me gardoit. Car comme elles me parloient de nos Meres & de nos Sœurs, & de l'excommunication, je leur avois dis: je vous supplie, qu'on ne me parle d'excommunication ni d'autre chose; car je ne choisirai jamais d'autre lieu que celui où seront nos Meres & nos Sœurs qui n'ont point signé: Si on les excōmunie, je mourrai

rai avec elles : Si on les envoye en quelque lieu bien loin, j'irai avec elles, s'il plaît à Dieu de m'en faire la grace : si elles n'ont que du pain, je n'aurai que du pain. Enfin je vivrai & mourrai avec elles.

Après quelque peu d'entretien que nous eumes ensemble sur ce sujet de notre joye, je ne dis presque plus mot ; & vous commençâtes, mon Dieu, à me faire la grace de vous prier avec plus d'instance que je n'avois fait, afin que vous me fissiez connoître votre sainte volonté, & que vous ne me cachassiez plus votre face ; & que si au-contraire mon action étoit bonne, vous me donassiez une claire lumiere & une stabilité dans mon état, afin de demeurer ferme dans l'obéissance que j'avois rendue. Cette derniere priere se faisoit si froidement, que ce n'étoit que glace dans mon cœur ; & au-contraire je sentois bien plus de ferveur quand je venois à dire : Mais aussi, si c'est votre sainte volonté que je renonce à tout, donnez-moi la force & l'humilité de le faire genereusement & courageusement, ensorte que je vous puisse servir avec joye le reste de mes jours : car je ne puis rien faire sans vous. Eclairez mon ame & me faites tenir la promesse que je vous ai si souvent faite, qu'aussi-tôt que je connoîtrai votre volonté, je l'accomplirai : Parlez, Seigneur, car votre servante écoute. Je parlois ainsi à Dieu, & je repetois toûjours la même chose. Quelques-unes de nos Sœurs dirent : Voici des Carosses. Les autres dirent : C'est de nos Sœurs. Je m'avançai dehors de la portiere pour regarder, je ne vis que de nos Sœurs converses, & encore de pauvres filles tres-infirmes, & je dis en moi-même : Il y a du dessein dans tout ceci, pourquoi des Converses pour consulter, & les plus malades ? Ce n'est pas pour servir, mais plûtôt pour être servies. C'est pour nous faire mourir tout-en-un-coup que cette quantité de monde tous les uns sur les autres, & je dis : Si cette affaire est de Dieu, les hommes n'y pourront rien.

II. Partie. Q

Je me mis ensuite à poursuivre de prier Dieu, & je me disois à moi-même : Quoi ! on ne me demande que la soûmission & une marque de mon obéissance, & par mon seing je proteste la croyance à la face de la sainte Eglise, & sur les saints Evangiles. Vous m'avez donné l'amour de la verité, mon Dieu, & j'embrasse le mensonge : tout ceci sont des violences. Je repassois dans mon esprit ces beaux exemples de l'histoire de l'Eglise, de ce que les Saints avoient fait pour empêcher que les Fideles ne se retirassent de l'Eglise ; qu'un saint Augustin vouloit même qu'on s'abaissât jusqu'à partager des Evêchez, & à souffrir que ceux qui en devoient sortir par toutes sortes de loix, y demeurassent, afin de donner la paix à l'Eglise ; combien un saint Gregoire Pape avoit pris de peine, afin que ceux qui s'étoient separez des Catholiques à cause du cinquième Concile, se réünissent ; & qu'au lieu de proposer des peines, il s'étoit servi de toutes sortes de voyes d'accommodement, & s'étoit abaissé autant que l'Eglise & les Canons le pouvoient permettre. Et nous pour un fait on nous veut pousser, contre toutes sortes de loix, & on en fait tous les jours de nouvelles pour nous opprimer. Je me souvenois du saint Concile de Trente, & côme les Peres assemblez avoient offert des sauf-conduits aux heretiques pour les mener & ramener ; non pas pour les opprimer, mais afin que leurs personnes fussent en assurance, & qu'ils fussent dautant plus libres ; qu'ils eussent pouvoir d'écrire, & avoir des personnes pour faire leurs affaires ; & qu'ils seroient libres d'exposer leurs sentimens en general & en particulier à celui des Peres qu'il leur plairoit : & qu'après cela, s'ils demeuroient dans leurs sentimens, & dans leurs opinions ils seroient libres de s'en retourner, & qu'ils seroient reconduits dans leurs maisons en seureté. Je me disois : Voila la conduite si sainte & si chrétienne des Peres assemblez dans un Concile general, & le dernier de tous : & nous par un pur fait que nous ne sommes pas obligées de connoître, & que nous ne pouvons jamais être capables de sçavoir à cause de notre ignorance dans les Lettres, on veut que nous jurions & que nous l'assurions pour vrai sur les saints Evangiles. Et à moins de cela on nous chasse de nos Monasteres ; on nous enferme, on nous tient captives ; on nous prive des saints Sacremens, on met tout en garde, afin que nous nous aveuglions. Je repassois aussi par mon esprit la maniere si dure & si peu chrétienne, dont M. Chamillard avoit usé envers moi, & la conduite qu'on avoit tenue pour me captiver, depuis même que j'avois fait tout ce qu'on vouloit de moi ; qu'on ne m'avoit pas même voulu donner la liberté de me confesser, & qu'il falloit de necessité ne voir ni ne parler qu'à des personnes qui nous étoient entierement opposées ; qu'on avoit mieux aimé nous donner le couvert au-dehors de Sainte-Marie, que de nous le donner dans notre Monastere, qui n'étoit qu'à trois pas ; que je voyois en tout cela de terribles mysteres, & que Dieu n'en étoit point l'auteur, & que c'étoit contre toutes les regles de l'Eglise. Je repassois dans mon esprit toutes ces choses, & une infinité d'autres tout le long du chemin, que j'ômets pour abreger.

 Notre Carosse ne pouvoit marcher : & nos Sœurs qui étoient derriere nous, nous devancerent. Leurs chevaux marchoient avec une vîtesse extrême ; & les nôtres ne pouvoient aller, & même un tomba par terre. Je disois en moi-même : C'est qu'ils ne me veulent pas mener à Port-Royal, ils sentent ma mauvaise action. Trois de nos Sœurs descendirent pour rendre le Carosse plus leger & soulager les chevaux. Je ne le pus faire, parce que je me trouvois mal. On releva ce cheval, & quelque temps après il retomba encore une fois. C'est pourquoi je pris resolution de sortir du Carosse, & de me faire effort pour voir si le Carosse pourroit mieux aller. On fut contraint au premier village de laisser le

Q 2

cheval, car c'étoient des Carosses de loüage, dont les chevaux ne valent gueres. Ce que j'en dis, n'est que pour faire voir les agitations de mon pauvre esprit. Quand je fus descendue, j'allois de Carosse en Carosse embrasser nos Sœurs, sans qu'elles me dissent une parole, pour me faire connoître que je n'étois pas de leur sentiment. J'apperçus dans un de ces Carosses un Ecclesiastique fort jeune. Je dis en moi-même : Toute jeunesse, point de barbe blanche; ce ne sera pas à de semblables personnes que je porterai mes peines; & je dis à Dieu : Ce sera à vous, Seigneur, qui êtes ce veritable Prêtre selon l'ordre de Melchisedech, à qui je découvrirai mon cœur. Vous m'éclairerez, & après que vous-même m'aurez fait connoître ma faute, je vous la confesserai, & vous m'en donnerez l'absolution.

Nous poursuivîmes notre chemin, & vous continuiez de parler à mon cœur; mais ce n'étoit encore que de loin, & vous ne vous faisiez pas paroître à moi tout-d'un-coup, mais petit-à-petit. Quand nous fûmes à la premiere porte, & que je vis les Gardes rangez avec le mousquet sur l'épaule qui fouillerent nos hardes, je me souvins de mes voyages de Flandres, quand nous passâmes par Perronne & par Cambray. Mais il faut que j'avoüe que j'y trouvai un peu plus de courtoisie, même parmi les Espagnols : car Messieurs les Gouverneurs de ces Places, ne voulurent jamais qu'on touchât à nos pacquets & coffres; ils se contenterent de notre parole, quoique lorsque je revins en France, c'étoit dans le temps où la guerre étoit la plus échauffée, & on y faisoit une tres-severe garde.

Quand je fus à l'Eglise, après que j'eus adoré le tres-saint Sacrement, je disois à Dieu : Il est temps, Seigneur, que vous fassiez connoître votre sainte volonté à votre pauvre servante. Ne tardez plus à venir, & j'étois resoluë, aussi-tôt que la porte de clôture seroit fermée, de me jetter à genoux devant mes Sœurs, pour les prier de prier Dieu, qu'il me fit la grace d'achever ce qu'il avoit commencé en moi, & de dire à nos Meres l'état auquel j'étois. Mais quelques petites raisons m'en empêcherent, & je dis en moi-même: Il faut encore prier Dieu; & puis le Diable me difoit toûjours: Recule, recule.

Celles de nos Sœurs qui avoient la force furent au Refectoir; & quelques-unes qui étoient auſſi foibles que moi, furent à l'Infirmerie, & tout y étoit en ſilence. Quand j'eus fait, je me retirai à l'Egliſe en un petit coin, pour n'être vûe de perſonne, & je vous parlois, mon Dieu, dans l'abondance de mon cœur, & je ne diſois plus que ces ſeules paroles: Votre volonté ſoit faite en moi. Vêpres ſonnerent, qui étoient les premiers Vêpres de la Dédicace de notre Egliſe. Je ne voulus pas prendre place avec celles de nos Sœurs qui chantoient, car j'avois le cœur trop ſerré. Comme on commença: *Deus in adjutorium meum intende*, &c. je repetois avec eſprit ces paroles: *Feſtina*, afin que Notre-Seigneur fût prompt à me ſecourir. Et à l'inſtant il commença à faire pleuvoir de mes yeux un déluge de larmes, qui peu-à-peu faiſoit fondre la glace de mon cœur, ſans que je puſſe preſque penſer à rien. Après Vêpres je me retirai encore en mon petit coin, & y paſſai le reſte la journée ſans parler à perſonne. A l'heure du Refectoir j'y fus, où je mangeai un peu. Je revins à mon coin enſuite à Complies, & toûjours dans les larmes.

On me vint querir à l'Egliſe pour me montrer la cellule où je devois coucher, & ce fut là où je me trouvai encore plus libre de laiſſer aller la bonde à mes pleurs, ſans ſçavoir à quoi ils aboutiroient. Je m'endormis à la fin, mais il me ſemble que ce fut peu. Quand j'entendis ſonner Matines, j'y fus, & je pleurois toûjours. Je ſentis que les premieres lumieres dont il avoit plû à Dieu de m'éclairer, & que la tentation avoit preſque éteintes, commençoient à revenir. Je demandois miſericorde à Dieu,

Q 3

& je commençai à me dire à moi-même : C'est tout présentement qu'il faut renoncer au mensonge pour prendre la verité. Elle me paroît toute claire. Après Matines je revins à notre cellule, & fus à Prime dans cette disposition. Et pendant la sainte Messe, comme j'offrois au Pere éternel le sacrifice de son Fils, je me sentis frappée au cœur pour ne plus apporter de retardement à rompre tous mes liens, & je vous dis:

Mon Dieu, c'est maintenant que d'une franche & libre volonté, sans aucune contrainte ni induction de quelque creature telle qu'elle soit, ni par aucun respect humain, je renonce de bon cœur aux deux Signatures que j'ai faites ; parce que vous me faites connoître que j'ai peché en les faisant ; & qu'il est impossible d'embrasser en même temps le mensonge, & la verité, en jurant comme j'ai fait sur les saints Evangiles, que je croi ce qu'en effet je ne croi point. Tout ce que je pouvois & devois faire, étoit de déclarer, comme je vous le déclare ici, que je croi, & embrasse de tout mon cœur, toutes les veritez de la sainte Eglise, & tout ce qu'elle nous propose de croire au regard de la foi, & que je veux demeurer dans le silence & le respect pour ce qui est des faits, ausquels ma profession & mon ignorance me dispense de prendre part. Je reconnois que je ne suis tombée dans un si grand aveuglement, qu'à cause de l'orgueil que vous avez vû en moi ; & que toutes les craintes & les foiblesses que j'ai euës, ne me sont venues qu'à cause que je ne me suis pas assez confiée en vous. Ma foi & ma vertu m'ont délaissée : Aidez-moi, mon Seigneur, à rentrer dans votre grace & votre amour. Je vous demande tres-humblement pardon de mon peché, & de ceux de ma vie passée qui ont attiré sur moi votre colere, & vous ont obligé de vous retirer de moi. Donnez-moi, s'il vous plaît, un veritable esprit de penitence qui m'en fasse produire des fruits dignes de vous. Que je n'oublie jamais vos misericordes ; qu'elles soient éternellement gravées dans mon cœur. Aidez-moi à souffrir le poids de mon humiliation : car je ne la pourrai soûtenir, si vous ne m'aidez vous-même à la porter. Je l'accepte de tout mon cœur pour satisfaire à votre divine justice, que j'ai si justement irritée : & puisque votre cher Fils unique a bien voulu être humilié sur l'arbre de la Croix, & porter la charge & l'ignominie de mes propres pechez ; unissez mon humiliation à la sienne, & me faites la grace de la porter amoureusement, humblement, & perseveramment jusqu'à la fin de ma vie.

Quand j'eus renoncé au mensonge devant Dieu, la sainte Vierge, les saints Anges & toute la Cour celeste, je demeurai dans un calme le plus grand que j'aie jamais ressenti ; au moins je ne croi pas en avoir ressenti un plus grand accompagné d'une tres-grande douleur de mon peché, avec une joye interieure & une confiance en la misericorde de Dieu, & tout cela si doux & si calme que je ne pouvois douter de la grace que je venois de recevoir. Mes larmes ne furent pas si abondantes, quoiqu'elles ne laissassent pas de continuer plusieurs jours, & il ne s'en passe aucun que je ne pleure depuis ce temps-là.

Je fus à l'Office & à la grand'Messe dans cette disposition ; à la fin de laquelle je priai une Sœur de dire à une de nos Superieures (c'étoit à ma sœur Angelique de saint Jean) que je la suppliois tres-humblement que je lui pusse parler avant le Refectoir. Elle ne manqua pas de le lui dire ; & aussi-tôt qu'elle arriva où j'étois, je me jettai à genoux, & je lui dis : ma Sœur, j'ai peché. Dieu m'a fait la grace de reconnoître que je l'ai offensé & toute la Communauté. Je suis prête, assistée de cette même grace, de faire tout ce qu'il faut pour reparer ma faute devant Dieu & devant les hommes. Je tenois un Crucifix en ma main, & je lui dis : Je sens une telle confiance en Dieu, que je croi qu'il m'a remis mon peché. Reste à faire des fruits dignes de pénitence. Elle me dit que c'étoit un commencement. Je lui dis que mon affaire étoit faite devant Dieu, & que j'avois fait ma Retractation en sa presence pendant le saint Sacrifice de la Messe. Elle se separa de moi sans me rien dire pour m'exhorter : & depuis ce temps jusqu'aujourd'hui, je n'ai reçû aucune exhortation de qui que ce soit.

Je ne me trouve à aucun Exercice de Communauté qu'à l'Office, où on ne se parle point, & ainsi je ne sçai point ce que nos Sœurs ont resolu de faire; de même que la Communauté ne sçait point encore ma resolution presente, & que depuis vingt-trois jours qu'il y a que j'ai fait cette presente retractation à la vûe de Dieu seul, je me suis tenue separée de la Communauté, me reputant indigne de m'y joindre, & de parler à mes Sœurs que j'ai si fort scandalisées. Mais quoiqu'elles ne sçachent pas encore mon changement present, elles ne me font aucunement paroître par leurs façons ni par leur mine avoir peine de moi. Hier seulement comme je vis notre Mere Abbesse à la sainte Messe, qui n'étoit arrivée que de la veille fort tard, je la suivis au lieu où elle alloit, & y étant arrivée, je me jettai à ses pieds en presence de 5. ou 6. Sœurs qui étoient avec elle, & lui témoignai le regret & la douleur que j'avois de mon peché. Elle me reçut avec la charité & la douceur qui lui est si naturelle. La plûpart des Sœurs qui étoient avec elle, ne sçavoient pas mon changement, & je puis dire que presque toutes ne le sçavoient pas. Il y avoit même une de nos Superieures avec notre Mere qui en fut surprise, & elle m'embrassa en me disant qu'elle ne sçavoit pas que je fusse dans la disposition où elle me voyoit. Il y avoit peu de jours qu'une de nos Sœurs m'embrassa, quoiqu'il y en eût plus de quinze que j'étois dans la Maison. Je me jettai à ses pieds, & elle encore plus vîte que moi, en me disant: Helas! ma Sœur, vous ai-je offensée en quelque chose ? Je lui dis : Non, ma Sœur, c'est moi qui vous ai bien offensée & toute la Communauté par ma mauvaise action. Là-dessus elle me dit : Reconnoissez-vous que vous avez manqué en la faisant. Je lui dis : Oüi, ma Sœur, & Dieu m'a fait la grace d'en faire la retractation il y a plus de quinze jours. Nous nous separâmes comme cela.

Je prie ceux qui liront ceci de remarquer cette conduite, au prix de tout ce qu'on me mandoit & disoit du desordre de de nos Sœurs, & de l'accablement, & de la peine qu'elles faisoient à ceux qui avoient signé. Pour ce qui est de ce desordre prétendu, je puis rendre ce témoignage à la verité, que je n'ai jamais vû la Regle mieux gardée, plus de silence & plus de recollection. J'ai beau aller parmi le Monastere, je ne trouve personne qui parle ensemble. Jamais plus d'exactitude à l'Office, plus de modestie, l'Office mieux chanté. Car d'abord que je suis arrivée j'y ai pris garde à dessein, à cause de tant de desordres qu'on m'avoit dit qui étoient dans la Maison. On ne peut pas dire qu'on se contraint. Car ce fut tout-d'abord comme y étant bien accoûtumées, & cela continue, comme des personnes, qui ayant toûjours fait leur devoir, le font encore, & le feront, s'il plaît à Dieu, jusqu'à la mort, selon la promesse qu'elles lui en ont faite.

L'on pourra peut-être dire qu'on ne me parle pas, mais qu'on me donne bien des papiers pour m'instruire. Je puis rendre ce témoignage à la verité que je n'ai lû ni livre, ni papier imprimé, ni écrit à la main, & pas même une seule sentence des saints Peres, ni d'autres pour me fortifier dans ma resolution, enfin rien du tout ; & je ne me mêle de rien dans la Maison, non plus que si je n'y étois point. Je pleure mon peché, & j'attens M. l'Archevêque pour lui dire ma resolution. Car comme son Mandement porte qu'il ne veut point de restriction, je n'ai rien qu'à renoncer à la Signature que j'ai faite sans restriction ni explication ; étant toute disposée de recevoir toutes les peines qu'il lui plaira de m'imposer, que je recevrai de bon cœur, assistée de la grace de Dieu, non pour punition de ce que j'ai renoncé aux Signatures que j'ai faites, mais pour satisfaire à Dieu que j'ai offensé en les faisant. Et j'avoue que quand ma conscience ne m'auroit pas obligée d'y renoncer pour ne vouloir pas porter un faux témoignage, & l'asseurer par un serment, la maniere dont on agit dans cette affaire, & tous les mensonges qui ont été faits pour nous tromper les unes & les autres, feroient capables d'ouvrir les yeux à toutes les personnes équitables. Ces Sœurs, à qui je parlai hier en présence de notre Mere, m'ont dit tant de choses qu'on leur a dites que je disois, que je ne sçai cōment elles ont eu la patience de me souffrir avec elles sans m'en rien dire : & quand il n'y auroit que cela seul, j'abandonnerois une affaire qui ne subsiste que par le mensonge & la fourberie. Cela fera qu'en copiant ceci, je ferai remarquer en quelques endroits combien j'étois éloignée de penser & de dire ce que l'on m'imposoit. Mais j'ai tort de m'étonner que l'on ait dit des choses de moi si éloignées de la verité ; puisque ma mauvaise action leur pouvoit donner lieu de dire & de cacher ces mensonges : mais ce qui est plus étonnant, c'est qu'on nous ait tant dit de contes de nos Meres & de nos Sœurs, lors qu'elles ne donnoient aucun lieu de les faire ; puisqu'elles étoient inébranlables dans le bien.

Je proteste que tout ce que j'ai écrit est tres-sincere, & que je n'ai jamais eu intenton de tromper M. l'Archevêque, ni de lui rien déguiser ; & que si j'eusse été dans les mêmes dispositions où je suis, je lui aurois dit sincerement, comme je suis prête de le lui dire la premiere fois que j'aurai l'honneur de le voir, & de le supplier tres-humblement d'effacer de dessus ces deux Mandemens les deux noms que j'y ai mis par un tres-grand aveuglement ; &

que s'il me veut faire cette grace de me permettre de les effacer, je le ferai avec mon sang. Je confesse aussi que je l'ai offensé en faisant ces deux signatures, & je lui en demande tres-humblement pardon : car je l'ai preferé à Dieu, & je suis cause qu'il s'est nourri d'une fausse esperance, m'ayant comptée au nombre de celles de mes sœurs qui ont signé ; mais je reconnois aussi que je suis obligée d'y renoncer, comme j'y ai renoncé dès le 5. du present mois de Juillet 1665, en faisant ma retractation à la vûë de Dieu seul, & je le fais encore aujourd'hui par ce present Acte, renonçant de tout mon cœur à mes deux signatures. Je confesse aussi que je n'ai fait la seconde, que pour procurer mon retour dans notre Monastere, sans la vouloir regarder, pour les raisons que j'ai déduites dans cet Ecrit. Et quand je considere l'étrange aveuglement qui m'a fait tomber une seconde fois, après avoir eu tant de peine de ma premiere chûte ; je ne puis que penser, sinon, côme j'ai déja dit, que Dieu voïant qu'il y avoit en moi un tres-grand orgueil à purifier, & que j'eusse eu quelques compagnes, si je n'avois signé qu'une fois, y ayant quelques Sœurs parmi nous qui ont fait la premiere signature, il étoit à propos, pour me confondre davantage, qu'il y eût quelque chose en moi qui me mît au-dessous de toutes les autres. Je déclare deplus, que quand j'ai dit à M. l'Archevêque, qu'il ne me trouveroit pas en deux paroles, je n'ai jamais crû par-là lui donner parole, que jamais je ne renoncerois aux signatures ; encore que pour-lors je ne croyois pas le faire, & que j'ai toûjours entendu par une personne en deux paroles, celle qui dénie ce qu'elle a dit, ce qui ne m'arrivera pas, s'il plaît à Dieu ; & que je ne croi pas que ce soit être en deux paroles, quand on dit : Il est vrai que j'ai dit cela, mais il est vrai que j'ai failli, comme je confesse que j'ai fait deux signatures, & je confesse aussi que j'ai manqué, & que j'y renonce de tout mon cœur. Je prétens aussi renouveller ici l'Acte que nous avons fait avant que de sortir de notre Monastere le 5. de Juin 1664. & celui où nous avons inseré la Profession de Foi du saint Concile de Trente. Je croi aussi être obligée de rendre ce témoignage à la verité pour moi-même, pour ne pas donner lieu à plusieurs mensonges que l'on a dits de moi, que je n'ai jamais dit une parole, ni eu la pensée de rien dire de tout ce qu'on m'a faussement imposé, contre le respect, l'obéissance, l'amour & l'affection sincere que j'ai toûjours eue, que j'ai, & que j'espere, avec la grace de Dieu, d'avoir jusqu'au dernier soûpir de ma vie pour Messieurs nos Confesseurs qui m'ont engendrée en Jesus Christ, pour nos Meres & toutes nos Sœurs qui n'ont point signé; & de cela je prends à témoins M. l'Archevêque même, M. Chamillard, le Confesseur du Monastere où j'ai demeuré, & les trois reverendes Meres Annonciades à qui j'ai parlé ordinairement depuis ma sortie de Port-Royal. Je prends aussi à témoins les mêmes personnes, comme je leur ai témoigné que j'avois eu beaucoup de peine depuis ma chûte.

Mais maintenant que Dieu m'a tirée par sa misericorde de cet horrible embarras d'esprit où j'ai été pendant cinq mois, & qu'il a dissipé mes tenebres, je demande tres-humblement pardon à tous ceux qui portent un cœur vrayement chrétien, & que mon action a si fort scandalisez, à mes Peres en Jesus-Christ, à nos Meres & à toutes nos Sœurs. Je les supplie aussi de demander pardon à Dieu pour moi, non seulement de ma chûte, mais de tous les pechez de ma vie passée qui ont attiré la colere de Dieu sur moi; qu'ils lui demandent un veritable esprit de penitence, & qu'il me conserve jusqu'à la mort la disposition où il me met presentement d'être preparée, par un esprit contrit & humilié, à recevoir tous les maux qu'il plaira à Dieu de m'envoyer, & d'être aussi prête de souffrir toutes les pertes, les mépris, les injustices & les reproches de mes pechez que les creatures me pourront faire.

Je demeure auſſi tres-convaincue de ma foibleſſe par l'experience que j'en ai faite. C'eſt pourquoi je ſupplie tres-humblement que l'on demande à Dieu qu'il augmente ma foi & mon eſperance en ſa bonté infinie, qui n'abandonne jamais ceux qui ont une veritable confiance en lui, & défiance d'eux-mêmes. Je ſupplie tres-humblement toutes nos Meres & toutes nos Sœurs, que ſi je viens à m'oublier moi-même, en m'éloignant de l'eſprit d'humilité & d'aneantiſſement dans lequel je dois vivre à l'avenir, en la vûe de ma chûte, qu'elles m'en faſſent reſſouvenir par quelque parole, qui, quoique charitable, ne laiſſe pas de faire l'effet d'une lancette, afin qu'elle créve l'enflure de mon orgueil.

Je ſupplie auſſi tres-humblement qu'on rende à Dieu de tres-humbles actions de graces de celles qu'il m'a faites de me retirer de mon aveuglement, & de ce qu'il m'a fait dire de bon cœur: *Bonum mihi quia humiliaſti me, ut diſcam juſtificationes tuas.* Puis je le reconnois & je le confeſſe de tout mon cœur, afin qu'en cette vie & en l'autre je puiſſe chanter éternellement: *Miſericordias Domini in æternum cantabo.* Je prends Dieu, la ſainte Vierge, les ſaints Anges & toute la Cour celeſte, & en particulier les ſaints Apôtres S. Pierre & S. Paul, S. Auguſtin, S. Joſeph, S. Benoît, & notre Pere S. Bernard, toutes mes Meres & toutes mes Sœurs pour témoins de mon action. *Signé*, Sœur MARGUERITE DE SAINTE GERTRUDE, Religieuſe indigne de Port-Royal.

Ce 27. *Juillet* 1665. *dans notre cellule en notre Monaſtere de Port-Royal des Champs.*

FIN.

www.ingramcontent.com/pod-product-compliance
Lightning Source LLC
Chambersburg PA
CBHW050345170426
43200CB00009BA/1744